Hannes Munzinger
Frederik Obermaier
Bastian Obermayer

Schweizer Geheimnisse

Wie Banker das
Geld von Steuer-
hinterziehern,
Foltergenerälen,
Diktatoren und
der katholischen
Kirche versteckt
haben – mit Hilfe
der Politik

SUISSESECRETS – ENTHÜLLUNGEN

Kiepenheuer
& Witsch

Aus Verantwortung für die Umwelt hat sich der *Verlag Kiepenheuer & Witsch* zu einer nachhaltigen Buchproduktion verpflichtet. Der bewusste Umgang mit unseren Ressourcen, der Schutz unseres Klimas und der Natur gehören zu unseren obersten Unternehmenszielen.

Gemeinsam mit unseren Partnern und Lieferanten setzen wir uns für eine klimaneutrale Buchproduktion ein, die den Erwerb von Klimazertifikaten zur Kompensation des CO_2-Ausstoßes einschließt.

Weitere Informationen finden Sie unter:
www.klimaneutralerverlag.de

1. Auflage 2022

© 2022, Verlag Kiepenheuer & Witsch, Köln
Alle Rechte vorbehalten
Covergestaltung: Siri Poarangan, Frankfurt am Main
Gesetzt aus der Minion und Helvetica
Satz: Buch-Werkstatt GmbH, Bad Aibling
Druck und Bindung: CPI books GmbH, Leck
ISBN 978-3-462-00383-3

Inhalt

*Für all die mutigen
Whistleblowerinnen und Whistleblower,
die diese Welt zu einer besseren machen*

Prolog

Auf unseren Bildschirmen reiht sich Geheimnis an Geheimnis. Spalte an Spalte, Reihe nach Reihe, Konto für Konto. Tausende Konten, Tausende Geheimnisse.

In einer schier endlosen Tabelle legen Ziffern und Buchstaben Informationen offen, die um fast jeden Preis geheim bleiben sollten. Einzelheiten zu Konten, wer, wann, wie viel, wo. Darunter Daten zu Königen und Kardinälen, Premierministern und Präsidenten, Mafiabanden und Menschenhändlern. Und jeder hat, ganz demokratisch, pro Konto nur eine Zeile.

Ein neues Leak, dieses Mal bei der Schweizer Großbank Credit Suisse. Mit Hilfe der Informationen, die uns zugespielt wurden, können wir ihr wohl größtes Geheimnis lüften. Zum Vorschein kommt Geld, dessen Existenz viele ihrer Kunden wohl gern für immer und ewig verheimlicht hätten. Milliarden von Schweizer Franken, US-Dollar, Euro.

Das Schweizer Bankgeheimnis ist der Grundpfeiler einer ganzen Branche. Es ist der Stolz einer ganzen Nation, oder zumindest eines tonangebenden Teiles davon. Nichts hat die Banken des Landes in den vergangenen 100 Jahren so florieren lassen, nichts hat ihren Ruf weltweit so zementiert wie ihr Versprechen auf absolute Geheimhaltung. Und über Generationen haben sie Wort gehalten: In der Schweiz waren Gelder sicher. Und diese Sicherheit, die lange Zeit nicht angetastet wurde, hatte viele Facetten: Für Vermögende aus westlichen Ländern war es die vor den Finanzbehörden ihres Landes, für die Eliten aus weniger demokratischen Ländern die vor ihrem eigenen Volk.

Genauso lange schon wurde das Bankgeheimnis missbraucht. Nicht hin und wieder, nicht ausnahmsweise, nicht erst in den vergangenen Jahren. Sondern systematisch und im großen Stil. Und von Anfang an. Das Geheimnis war nie nur das Geheimnis der Täter, also der Geldwäscher, der Steuerhinterzieher, der Diktatoren. Es war immer auch das Geheimnis der Mitwisser, der Helfershelfer, der Mitverdiener. Das war der Geburtsfehler.

Aber nun hat ein anonymer Informant uns – dem Investigativteam der *Süddeutschen Zeitung* – Informationen aus dem Innersten der Credit Suisse zukommen lassen. Und wir finden in diesen Informationen derart viele Missstände, dass wir gar nicht wissen, wo wir anfangen sollen. Wir sind einem Skandal globalen Ausmaßes auf der Spur.

Unser Tippgeber ist in Gefahr. Schweizer Banken haben schon mehrmals Privatdetektive auf verdächtige Mitarbeiter angesetzt. Der Schweizer Geheimdienst schickte sogar Spione los. Und die Justiz geht mit Härte gegen jeden und jede vor, der oder die Interna von Schweizer Banken verrät. Ob er oder sie damit Missstände öffentlich macht oder gar Ermittlungen lostritt, spielt dabei keine Rolle.

Und ausgerechnet in der ältesten Demokratie Europas hat das Parlament ein Gesetz verabschiedet, das es Journalisten verbieten will, über Bankenskandale zu berichten. Machen auch wir uns strafbar, hier, jetzt, gerade, während wir tippen? Wir können das nicht glauben.

Die Credit Suisse ist nicht irgendeine Schweizer Bank. Sie ist eine der größten Banken der Welt. Und eine der umstrittensten. In den vergangenen Jahrzehnten hat sie wegen einer ganzen Reihe von Verstößen gegen Gesetze und Regularien mehr als acht Milliarden Franken an Strafen gezahlt – ihre Erklärung war oft, dass es sich um »Einzelfälle« handle. »Das Problem ist nur, dass es inzwischen eine große Zahl solcher ›Einzelfälle‹ gibt«, merkte selbst die traditionell eher bankenfreundliche *Neue Zürcher Zeitung* kritisch an.

Die Credit Suisse versprach wieder und wieder Besserung: Jedes Mal sollte es vorbei sein damit, dass die Bank fragwürdigen Kunden aus aller Welt dienlich ist. Aber auf jeden Skandal folgte ein nächster.

Die Inhaber der Konten, durch die wir uns scrollen, stammen aus Dutzenden Ländern: aus Deutschland, den USA, der Ukraine, Aserbaidschan, Venezuela oder Kasachstan. Mehr als 160 Nationalitäten zählen wir. Und das ist erst der Anfang.

Der Rest steht in diesem Buch.

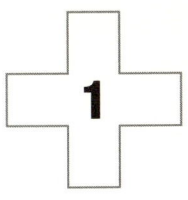

Nachricht von einer anonymen Quelle

»Ich habe das Risiko auf mich genommen, diese Daten zu dokumentieren, weil ich glaube, dass das Schweizer Bankgeheimnis unmoralisch ist. Der Vorwand, die finanzielle Privatsphäre zu schützen, ist lediglich ein Feigenblatt, das die schändliche Rolle Schweizer Banken als Kollaborateure von Steuerhinterziehern verdeckt. [...] Diese Situation ermöglicht Korruption und bringt die Entwicklungsländer um dringend benötigte Steuereinnahmen. Diese Länder sind also die Hauptleidtragenden der Schweizer Umkehrung des Robin-Hood-Prinzips.«

Diese Sätze stammen aus einem Schreiben, das uns vor einiger Zeit bei der *Süddeutschen Zeitung* erreicht hat – und die Motivation der Quelle erläutert. Sie stellt sich vor als jemand, der vom Vorgehen der Schweizer Banken angewidert ist und deshalb seine bislang geheimen Informationen dazu öffentlich machen will. Sie ist jemand, den man klassischerweise einen »Whistleblower« nennt.

Mit dieser Nachricht beginnt eine weltweite Recherche, an der am Ende mehr als 150 Journalistinnen und Journalisten von beinahe 50 Medienhäusern aus mehr als 30 Ländern beteiligt sein werden. Sie enthüllt die dunklen Machenschaften einer der größten Banken der Welt. Zum ersten Mal gewährt sie Einblick in die geheimen Kundendateien einer Schweizer Großbank – und stellt damit vieles infrage, was die Schweizer Regierung und vor allem die Schweizer Banken in den vergangenen Jahren beteuert haben. Aber all das können wir zu Beginn noch nicht ahnen.

Die Quelle hat uns über einen Kanal kontaktiert, der uns beständig ein schlechtes Gewissen bereitet: unser verschlüsselter digitaler Briefkasten. So sicher er ist, so umständlich ist er auch zu leeren. Um eine Nachricht zu lesen, die uns hier erreicht, benötigen wir vier USB-Sticks, zwei verschiedene Notebooks und fünf verschiedene komplizierte Passphrasen. Das kostet Zeit, und die haben wir oft gerade nicht. Und deshalb schauen wir seltener hinein, als wir sollten.

Aber dieser Briefkasten ist wichtig. Denn er löst das Problem, dass eine anonyme Kontaktaufnahme im Netz eigentlich kaum möglich ist. Fast jede digitale Kommunikation hinterlässt Spuren, seien es E-Mails, Anrufe oder Chatnachrichten, auch die verschlüsselten. Deshalb nutzen wir »Secure Drop«, zu Deutsch: »sicherer Abwurf«. Die Software wurde von Netzaktivisten entwickelt, um für Whistleblower und Reporter eine Kontaktmöglichkeit zu schaffen, die niemand nachverfolgen kann. Weder Staatsanwälte noch Geheimdienstmitarbeiter, Privatdetektive oder Polizisten. Das ist unerlässlich, denn die Sicherheit von Informanten, der bedingungslose Quellenschutz, ist so etwas wie das erste Gebot des Investigativjournalismus. Und diese Software, der »sichere Abwurf«, ist unser bestes Mittel, um dieses Gebot in der digitalen Gegenwart einhalten zu können.

Die amerikanische Freedom of the Press Foundation, die Stiftung für die Freiheit der Presse, geleitet von legendären Whistleblowern wie dem Ex-US-Geheimdienstmitarbeiter Edward Snowden und Daniel Ellsberg, dem Pentagon-Papers-Whistleblower, entwickelt diesen Briefkasten ständig weiter und stellt ihn Redaktionen rund um die Welt zur Verfügung. In Deutschland ist die *Süddeutsche Zeitung* eines der wenigen Medienhäuser, das Informanten die Kontaktaufnahme via Secure Drop anbietet.

Wenn wir das Secure-Drop-Postfach durchgehen, klicken wir oft stundenlang durch Nachrichten, deren Absender uns beschimpfen, Verschwörungserzählungen verbreiten wollen, unappetitliche Bilder von nackten Körperteilen zeigen (immer von Männern) oder verstörende Videos aus Kriegsgebieten übermitteln. Und seit Jahren schreibt uns jemand, der glaubt, er habe einen Chip im Zahn, der ihn überwacht.

Die Nachricht der Credit-Suisse-Quelle ist anders: Sie ist in ruhigem und sachlichem Ton verfasst, ohne Groll und ohne Grant. Ob es sich bei dem Absender um einen Mann oder eine Frau handelt, ob alt oder jung, ob aus der Schweiz oder aus einem anderen Land irgendwo auf der Welt, sehen wir nicht. Wir sehen nur den automatisch generierten Codenamen »Soporific Debtor« – übersetzt heißt das so viel wie »einschläfernder Schuldner« – und eine Nachricht: »Hi, ich würde gern Daten übertragen.« Oder so ähnlich.

Quellenschutz bedeutet auch, dass wir die Kommunikation mit einem Informanten nicht veröffentlichen, wenn er oder sie es uns nicht ausdrücklich erlaubt. Und Soporific Debtor hat klar formuliert, welchen Teil unserer Kommunikation wir veröffentlichen können – und welchen nicht.

Wenn es nach unserer Quelle geht, ist unser Job allerdings nicht nur der des Journalisten, sondern auch der des Zuträgers für die Staatsanwaltschaften diverser Länder. In ihrer Nachricht nämlich findet sich diese Bitte: »Die Daten sollten aufgeschlüsselt und nach dem Land des Wohnsitzes (und gegebenenfalls der Staatsangehörigkeit) sortiert werden und den Steuerbehörden in den jeweiligen Ländern zur Verfügung gestellt werden, die dann im Idealfall die erforderlichen Überprüfungen vornehmen werden.«

Soporific Debtor möchte also, dass wir die Daten den Behörden übergeben. Und das ist für uns ein Problem.

Wir geben nie Unterlagen weiter, die wir von Quellen bekommen haben – außer es besteht Gefahr für Leib und Leben, zum Beispiel bei einer Entführung oder einem bevorstehenden Anschlag. Wenn das nicht der Fall ist, achten wir darauf, dass es eine klare Trennung gibt zwischen uns Journalisten und den Behörden. Wir können beispielsweise nicht derartige Daten Hand in Hand mit Ermittlern bearbeiten – und diesen weiterhin unabhängig auf die Finger schauen. Wir brauchen professionelle Distanz. Das ist nicht zuletzt für die Quellen selbst entscheidend, denn in allen Daten können Hinweise auf sie stecken. Auch deswegen können wir die Daten nicht teilen.

Am Ende hat ein Whistleblower zwar oft ähnliche Ziele wie Journalisten oder staatliche Ermittler. In der Regel sind es aber nicht dieselben Ziele.

Wir versuchen, genau das unserer Quelle vorsichtig zu erklären – ohne dabei zu riskieren, dass sie den Kontakt abbricht und ihr Anliegen woanders verfolgt. Bei der Konkurrenz zum Beispiel oder bei Behörden. Nach einer kurzen Pause, in der wir sehr nervös warten, meldet sie sich zurück und erklärt sich mit unserem Vorgehen einverstanden. Vielleicht auch weil wir andeuten, dass wir das Material mit internationalen Partnern teilen könnten – wenn es sich als brisant und vor allem als echt herausstellen sollte.

Dann geht es los, und wir sind gespannt, was da kommt. Die Übertragung der Daten von Soporific Debtor erfolgt über das sogenannte TOR-Netzwerk. TOR steht für »The Onion Router«, Onion wie das englische Wort für Zwiebel. TOR ist das Zwiebelprinzip des Internets: Die Verbindung zwischen unserem Briefkasten und unserer Quelle wird dabei mehrfach verschlüsselt, verpackt wie von den Schalen einer Zwiebel, und durch mehrere Knotenpunkte geschleust. Das soll es unmöglich machen, nachzuvollziehen, wer uns geschrieben und die Daten geschickt hat. Aber je sicherer, desto langsamer. Unsere Quelle hat zu unserem Glück Geduld und schickt mit stoischer Gelassenheit Datenpaket für Datenpaket für Datenpaket.

Am Ende sehen wir eine lange Tabelle vor uns, mit vielen Spalten und Tausenden Zeilen. Es sind die Geheimnisse von Tausenden Kunden der Credit Suisse.

Wir sind elektrisiert. Die Schweiz ist für jeden Investigativjournalisten ein besonderes Land – und das liegt vor allem an ihren Banken. Mochten die Briefkastenfirmen von Diktatoren und Kriminellen auch in Panama, auf den Bahamas oder Bermudas sein – das Geld lag sehr oft in der Schweiz, da waren die Geldwäscher und Betrüger dieser Welt genauso unkreativ wie konservativ. Die Schweiz war sicher. Die Schweiz hielt dicht. Die Schweiz war der Goldstandard für blickdichte Konten – und auch wenn es inzwischen einige Entwicklungen gegeben hat, die das Bankgeheimnis in manchen Konstellationen aufweichen: Nicht ohne Grund steht das Land im aktuellsten, 2020 veröffentlichten Länder-Ranking »Financial Secrecy Index«, also dem »Finanz-Geheimnis-Index«, noch immer auf Platz 3 der wichtigsten Geheimniskrämernationen. Der Index wird von Tax Justice Network, der Nichtregierungsorganisation Netzwerk Steuergerechtigkeit, herausgegeben und gilt als absolut seriös.

Unsere Quelle ist mit ihrer Kritik an dem Land also nicht die einzige, aber sie riskiert viel. Das »Bankgeheimnis« ist seit den 1930er-Jahren in der Schweiz Gesetz. Wer dagegen verstößt, den kann eine mehrjährige Gefängnisstrafe erwarten.

Und so gab es in den vergangenen Jahren Datenleaks aus Steueroasen wie Panama, den Kaimaninseln und Malta – über die Kunden von Schweizer Banken und ihre Transaktionen erfuhr die Welt so gut wie nichts.

Bis jetzt.

Denn wir haben hier gerade ein ziemlich großes Fenster aufgemacht. Für Journalisten wie uns, die seit Jahren versuchen, der Spur von unterschlagenen Geldern zu folgen, und dann oft unsere Nase an die Schweizer Milchglasscheibe drücken, ist das eine faszinierende Aussicht.

Wir sehen, wann Tausende Kunden ihre Credit-Suisse-Konten eröffnet und geschlossen haben, ob diese auf den Namen einer Firma, einer anderen Bank oder einer Privatperson laufen, wer eine Vollmacht hat – wo diese Person lebt und welche Staatsbürgerschaft sie hat. Bei vielen Kontoinhabern sehen wir Telefonnummern, E-Mail- und Wohnadressen.

Vor allem aber sehen wir: Geld.

Millionen von Schweizer Franken, denken wir fasziniert. Um wenig später zu erkennen: Es sind Milliarden von Schweizer Franken. Am Ende werden wir feststellen, dass es über 100 Milliarden sind.

Sicher: Noch haben wir nur Daten und noch keine Enthüllung. Aber das wird kommen, da sind wir uns von Anfang an sicher. Wie sollten auch bei Tausenden von Schweizer Konten keine Geschichten herausspringen, die auf Missstände hinweisen? Und wenn das so wäre, wenn bei diesen Tausenden Konten alles in Ordnung wäre, dann wäre auch das eine Geschichte: Dann hätte man den Schweizer Banken nämlich jahrelang unrecht getan.

Zumal die offensichtliche Geschichte, die allein schon für großes Aufsehen sorgen wird, und zwar vermutlich weltweit, das Datenleck selbst ist – natürlich darf es einer Schweizer Bank nicht passieren, dass solche Informationen an Journalisten geraten.

Interne Daten zu verlieren, ist für jedes Unternehmen unangenehm. Wenn einer Bank aber Informationen über ihre geheimen Konten abhandenkommen, ist das eine Katastrophe. Wenn es sich noch dazu um eine Schweizer Bank handelt, um eine der beiden Schweizer Großbanken, ist es ein Super-GAU.

Über Jahrhunderte waren Schweizer Banken weltweit für ihre Verschwiegenheit bekannt. Jahrzehntelang ist es sogar möglich gewesen, Konten zu eröffnen, ohne den eigenen Namen damit zu verknüpfen. Das Konto lief dann nicht auf einen Namen, sondern schlicht auf eine Nummer. Und wer sich hinter Konto 123456 verbarg, wusste nur ein kleiner Kreis hochrangiger Bankangestellter. Schweizer Nummernkonten waren so berühmt wie Schweizer Käse und Schweizer Taschenmesser. Sie versprachen vollständige Anonymität. Auch gegenüber Behörden. Die Unternehmensberatung Helvea schätzte 2009, dass ein Viertel aller Vermögen auf Schweizer Bankkonten undeklariertes Geld aus Europa sei. Schwarzgeld also.

Aber die Zeiten haben sich geändert – uns fallen auf Anhieb Fußballgrößen, Spitzenmanager und andere aus Funk und Fernsehen bekannte Gesichter ein, von denen manche sogar ins Gefängnis mussten.

Dass wir von ihren Fällen überhaupt wissen, grenzt an ein Wunder. Zwar gibt es auch in anderen Ländern der Welt ein Bankgeheimnis; in keinem anderen Land der Welt aber werden die Geheimnisse von Bankkunden so streng geschützt wie in der Schweiz.

Wir wenden uns wieder unseren Bildschirmen zu und scrollen durch die Bankkonten. Auf wie viele der Credit-Suisse-Konten wir hier blicken, können wir noch nicht sagen, es sind jedenfalls bei Weitem nicht alle.

Soporific Debtor hat penibel aufgelistet, welche Informationen wir aus den Daten ablesen könnten – und welche nicht. Und schon hier fällt auf: Unsere Quelle handelt wohlüberlegt, ist gut strukturiert, legt klar fest, was wir veröffentlichen können – und was sie oder ihn in Gefahr bringen könnte. Man gewöhnt sich an Außergewöhnliches in diesem Beruf. Aber hier vertraut uns jemand, den wir nicht kennen und der uns nicht kennt, seine Freiheit an. Denn klar ist, die Quelle hat sehr wahrscheinlich ein großes Risiko auf sich genommen, um an diese Informationen aus dem Innersten der Bank zu gelangen. Und jetzt nimmt sie das nächste Risiko in Kauf und gibt uns die Informationen weiter. Ist das verrückt oder heldenhaft?

»Es ist mir bewusst, dass es nicht notwendigerweise auf Steuerhinterziehung oder andere Finanzverbrechen hindeutet, wenn man ein Schweizer Bankkonto besitzt«, schreibt die Quelle in ihrem Begleitschreiben. Sicherlich seien einige Konten den Steuerbehörden bekannt. Bei einer »signifikanten Zahl« sei dies aber eher nicht der Fall.

Tatsächlich sind uns beim ersten Sichten der Daten schon ein paar Namen aufgefallen, die entweder bekannt, zwielichtig oder beides sind: der georgische Expremier Bidsina Iwanischwili etwa (der sich auf Anfrage nicht äußerte) oder der 2018 gewählte armenische Staatspräsident Armen Sarkissjan (der Fehlverhalten bestreitet) oder ein Mann, der so heißt wie ein bekannter Kriegsverbrecher aus dem Balkan. Ein guter Anfang, diesen Namen werden wir nachgehen und untersuchen, ob das Führen eines Kontos bei der Credit Suisse jeweils einen Missstand darstellt. Wir gehen davon aus, dass wir mehr interessante Namen finden werden – Schweizer Banken haben traditionell spannende Kunden.

Die Verantwortung für das, was in Banken wie der Credit Suisse vorgeht, gibt die Quelle übrigens nicht den Banken – die seien »einfach gute Kapitalisten und maximieren ihre Gewinne«, sondern dem Schweizer Rechtssystem. »Die Schweizer Gesetzgeber sind für die Ermöglichung von Finanzkriminalität verantwortlich, und das Schweizer Volk hat aufgrund seiner direkten Demokratie die Macht, etwas dagegen zu unternehmen.«

Das mit der Verantwortung für die Banken sehen wir anders, und möglicherweise ist es ein wenig viel verlangt von »dem Schweizer Volk« – neun Millionen Menschen, verteilt auf rund 41.000 Quadratkilometer –, sich leidenschaftlich für die Bankenregulierung einzusetzen. Aber so argumentiert die Quelle unserer Daten: »Ich bin der festen Überzeugung, dass sich ein so reiches Land ein Gewissen leisten können sollte.«

Wir teilen uns die Arbeit ein. Zuallererst gilt es, sich einen groben Überblick über die Daten zu verschaffen. Dann wollen wir die Frage klären, wie wir diesen Schatz am besten heben, also auswerten. Vor allem müssen wir ein Vorgehen finden, wie wir die Daten eingehend prüfen. Denn so aufregend das Material auf den ersten Blick ist – wir müssen skeptisch bleiben und erst einmal die Frage klären: Ist es überhaupt echt?

2

Die Skandalbank

Zeile für Zeile klicken wir uns durch die Daten. Es ist eine Expedition in die Tiefen der Credit Suisse. Anfangs sehen wir vor allem ein Dickicht aus Zahlen und Zeichen vor uns, lange Nummernfolgen, Geburtsdaten und Jahreszahlen, Tausende Namen. Noch sind wir weit davon entfernt, alles zu verstehen, jeder Klick ist ein Schritt hinein ins Ungewisse. Aber mit jedem Schritt lernen wir mehr.

Wir lernen zu unterscheiden, welche Konten auf den Namen einer Firma laufen und welche auf den Namen einzelner Personen. Wir sehen Konten, die vor langer Zeit eröffnet und viele Jahrzehnte geführt, und solche, die eingerichtet und bald wieder geschlossen wurden. Wir stoßen auf Konten mit absurd hohen Beträgen, die Menschen gehören, von denen wir noch nie gehört haben – und die auch Google nicht kennt. Und wir stellen fest, dass es sich bei jenem Mann, auf den wir ganz am Anfang gestoßen waren, der so heißt wie ein weltbekannter Kriegsverbrecher, wohl nicht um diesen handelt: Weder passt das Geburtsdatum noch scheinen jene Männer und Frauen, die eine Vollmacht für das Konto haben, irgendeine Verbindung zu dem ehemals hochrangigen Politiker zu haben. Die Recherche führt uns in eine

Sackgasse, wir legen sie weg. Wir sind seit Jahren daran gewöhnt, einen Teil unserer Arbeit für den Papierkorb zu machen.

Dafür finden wir die Namen Alaa Mubarak und Gamal Mubarak. So heißen die Söhne des früheren ägyptischen Präsidenten Hosni Mubarak, der das Land von 1981 bis 2011 mit harter Hand regierte. Wobei »harte Hand« eine freundliche Umschreibung ist für einen Mann, den man gut als Diktator bezeichnen kann. Bei Alaa Mubarak stimmt das Geburtsdatum, und allein er taucht in Verbindung mit vier verschiedenen Konten auf, auf denen zeitweise mehrere Hundert Millionen Schweizer Franken lagen. Das ist selbst bei einer Schweizer Bank mit außergewöhnlich reichen Kunden eine Menge.

Bei seinem Bruder Gamal, der vor dem Arabischen Frühling als möglicher Nachfolger seines Vaters gehandelt worden war, steht allerdings der 28. Dezember 1963 als sein Geburtstag in den Daten, tatsächlich ist er einen Tag zuvor geboren. Vielleicht ein Tippfehler?

Die Konten der Mubaraks sind ein weiteres Indiz, dass die Daten von Soporific Debtor echt sind. Denn seit dem Arabischen Frühling ist bekannt, dass die Söhne des gestürzten Staatschefs mehrere Schweizer Bankkonten hatten, unter anderem bei der Credit Suisse. Die algerische Zeitung *Al Khabar* hatte schon 2010 über Schweizer Konten der Söhne des ägyptischen Präsidenten berichtet, und direkt nach Mubaraks Rücktritt erließ die Schweizer Regierung eine Verordnung »über Maßnahmen gegen gewisse Personen aus der Arabischen Republik Ägypten«. Damit sollte das Schweizer Vermögen der Familie Mubarak und ihrer engsten Vertrauten gesperrt werden, also auch Konten und Immobilien. Alle Schweizer Banken waren angehalten, sich »unverzüglich« bei den Behörden zu melden, wenn eine Person auf der Liste zu ihren Kunden gehört. Die Schweizer Bundesanwaltschaft leitete sogar Ermittlungen gegen die Söhne des ägyptischen Autokraten wegen Geldwäsche ein. Bei Redaktionsschluss dieses

Buches lief das Verfahren noch. (Gamal und Alaa Mubarak ließen über ihre Anwälte mitteilen, ihr Vermögen im Ausland vor-
schriftsgemäß deklariert zu haben.)

In den Monaten nach dem Sturz Mubaraks wurden insgesamt
Hunderte Millionen Franken auf Schweizer Konten, auch bei der
Credit Suisse, eingefroren – mutmaßlich lagen diese Summen
unter anderem auf den Konten, die wir hier vor uns sehen. Allerdings sehen wir in den Daten keine Vermerke, die eingefro-
rene Konten identifizieren würden. Und weder die Bundesanwaltschaft noch die Credit Suisse verraten, welche Konten genau
eingefroren wurden. Die Bank erklärte lediglich, »die geltenden
globalen und lokalen Gesetze und Bestimmungen« einzuhalten.

Interessant ist übrigens, dass ein eingefrorenes Konto für die
Bank erst einmal kein materieller Verlust ist. »Selbst wenn ein
Konto eingefroren ist, verdient eine Bank noch an den Gebühren«, sagt der Schweizer Korruptionsexperte Mark Pieth. »Wenn
das Geld einigermaßen gut angelegt ist, vermehrt es sich auch für
den Kunden in dieser Zeit weiter.«

Dennoch sind die Funde ausgezeichnete Nachrichten. Zum einen haben wir ein weiteres Indiz, dass das Material authentisch
ist. Zum anderen zeigt uns das Beispiel dieser beiden hochpromi-
nenten Fälle, dass unsere Daten Potenzial haben: Wenn derartig
schwierige Kunden in unserer Liste sind, ist die Wahrscheinlich-
keit groß, dass die Credit Suisse keine extra Buchhaltung für ihre
Superpromis hat. Also für Staatschefs, Politiker und Superreiche.
Und das bedeutet, dass wir hier möglicherweise auf Gelder stoßen, die aus fragwürdigen Gründen bei der Credit Suisse deponiert wurden – dass sich hier also Skandale verbergen.

Das zeigt der Fall Mubarak sehr plastisch: Im Arabischen
Frühling gingen Tausende Menschen auf die Straße und demons-
trierten unter Lebensgefahr gegen die langjährigen Machthaber,
für Demokratie und ein Ende der Korruption. Das Geld der Bürger, die Einnahmen des Staats, sollten allen zugutekommen und

eben nicht nur den wenigen, die in unermesslichem Luxus lebten. Ein Teil dieser öffentlichen Mittel hatte offenbar aber bereits das Land verlassen und vermehrte sich in der Schweiz.

Ein Sprecher der Bankenvereinigung Suisse Banking hatte der *Financial Times* im Januar 2011 noch gesagt, »keine Schweizer Bank würde wissentlich Gelder von einem korrupten Staatsoberhaupt annehmen – das Reputationsrisiko wäre einfach zu hoch«.

Die Credit Suisse hat eine lange Geschichte – und diese umfasst viele Skandale. Als die Vorfahrin der heutigen Bank Mitte des 19. Jahrhunderts gegründet wurde, war die Schweiz noch ein Agrarstaat. Die industrielle Revolution hatte Deutschland und Frankreich längst erreicht, nicht aber die schweizerischen Gipfel und Täler. Einige weitsichtige Schweizer wollten dies ändern, einer von ihnen war Alfred Escher. Er war der Spross einer einflussreichen Züricher Familie. Sein Vater war in den USA zu Reichtum gekommen, in Kuba besaß er eine Kaffeeplantage – zu der laut dem deutschen Historiker Michael Zeuske über 80 Sklaven gehörten. Alfred Escher schloss in der Schweiz ein Jurastudium ab, lehrte an der Universität Zürich und saß im Nationalrat, etliche Jahre war er sogar dessen Präsident.

Er gilt als einer der Väter der modernen Schweiz. Denn Escher ist der Mann, der die Eisenbahn in die Schweiz holte – weil er die entsprechenden Gesetze auf den Weg brachte und als Vorstand der Schweizerischen Nordostbahn die Sache auch gleich selbst in die Hand nahm. Um Schienen zu verlegen, Tunnel in die Berge zu bauen und Brücken über Täler zu spannen, brauchte es viel Geld. Französische Financiers hätten es geliefert, doch die Schweizer wollten unabhängig bleiben – vor allem von dem großen Nachbarn. Und deswegen wurde als »Dampfmaschine des Kredits« am 5. Juli 1856 die »Schweizer Kreditanstalt« gegründet, aus der später die Credit Suisse werden sollte. Dem Gründer Alfred Escher wurde später in der Züricher Bahnhofstrasse sogar ein Denkmal gebaut.

Die kleine Bank wurde schnell größer. Die Schweiz boomte, aus dem Agrarstaat wurde ein Land, das auch internationalen Handel betrieb, und davon profitierte unter anderem die Schweizer Kreditanstalt. Bereits 1870 eröffnete die Bank erste Vertretungen in New York und Wien. Drei Jahre später zog sie an den Paradeplatz im Zentrum von Zürich, wo der Architekt Jakob Friedrich Wanner einen imposanten viergeschossigen Sandsteinpalast erbaute, der den ganzen Platz dominiert. Und auch wenn heute direkt davor Trambahnen mit lautem Kreischen kreuzen und Menschen mit Zeitungen unterm Arm oder Kopfhörer auf den Ohren ihrer Wege gehen – wer sich auf den Platz stellt und versucht, das Szenario wirken zu lassen, kann beinahe die Macht spüren, die dieses Gebäude ausstrahlt. Nur wenige Meter weiter, vielleicht zehn Schritte über eine einmündende Nebenstraße, hat die andere Schweizer Großbank ihren Sitz, die UBS, und nicht viel weiter entfernt auch die traditionsreiche Privatbank J. Safra Sarasin. Der Platz gilt mit einigem Recht als das Zentrum der Schweizerischen Bankenmacht, und nicht umsonst trägt ein wichtiger Schweizer Bankennewsletter den Titel »Inside Paradeplatz«.

Über die Jahre wuchs die Schweizerische Kreditanstalt weiter und überstand sowohl den Ersten Weltkrieg als auch die Weltwirtschaftskrise. Vor und während des Zweiten Weltkriegs nutzten Juden wie Nazis die Dienste der diskreten Banker in der neutralen Schweiz. Diese Zeit wird uns noch beschäftigen.

Der Aufstieg der Bank ging nach dem Zweiten Weltkrieg jedenfalls ungebremst weiter. 1954 eröffnete die Bank eine Vertretung in London, 1959 folgte Buenos Aires und 1963 war sie das erste Schweizer Geldhaus mit Telexverbindung nach New York. 1969 wurde eine erste Dependance in Hongkong eröffnet, 1975 folgte Bahrain und 1990 kaufte die Credit Suisse erst die Bank Leu auf, die älteste Bank des Landes, und drei Jahre später auch die Schweizerische Volksbank, die damals viertgrößte

Bank der Schweiz. Nichts schien das Wachstum stoppen zu können. Skandale, die es hier und da gab, hatten keine größeren Konsequenzen.

Bis am 16. Oktober 1996 eine zierliche Frau in Washington, D. C., vor den US-Senat trat und anfing, über ihre Geschichte zu sprechen. Die polnische Holocaustüberlebende Estelle Sapir, die jüdischen Glaubens war, erzählte von dem Tag, an dem sie ihren Vater zum letzten Mal sah – an einem Stacheldrahtzaun. Er habe versucht, ihr Hoffnung zu machen. »Du musst überleben«, habe er gesagt, und dann: »Es wird dir gut gehen, denn es ist Geld auf der Bank.« Wenig später wurde ihr Vater ins Konzentrationslager Lublin-Majdanek deportiert, wo die Nazis ihn ermordeten.

Joseph Sapir ist vor dem Zweiten Weltkrieg erfolgreicher Investmentbanker. Als die Nationalsozialisten 1939 seine Heimat Polen überfallen, flieht er nach Frankreich. Sein Vermögen bringt er bei Banken in Frankreich, Großbritannien und der Schweiz in Sicherheit. Mit seiner Familie zieht er nach Paris. Als auch dort 1940 die Wehrmacht einmarschiert, geht die Flucht weiter – und endet in den Pyrenäen, wo er festgenommen und nach Polen deportiert wird.

Seiner Tochter Estelle gelingt wie durch ein Wunder die Flucht; sie schließt sich der Résistance an und lernt laut der *Los Angeles Times,* Brücken und Züge in die Luft zu sprengen.

Nach dem Ende des Kriegs will sie das Geld ihrer Familie bei jenen Banken abholen, deren Namen ihr Vater ihr auf der Flucht eingebläut hat. In Großbritannien und Frankreich ist das kein Problem, in der Schweiz hingegen schon. Denn alles, was sie vorweisen konnte, ist ein Credit-Suisse-Kontoauszug von 1938. Das ist der Bank nicht genug. Ihr wird gesagt, sie brauche einen Totenschein ihres Vaters. »Woher hätte ich einen Totenschein haben sollen? Dafür muss ich Himmler, Hitler, Eichmann und Mengele finden«, habe sie dem Mann am Schalter zugerufen, bevor sie weinend die Bank verlassen habe, erzählt Sapir in Washington, »weil mein Vater in einem Konzentrationslager getötet wurde, hätte ich niemals einen Totenschein bekommen, und sie wussten das.«

Estelle Sapir fuhr nie wieder in die Schweiz. Aber die ehemalige Widerstandskämpferin versuchte zwischen 1946 und 1957, in zwanzig Niederlassungen der Bank auf der ganzen Welt an ihr Geld zu kommen, doch sie wurde überall abgewiesen. Sapirs Schicksal teilten rund 40.000 jüdische Familien: Nachfahren von Holocaustopfern, die nach dem Krieg erfolglos die Vermögen ihrer verstorbenen Angehörigen von Schweizer Banken zurückforderten. Vermögen, das in der Schweiz als »nachrichtenlos« galt.

Die Aussagen Estelle Sapirs vor dem US-Senat führten zu einem Skandal. Sie bekam im Zuge eines Vergleichs etwa eine halbe Million Dollar, nachdem die Credit Suisse, wie die Bank seit 1997 heißt, doch ein Konto auf den Namen »J. Sapir« gefunden hatte – J. wie Joseph, wie Estelle Sapirs Vater ja hieß. »Es geht mir nicht um Geld«, sagte Estelle Sapir Reportern. »Es geht mir um Gerechtigkeit.«

Wir haben uns mittlerweile etliche Bücher zugelegt, die uns die Schweizer Geschichte und den Schweizer Bankensektor näherbringen. Sogar ein 700-Seiten-Schmöker über das Bankgeheimnis steht jetzt im Regal. Die Kolleginnen und Kollegen vom Textarchiv der *Süddeutschen Zeitung* bitten wir um zusätzlichen Lesestoff zur Credit Suisse: ihre Anfänge, ihren Aufstieg und ihre Skandale. Diese Bitte bereuen wir wenig später fast schon, denn wer alles lesen wollte, was zu sämtlichen Skandalen der Credit Suisse in der deutschsprachigen Presse erschienen ist, wäre wohl Monate nur damit beschäftigt – selbst wenn man Schweizer Publikationen weglässt. Wir wollen aber ja vor allem recherchieren. In der *Frankfurter Allgemeinen Zeitung* heißt es im Oktober 2021 schon im ersten Satz eines Textes: »Auf der langen Liste der Skandale Schweizer Banken taucht ein Name mit verlässlicher Konstanz auf: Credit Suisse.«

So sitzen wir nun vor einem Stapel mit Hunderten ausgedruckten Artikeln und verfluchen die Bank und uns. Vermutlich haben wir allein damit den ökologischen Fußabdruck unseres Ressorts wieder ruiniert – und das in einem Jahr, in dem wir wegen Covid-19 kaum reisen können. Schon einmal haben wir vor lauter schlechtem Gewissen Patenschaften für Bäume übernommen, weil wir so viel ausdrucken mussten. Jetzt ist es wieder so weit.

Wir lesen vom »Fiasko von Chiasso«, bei dem eine Viertelmilliarde Franken in obskuren Kanälen verschwunden ist, von der »Greensill-Affäre«, bei der die Bank durch die Investitionen in eine Pleitebank Millionen Schweizer Franken in den Sand setzte, und dem »Archegos-Debakel«, bei dem die Bank durch den Kollaps eines US-Vermögensverwalters Milliarden verlor. Und schon bald wissen wir nicht mehr, wo uns vor lauter Skandalen der Kopf steht. Irgendwann schreiben wir nur noch Stichworte auf – und trotzdem wird die Liste lang, wie von der *Frankfurter Allgemeinen Zeitung* erwähnt (obwohl sie bei Weitem nicht vollständig ist).

Kleiner Einblick gefällig?

2000: Es wird bekannt, dass die Familie des nigerianischen Diktators Sani Abacha Hunderte Millionen Dollar bei der Credit Suisse angelegt hat. Die Bank muss deswegen 2002 insgesamt 750.000 Franken Strafe zahlen.

2001: Topmanager der staatlichen französischen Ölgesellschaft Elf unterschlagen mehrere Hundert Millionen Francs. Ein großer Teil landet auf Credit-Suisse-Konten.

2004: Die Credit Suisse macht im Zusammenhang mit einem Geldwäschefall der japanischen Mafia Schlagzeilen. Mehrere Millionen Schweizer Franken werden in Zürich beschlagnahmt.

2009: Die Credit Suisse zahlt in den USA wegen des Verstoßes gegen Iran-Sanktionen 536 Millionen Dollar Strafe.

2010: Die Staatsanwaltschaft Düsseldorf nimmt wegen mutmaßlicher Steuerhinterziehung Ermittlungen gegen 1100 Credit-Suisse-Kunden auf. Wegen Beihilfe wird auch gegen Mitarbeiter der Bank ermittelt. Das Verfahren wird später gegen eine Zahlung von 150 Millionen Euro eingestellt.

2011: Schweizer Ermittler eröffnen ein Verfahren, weil aus einem gigantischen Betrugsfall in Russland Geld unter anderem auf mehrere Credit-Suisse-Konten abgeflossen sein soll. Das Verfahren wird später eingestellt, mehrere Millionen aber eingezogen.

2012: Die amerikanische Börsenaufsicht wirft Credit Suisse Irreführung von Investoren vor. Das Bankhaus zahlt 120 Millionen Dollar, um den Streit beizulegen – gesteht aber ausdrücklich keine Schuld ein.

2013: Die Schweizer Finanzmarktaufsicht Finma kommt im März 2013 zum Schluss, dass die Bank ihre Sorgfaltspflichten in der Geldwäschereiabwehr im Zeitraum bis 2010 wiederholt verletzt hat.

2013: Durch die sogenannten Offshore-Leaks-Recherchen wird bekannt, dass die Bank Clariden Leu, die 2007 aus einer Fusion der Bank Leu mit weiteren von der Credit Suisse aufgekauften Banken entstanden war und 2012 komplett integriert wurde, Kunden beim Gründen von Briefkastenfirmen behilflich war.

2014: Die Credit Suisse erklärt sich in den USA schuldig, Amerikanern bei der Steuerhinterziehung geholfen zu haben. In einer Senatsanhörung ist vom »weltweit größten Verlust an Steuereinnahmen durch Steuerhinterziehung« die Rede. Die Bank zahlt mehr als eine Milliarde Dollar Strafe.

2016: Die US-Börsenaufsicht kommt zu dem Schluss, dass Credit Suisse Investoren getäuscht hat. Die Bank muss mehr als 80 Millionen Dollar zurückzahlen. Im selben Jahr verdonnert die US-Finanzaufsicht Financial Industry Regulatory Authority die Bank wegen Nachlässigkeit im Kampf gegen Geldwäsche zu einer 16,5-Millionen-Dollar-Strafe.

2017: Die Credit Suisse schließt einen Vergleich mit dem US-Justizministerium und muss 5,28 Milliarden Dollar zahlen. Davon 2,48 Milliarden Strafe und den Rest als Ausgleichszahlungen an Anleger, die riesige Summen mit faulen Hypothekenpapieren verloren haben. Solche Wertpapiere haben eine entscheidende Rolle bei der Entstehung der Finanzkrise nach 2007 gespielt.

2018: Die Schweizer Finanzmarktaufsicht rügt die Credit Suisse wegen Versäumnissen bei der Geldwäschebekämpfung. Zuvor war bekannt geworden, dass Geld aus einem lateinamerikanischen Korruptionsskandal über Credit-Suisse-Konten investiert wurde. Im selben Jahr erklärt sich die Bank in den USA bereit, 77 Millionen Dollar Bußgeld zu zahlen, weil sie Verwandte von hochrangigen chinesischen Regierungsmitgliedern angeheuert und befördert hat – angeblich, um an lukrative Bankenaufträge zu gelangen.

2019: Das Schweizer Justizministerium friert im Zusammenhang mit Ermittlungen zu zweckentfremdeten Vatikan-Geldern mehrere Schweizer Konten ein, auch bei der Credit Suisse.

2020: Belgische Staatsanwälte ermitteln wegen Beihilfe zur Steuerhinterziehung gegen die Credit Suisse. Außerdem wird die Bank in der Schweiz angeklagt, weil sie einem Verbrecherring aus Bulgarien bei der Geldwäsche geholfen haben soll. (Bei Redaktionsschluss dieses Buchs läuft das Verfahren noch. Gegenüber Journalisten erklärte das Geldinstitut: »Die Credit Suisse weist die in dieser vergangenheitsbezogenen Angelegenheit gegen sie erhobenen Vorwürfe in aller Form zurück und ist auch von der Unschuld ihrer ehemaligen Mitarbeitern überzeugt.«) Das Simon-Wiesenthal-Zentrum gelangt indes nach eigenen Angaben an eine Liste von 12.000 argentinischen Nazis, die angeblich Konten bei der Credit Suisse hatten.

Und dann ist da noch der Ausspähskandal, der im Februar 2020 zum Rücktritt des bisherigen Credit-Suisse-CEOs Tidjane Thiam führt: Seine Bank hatte im Herbst 2019 Privatdetektive auf einen früheren Manager angesetzt, um herauszufinden, ob er Credit-Suisse-Kunden zur Konkurrenz mitgenommen hat. Der Banker allerdings entdeckte seine Beschatter, fotografierte sie – und das Debakel nahm seinen Lauf. Die Detektive bedrohten den Banker, wollten ihm sein Handy entreißen – und landeten am Ende in Haft. Ein Sicherheitsexperte, der die Beschatter an die Credit Suisse vermittelt hatte, brachte sich um, nachdem die vermurkste Überwachungsmission öffentlich wurde.

Mit dieser Tragödie war der Fall aber nicht erledigt, für die Credit Suisse ging es damit erst so richtig los. Die Schweizer Finanzmarktaufsicht Finma leitete eine Untersuchung ein und attestierte der Credit Suisse »gravierende organisatorische Mängel«. Die Verantwortlichen hatten gegenüber den Behörden – und auch Journalisten – bestritten, etwas gewusst zu haben. Die Finanzmarktaufsicht kommentierte: »Öffentlich und gegenüber der Finma gemachte Aussagen der Bank erwiesen sich in der Folge als teilweise unvollständig oder gar unzutreffend.« Es sei auch kein »isolierter Einzelfall« wie Thiam behauptet hatte. Vielmehr seien insgesamt sieben Personen von der Credit Suisse beschattet worden, darunter zwei Topmanager sowie weitere Mitarbeiter und Personen, die gar nicht für die Bank arbeiteten.

Die Kunden der Credit Suisse scheinen diese imposant zahlreichen Skandale nicht gestört zu haben – so sie je davon erfahren haben. Im Jahr der Spionageaffäre allein sammelte die Bank jedenfalls 42 Milliarden Franken an »Neu-Geldern« ein.

Dabei kam es sogar noch dicker: 2021 musste die Credit Suisse in Großbritannien und den USA eine Strafzahlung von insgesamt rund 475 Millionen Dollar akzeptieren, weil die Bank in eine gewaltige Bestechungsaffäre verwickelt war. Mindestens ein Banker soll sich selbst bereichert haben und am Ende war ein ganzes Land, Mosambik, einfach zahlungsunfähig.

Alles Einzelfälle?

Die Skandale türmen sich inzwischen derart hoch, dass auch

wohlgesinnte Beobachter sich kaum vorstellen können, wie die Credit Suisse in eine sichere Zukunft segeln sollte.

Und jetzt – aber davon weiß die Bank zu diesem Zeitpunkt noch nichts, hoffen wir jedenfalls – kommt auch noch dieses Leak hinzu. Ein Leak ist schwierig für jede Institution, niemand verliert gern die Kontrolle über die eigenen Informationen. Aber für manche ist der Schaden danach größer als für andere. Ein Leak unter den Spielern von Real Madrid oder Bayern München wäre sicher unangenehm, aber keine Katastrophe. Ein Leak bei einer Schweizer Bank stellt ihr wichtigstes Versprechen infrage: die absolute Diskretion.

Vor diesem Leak sitzen wir also, klicken uns durch Informationen zu Tausenden Bankkunden und fragen uns alle fünf Minuten, ob diese Informationen verlässlich sind.

Natürlich wirken sie echt, und wir haben ja auch schon die sehr plausible Spur der Söhne Mubaraks. Aber sind wir uns wirklich sicher? Bevor wir auch nur an eine Veröffentlichung denken dürfen, müssen wir uns vergewissern. Wenn wir am Ende nicht wirklich sicher sind, dass die vielen Zeilen mit scheinbar internen Kontoinformationen wirklich von der Credit Suisse stammen und wirklich authentisch sind, werden wir nicht darüber berichten.

Wir brauchen also weitere Quellen und Abgleiche, Gegenchecks, wir brauchen alles, was unser Material bestätigt – oder es als falsch entlarvt. Und so sitzen wir Stunden über Stunden vor langen Tabellen, googeln Namen, vergleichen Kontonummern und Geburtsdaten, schauen, ob wir in anderen Daten, die uns in den vergangenen Jahren zugespielt wurden, Informationen finden, die uns beim Authentifizieren und Verifizieren dieser Daten helfen können.

Für uns sind diese Bankinformationen eine Art Déjà-vu. Schon einmal, Ende 2014, saßen wir vor ganz ähnlichen Tabellen, auch da sahen wir Namen, Beträge, Höchststände oder Kontoeröffnungsdaten. Damals war das *International Consortium of Investigative Journalists* (ICIJ), dessen Mitglieder zwei von uns dreien sind, an Daten zu Kunden der Genfer Niederlassung der Hongkong and Shanghai Banking Corporation (HSBC) gelangt. Ein Mitarbeiter hatte sie kopiert und aus dem Mitarbeiter Hervé Falciani wurde der Whistleblower Hervé Falciani. Er lieferte den Behörden Daten zu mehr als 100.000 Personen aus mehr als 200 Ländern, darunter Kriminelle, Angehörige von Königshäusern aus dem Nahen Osten, Verwandte des Autokraten Baschar al-Assad und Regierungsmitglieder etlicher Länder. Außerdem fanden wir Verbindungen zu mutmaßlichen Blutdiamantenhändlern, Waffenschiebern und Terrorfinanzierern. Die Recherche brachte uns, das nebenbei, auch zu der erstaunlichen Einsicht, dass man ein Schweizer Bankkonto auch schlicht »vergessen« kann. So jedenfalls behauptete es der französische Starkoch Paul Bocuse, der 2,2 Millionen Euro auf einem Konto der Genfer HSBC-Filiale hatte.

Die Schweizer Bankenbranche tat das Leak ab: Die HSBC Genf sei offenbar ein Einzelfall und obendrein gar nicht wirklich schweizerisch. Tatsächlich hat die HSBC ihren Hauptsitz in London.

Eine »echte« Schweizer Bank hatte noch nie ein echtes Leak. Bis jetzt. Jetzt geht es um die Credit Suisse. Und die ist nicht irgendeine Schweizer Bank.

Sie hat fast 50.000 Angestellte, mehr als zwei Millionen Kunden und über 150 Dependancen in mehr als 50 Ländern. 2020 verwaltete die Bank ein Vermögen von mehr als 1,5 Billionen Schweizer Franken. Das Bruttoinlandsprodukt der Schweiz ist nur knapp halb so groß. Weltweit zählt die Credit Suisse zu jenen 30 Banken, die als systemrelevant angesehen werden.

In den geheimen Daten dieser Bank sehen wir zahlreiche Kontaktmöglichkeiten der Kunden, säuberlich notiert wohl von den Kundenbetreuern und -betreuerinnen, darunter E-Mail-

Adressen, Telefonnummern und Wohnanschriften. Eine Adresse fällt uns dabei ins Auge: In der Straßlacher Straße in München, im Ortsteil Solln, etwa zehn Kilometer Luftlinie von unseren Redaktionsräumen.

Eine Spur, direkt vor unserer Haustür.

3

Zweite Heimat für Diktatoren

Die Telefonverbindung wird aufgebaut, sehr langsam, aber dann läutet es. Wir sind ein wenig nervös, man ruft nicht jeden Tag wildfremde Menschen an und fragt sie nach ihrem Schweizer Konto.

Die Telefonnummer, die wir anrufen, steht zusammen mit der E-Mail-Adresse in der Zeile jenes Kontos, dessen Inhaber die Adresse in Solln angegeben hatte, in der Straßlacher Straße. Zusätzlich ist eine Adresse in Südostasien angegeben. Wie der Mann heißt, spielt an dieser Stelle keine Rolle. Er ist kein Prominenter, kein Politiker und wir sehen auch keinerlei Hinweise auf eine Straftat. Kurzum: Er ist nicht von öffentlichem Interesse.

Aber er war laut unseren Daten Kunde der Credit Suisse, und das hätten wir gern bestätigt. Wir haben ihn ausgesucht, weil in seinen Daten viele Informationen zu finden sind, die nicht öffentlich bekannt sind. Es ist also ein Konto, das sowohl schwerer zu fälschen als auch schwerer zu verifizieren ist – die Geburtsdaten von Staatschefs etwa findet man mit zwei Klicks im Internet und kann sie jederzeit in Tabellen kopieren. Bei nicht prominenten Menschen sieht das anders aus. Uns scheint, dass dieser Kontakt ein guter Anfang für Stichproben ist.

Als wir ihn per E-Mail – seine E-Mail-Adresse war ja in den Daten – um ein Gespräch gebeten haben, hat er sich freundlicherweise einverstanden erklärt, und erzählt, dass er längst nicht mehr in Deutschland wohne. Nun nimmt er das Gespräch an, am Ende der Leitung hören wir eine älter klingende Stimme.

»Guten Abend«, sagt er freundlich, »Sie sind von der *Süddeutschen Zeitung?* Schön, mal wieder deutsch zu sprechen! Wie kann ich Ihnen helfen?«

Wir holen ein wenig aus, erklären unsere Arbeit und dass wir immer wieder größere Datenmengen bekommen und diese nutzen, um Missstände aufzudecken. Wir haben Glück: Er hat von den Panama Papers gehört, jenem Datenleak, das uns ein Whistleblower vor gut sieben Jahren übergab, und das weltweit Schlagzeilen machte. Wir erklären, dass wir immer wieder stichprobenartig Datensätze überprüfen, die wir bekommen –, und unser Anruf diesem Zweck diene. Dass wir keinesfalls über ihn berichten wollen, sondern seine Hilfe brauchen, um Kriminalität aufdecken zu können.

»Klingt interessant«, sagt er und ruft nach hinten zu seiner Frau: »Komm doch her, der deutsche Journalist ist am Telefon!«

Zu uns sagt er: »Wissen Sie, meine Frau ist in München geboren!«

»Wir haben da ein paar Fragen zu Ihrem früheren Konto in der Schweiz«, setzen wir vorsichtig an, »erinnern Sie sich?«

»Ja, natürlich, das haben wir vor ein paar Jahren aufgelöst«, sagt er und ergänzt: »Und es war übrigens immer legal, wir haben das gemeldet. Wir haben in vielen Ländern gewohnt früher und wollten das Konto nicht immer mit umziehen. Verstehen Sie?«

Wir verstehen und gehen an die Details. Unser virtuelles Gegenüber erinnert sich an den Namen der Bank – die Credit Suisse – und gibt relativ genau den Zeitraum an, in dem er dort das Konto hatte, nämlich 1984 bis 2012, und auch beim Höchstbetrag schätzt er ganz gut. Wir wollen natürlich auch wissen, was es mit der Anschrift in der Straßlacher Straße auf sich hatte. Er lacht: Da habe er kurzzeitig bei einer entfernten Verwandten gewohnt. Wir fragen ihn, ob wir diese Episode veröffentlichen dürfen, und er stimmt sofort zu. Ob wir noch mehr wissen wollen, fragt er, und wann das dann komme? Wir vertrösten ihn auf, nun, irgendwann …

Dieser Anruf ist einer von mehreren, die wir durchführen – um hier und da in das Material zu piksen.

Der nächste mutmaßliche Kunde, den wir auf einer Nummer anrufen, die wir in den Daten gefunden haben, ist zunächst zögerlich. Wir sehen ihn vor unserem geistigen Auge beinahe betreten lächeln, als er dann zugibt, dass sein Schweizer Konto damals »nicht unbedingt legal« gewesen sei – inzwischen sei das aber ja alles verjährt. Jedenfalls wolle er Recherchen unterstützen, die die Korruption aufdecken, sagt er, und so gleicht auch er mit uns seine Kontodaten ab: Wann er es eröffnet hat, wann es geschlossen wurde und so weiter. Alles passt zu den Informationen, die wir in unseren Daten sehen. Ein dritter Anruf geht weniger gut aus – der Angerufene bellt uns an und legt auf.

Allzu oft lässt sich die Anrufmethode allerdings nicht anwenden. Zu hoch ist das Risiko, dass irgendwann ein Kunde bei der Credit Suisse anruft und nachhakt, warum denn bitte deutsche Journalisten von seinem Konto wüssten?

Wie also weitermachen?

Wir stoßen in den Daten auf den Namen einer weltbekannten Sportlerin. Das Geburtsdatum passt – aber sie können wir nicht so einfach anrufen wie den Mann aus der Straßlacher Straße. Wahrscheinlich würde sie sofort auflegen, bevor wir zum Grund unseres Anrufs kommen – und die Bank und einen Anwalt kontaktieren. Tatsächlich sehen wir keinen Anhaltspunkt dafür, dass sie Steuern hinterzogen oder anderes Schindluder getrieben hat. Vielmehr noch: Wir lesen, dass sie zeitweise in der Schweiz gelebt hat. Dort auch ein Konto zu haben, ergibt Sinn.

Also weiter. Den georgischen Expremier Bidsina Iwanischwili haben wir ja schon gefunden, ebenso den zu diesem Zeitpunkt amtierenden armenischen Präsidenten Armen Sarkissjan – bei beiden stimmt auch das Geburtsdatum. Beide sind reiche Geschäftsmänner, beide sind und waren allerdings auch umstritten. Iwanischwili ist besonders spannend, weil er seit Jahren mit der Credit Suisse um Schadensersatz streitet. Der Oligarch wirft der Bank vor, von einem kriminellen Kundenberater betrogen worden zu sein. Die Bank bestreitet das nicht, sieht jedoch bei sich weniger Schuld als der Exstaatschef – der ehemalige Kundenberater sei »bei seinen kriminellen Handlungen nicht von anderen Mitarbeitern unterstützt« worden. Und bei Sarkissjan werden in Armenien immer wieder Geschäftsgebaren diskutiert, die mindestens fragwürdig scheinen: Er nutzt demnach wiederholt Offshore-Firmen im Imperium seiner Familie und legt dabei nicht die Art von Transparenz an den Tag, die man von Politikern in diesen hohen Ämtern erwarten darf. Wir werden uns damit sicher noch befassen.

Das Geburtsdatum stimmt auch bei einem ehemaligen deutschen Botschafter, den wir in den Daten finden, ebenso bei dem zu diesem Zeitpunkt amtierenden ivorischen Premierminister Hamed Bakayoko, der später, im März 2021, an Krebs verstarb (und der das Konto 2004 wieder schloss, da war er aber schon Minister), und bei dem 2020 verstorbenen omanischen Sultan Qabus bin Sa'id Al Sa'id sowie einem südkoreanischen Präsidentschaftskandidaten und dem früheren algerischen Präsidenten Abd al-Aziz Bouteflika und vielen mehr.

Jeder dieser Fälle macht unser Leak ein bisschen stärker, die internationale Dimension wird uns immer klarer. Langsam bekommen wir das Gefühl, dass diese Daten mehr hergeben könnten als nur einige Artikel.

Unsere Bemühungen um Verifikation erweisen sich als erfolgreich. Alles passt bislang zusammen, die Umstände, die Daten, die angegebenen Herkunftsländer. Das beruhigt. Wir können uns nicht vorstellen, dass jemand Tausende Konten fälscht und diese Fälschung mühsam mit Daten füttert – und diejenigen, die wir in Stichproben anrufen, uns belügen. Aber das reicht uns noch nicht. Wir brauchen andere Fälle. Fälle, bei denen wir möglichst niemanden anrufen müssen, aber trotzdem überprüfen können, ob es tatsächlich Credit-Suisse-Konten gibt. Wir müssen tiefer graben. Bei Mubaraks Söhnen zum Beispiel.

Ihr Vater Hosni, ein früherer Militärpilot, war 1981 nach der Ermordung Anwar as-Sadats an die Macht gekommen – und hatte sie 30 Jahre lang nicht mehr losgelassen. Bis zum Arabischen Frühling. »Mubarak, wie kam ein Pilot an 70 Milliarden Dollar?«, skandierten die Massen. Auf 70 Milliarden hatte zuvor ein Experte im britischen *Guardian* das Vermögen des Autokraten geschätzt.

Als Mubarak schließlich am 11. Februar 2011 zurücktrat, brachen die Menschen auf dem Tahrirplatz in Kairo in Jubel aus. Sie schwenkten die rot-weiß-schwarzen Nationalflaggen, zündeten Feuerwerke und riefen »Freies Ägypten, freies Ägypten«.

Kaum war Mubarak abgetreten und hatte ein Militärrat die Macht übernommen, begann die Suche nach dem Geld des Exautokraten. Dass er sein Vermögen mit legalen Mitteln erworben hatte, konnten sich die Demonstranten offenbar nicht vorstellen. Dafür verdient ein Präsident in Ägypten schlicht zu wenig. Der Schweizer Bundesrat fror nur wenige Minuten nach Mubaraks Rücktritt sein Geld, das seiner Söhne und mehrerer engen Vertrauter ein. Wie die Behörden so schnell an die Informationen zu den eigentlich geheimen Konten kamen, ist unklar. Experten vermuten, dass Banken schon Listen vorbereitet hatten – um sie sofort den Behörden schicken zu können, sobald diese danach fragen.

Die Vergangenheit holte die Schweiz ein. Der Historiker Olivier Longchamp formulierte prägnant, dass Schweizer Banken auch dubiose Gelder ohne Zögern angenommen hätten, und dass »jeder Diktator mit ein wenig Selbstrespekt ein Schweizer Konto brauchte«. Das Schwarzgeldversteck in der Schweiz als Must-have – auch so kann man es sehen.

In seinem 2017 veröffentlichten Buch »Wie herrlich, Schweizer zu sein« rechnet der Globalisierungskritiker Jean Ziegler mit seinem Heimatland ab: »Aufnahme, Verwahrung, Hehlerei und Reinvestition des Fluchtkapitals bilden die Grundlage des eidgenössischen Wohlstandes.« An anderer Stelle im Buch schimpft er: »Während die Kinder in Lateinamerika, Afrika und Asien der Prostitution nachgehen, an Krankheiten sterben oder verhungern, während dort Familien zerbrechen und Frauen und Männer vergeblich eine Arbeit und ein Dach über dem Kopf suchen, häufen sich die Milliarden der von den ›Eliten‹ dieser Länder betriebenen Korruption, Steuerflucht und Ausbeutung in der Schweiz an und bringen den Banken meines Landes gewaltige Erträge (in Form von Provisionen, Gebühren usw.) ein.«

Man könnte sich zwar darauf berufen, formaljuristisch läge nichts vor gegen den Herrn Diktator. Allerdings macht sich laut Schweizer Recht bereits strafbar, »wer eine Handlung vornimmt, die geeignet ist, die Ermittlung der Herkunft, die Auffindung oder die Einziehung von Vermögenswerten zu vereiteln«, von denen er – und das ist entscheidend – »annehmen muss, dass sie von einem Verbrechen herrühren«. Da ein Präsident in Ägypten keine Millionen verdient und Mubarak – zumindest offiziell – keine Firmen besaß und auch kein entsprechendes Vermögen geerbt hat, stand dieser Verdacht also im Raum. »Auch wenn das Ausmaß und die Einzelheiten der Korruption in den verschiedenen Herrscherfamilien vielleicht nicht klar waren, so war doch die grundlegende Tatsache, dass sie dank der veruntreuten öffentlichen Gelder weit über ihre Verhältnisse lebten, klar«, kritisiert der britische Politikwissenschaftler Jason Sharman in seinem Buch »The Despot's Guide to Wealth Management«, Geldanlagetipps für Despoten, in dem er mit Schweizer Banken hart ins Gericht geht.

Tatsächlich kamen in den vergangenen Jahrzehnten immer wieder Skandale ans Licht, in denen Diktatorengeld in der Schweiz eine wichtige Rolle spielte. In den Achtzigern waren es der haitianische Autokrat François »Papa Doc« Duvalier und der philippinische Herrscher Ferdinand Marcos, in den Neunzigerjahren der mexikanische Präsident Carlos Salinas und Mobutu Sese Seko aus der Demokratischen Republik Kongo. Anfang der Nullerjahre wurde berichtet, dass der liberianische Autokrat Charles Taylor Geld auf Schweizer Konten versteckt haben soll, ebenso hatten der nigerianische Diktator Sani Abacha und seine Familie ein unheimliches Vermögen in der Schweiz gebunkert, unter anderem, wie erwähnt, bei der Credit Suisse. Auch der 2014 abgesetzte ukrainische Präsident Viktor Janukowitsch hatte etliche Millionen Franken in der Schweiz angehäuft. Beim libyschen Machthaber Muammar al-Gaddafi wurde über Schweizer Konten erst spekuliert, dann wurden sie offengelegt und auch da war die Credit Suisse dabei. Es folgten der Autokrat Zine el-Abidine Ben Ali aus Tunesien – und eben die Mubaraks.

Wir müssen uns manche dieser Fälle nicht einmal selbst zusammensuchen, da das Schweizer Außenministerium – dort »Eidgenössisches Departement für auswärtige Angelegenheiten« (EDA) genannt – selbst eine Broschüre zusammengestellt hat, in der sie Diktatoren aufzählen, die ihr Geld in der Schweiz geparkt hatten. Dort finden wir außer einigen der oben genannten auch noch den Autokraten Moussa Traoré aus Mali und den peruanischen Exgeheimdienstchef Vladimiro Montesinos. Die Broschüre des EDA soll dokumentieren, dass die Schweiz ein vorbildliches System entwickelt habe, um »verdächtige Gelder im Wert von Hunderten von Millionen« zu blockieren und anschließend in die Länder zurückzuführen. Zwei Milliarden seien bislang schon von der Schweiz zurückgeführt worden, heißt es da

(Stand 2016), Teile davon etwa nach Nigeria (wegen Abacha), nach Peru (wegen Montesinos) oder nach Angola, wo angolanische Funktionäre Gelder unterschlagen hatten.

Die Broschüre trägt den interessanten Titel »Kein Hort für Potentatengelder« – um dann eben jene Potentaten aufzuzählen, deren Hort die Schweiz über viele Jahre war. Bis diese Potentaten in ihren eigenen Ländern in Ungnade fielen, etwa abgesetzt oder ins Exil verbannt wurden. Dann, aber auch erst dann, wurde die Schweiz in so gut wie allen Fällen aktiv. Dann, aber auch erst dann, versuchte das Land diplomatisch und teils wirklich raffiniert (Sani Abacha und sein Umfeld etwa wurden zur kriminellen Organisation erklärt), die Gelder einzufrieren und zurückzuführen. Das gelang nicht immer, manchmal dafür umso besser, weil die Gelder direkt an wohltätige Zwecke gingen. Dafür lobt sich die Schweiz ausführlich in dem Druckwerk (»Vorreiterin Schweiz«, »weltweit führende Rolle« bei der »Jagd nach schmutzigem Geld«) und teils mit guten Argumenten. Aber ein sehr wichtiger Aspekt wird nur am Rande thematisiert und auch nur von der Gastautorin Sri Mulyani Indrawati, der Finanzministerin Indonesiens und früheren »Managing Director« der Weltbank: Sie moniert, dass gestohlene Vermögen überhaupt »den Weg in Finanzzentren finden«.

Womöglich ist es an der Stelle der Schweiz auch keine gute Idee, sich begeistert dafür zu loben, dass »kein anderer Finanzplatz« so viel Geld »an bestohlene Länder« zurückführen konnte – denn vielleicht liegt das ja daran, dass an anderen Finanzplätzen einfach nicht so viele Diktatorengelder landen? Sollte man nicht eher fragen, warum die Vermögen so vieler Kleptokraten ausgerechnet in der Schweiz landen, und welche Mechanismen hier versagen? Und ebenso entscheidend: Warum die Schweiz in der Regel erst aktiv wird, wenn ein Regime gefallen ist – sodass die Gewaltherrscher zuvor ihren Reichtum in vollen Zügen genießen können?

Diese Fragen stellt auch das schweizerische Onlinemagazin *Republik* 2018 in einem spitzzüngigen Artikel: »Weshalb muss ein Potentat erst fallen, bevor Banken seine Konten in der Schweiz melden?«, liest man da, und weiter: »Weshalb muss es so gut wie immer erst Korruptionsvorwürfe von außen geben? Oder Untersuchungen? Weshalb melden Banken nicht von Anfang an, dass ein möglicherweise korrupter hoher Politiker ein Konto bei ihnen hat?«

Die Antworten auf diese Fragen stehen noch aus.

So folgen wir weiter den Spuren in den Daten und wandeln damit auf ähnlichen Wegen wie die Behörden in der Schweiz und Ägypten in der Folge des Arabischen Frühlings. Die interessierten sich damals nicht nur für Gelder der Familie des Diktators Hosni Mubarak, sondern auch für den Reichtum seiner engsten Vertrauten – und ganz besonders für einen ganz bestimmten Vertrauten, einen Mann namens Hussein Salem, der wohl einer der besten Freunde des Staatsoberhaupts war.

Der Unternehmer wurde 1933 in Kairo geboren und galt zum Höhepunkt des Arabischen Frühlings als einer der reichsten Männer Ägyptens. Er war so eng mit Mubarak, dass Journalisten ihn scherzhaft »Mubaraks Double« nannten. Salem verdiente Milliarden mit Geschäften im Energiesektor. Seine Nähe zur Macht war dabei sicherlich nicht schädlich.

Je mehr wir recherchieren, desto faszinierender wird der Mann für uns. Nach Mubaraks Rücktritt reiste Hussein Salem, so berichteten Schweizer Medien, über Dubai in die Schweiz. 2012 berichtet die schweizerische Zeitung *Le Matin Dimanche* über ein Konto bei der Credit Suisse.

Das ist ein erster Ansatz.

Und tatsächlich stoßen wir in unseren Daten auf etliche Konten, das älteste davon hat Salem bereits 1974 eröffnet, manche liefen auf seinen eigenen Namen, andere sind Firmenkonten, auf die er Zugriff hatte. Auf einigen waren zu den jeweiligen Höchstzeiten zweistellige Millionenbeträge verzeichnet. Wenn man sie zusammenrechnet, kommt man auf fast 200 Millionen Franken. Alle seine Konten beginnen mit einer Zahlenfolge, die auf die Filiale der Credit Suisse in Genf weist. Passend dazu finden wir im Internet – auf der Homepage der Anti-Korruptionsrechercheure der Nichtregierungsorganisation Public Eye – ein altes Dokument, das die Eröffnung eines seiner Konten bei der Credit Suisse zu belegen scheint. Das Jahr passt: 1974. Noch ein Häkchen.

Auf dem alten Dokument finden wir auch eine Kontonummer. Und tatsächlich: In der internen Identifizierungsnummer eines jener Credit-Suisse-Konten, das wir in unseren geleakten Daten sehen – und zwar jenem, das demnach 1974 gegründet wurde –, lesen wir diese Zahlenfolge.

Nach Recherchen von *Le Matin Dimanche* zahlte Salem über das Konto jahrzehntelang Kickbacks, also illegale Rückvergütungen. So etwas läuft beispielsweise so: Ein Geschäftsmann bekommt Aufträge zugeschanzt von einem Politiker und wird dafür erheblich höher bezahlt als eigentlich angemessen. Dafür bekommt der Politiker einen Teil des überhöhten Gewinns. Der Geschäftsmann gibt also etwas zurück, deswegen spricht man von »kick back«, was man hier mit »zurückpassen« oder »zurückspielen« übersetzen kann. Im Jahr 2002 wurde demnach einer von Salems Geschäftspartnern verurteilt, weil er von diesem Konto 4,2 Millionen Franken erhalten hatte. Die Credit Suisse behielt Salem trotzdem als Kunden, auch dann, als Interpol wegen Korruptionsverdachts nach ihm fahndete. 2012 wurde Salem in Spanien vorübergehend festgenommen. In seiner Heimat schloss er mit den Behörden 2016 einen Deal: Alle Anschuldigungen gegen ihn werden fallen gelassen, dafür verzichtet er auf drei Viertel seines Vermögens. Ob er im Zuge des Deals auch seine Schweizer Konten offenlegte, ist unklar. Salem selbst können wir auch nicht mehr fragen, er starb 2019 in Madrid. Mindestens eines der Credit-Suisse-Konten war nach unseren Informationen bis 2016 noch aktiv.

Das sieht alles nicht gut aus für die Bank. Insgesamt wurden im Kontext des Arabischen Frühlings in der Schweiz rund eine Milliarde Franken blockiert – ein großer Teil dabei von der Credit Suisse. Vorausgegangen waren in der Regel entsprechende Anfragen von den Ermittlungsbehörden der jeweiligen Länder, die jeweils die Arbeit aufnahmen, nachdem die Autokraten aus dem Amt gejagt waren. Die öffentlich-rechtliche Nachrichtenplattform *Swissinfo.ch* schrieb in diesem Zusammenhang gar von »Komplizenschaft der Schweizer Banken mit den politischen Führern, denen vorgeworfen wurde, in ihren Ländern jeweils umfassende Korruptionssysteme aufgebaut zu haben«.

Das sind gute Nachrichten für unsere Recherche. Wenn Mubaraks Söhne und ein enger Vertrauter des Autokraten in unseren Daten sind, dann womöglich auch andere nahöstliche Potentaten und ihre Helfer.

Wir kramen unsere Notizen von früheren Recherchen in diesem Bereich heraus und stoßen in den Daten bald auf Mohammed Makhlouf, den 2020 verstorbenen Onkel von Syriens Diktator Baschar al-Assad. Er hatte demzufolge 1993 ein Konto eröffnet. Der Name Makhlouf ist verrufen in Syrien, die Familie war lange eng mit Assad verbunden – und hat finanziell enorm davon profitiert. Außerdem sehen wir ein erst 2011 geschlossenes Konto von Ghaleb Mutaher Al-Gamish, der mehr als drei Jahrzehnte jemenitischer Geheimdienstchef war – und sich möglicherweise ein Notfallpaket zurechtgelegt hat.

Und dann ist da ja noch Libyen.

Schon einmal, im Jahr 2016, haben wir uns auf die Spur des verschollenen Vermögens von Muammar al-Gaddafi gemacht. Wie Hosni Mubarak hat auch er sein Land jahrzehntelang autokratisch regiert, bis sich die libysche Bevölkerung gegen ihn erhob. Am Ende war Gaddafi tot – die Suche nach seinem Geld dauert allerdings bis heute an.

Etliche Gaddafi-Millionen wurden bereits in Italien, Deutschland und den USA gefunden. Der große Teil aber bleibt verschollen. Gaddafi hat über ein Geflecht aus anonymen Briefkastenfirmen, geheimen Konten und undurchsichtigen Firmenbeteiligungen ein märchenhaftes Vermögen auf die Seite geschafft. Das Öl hat Gaddafi reich gemacht. Insgesamt soll der ehemalige Offizier laut Expertenschätzung zwischen 100 und 200 Milliarden Dollar besessen haben. Forscher untersuchten zum Beispiel, wie viel Geld Libyen durch verkauftes Öl einnahm und wie sich die Staatsausgaben dazu entwickelten. Sie stießen dabei über Jahre auf milliardenschwere Lücken und schlossen daraus, dass der Diktator es veruntreut haben musste.

Für das Rückführen des Vermögens ehemaliger Diktaturen gibt es einen stehenden Begriff – Asset Recovery – und ein Übereinkommen der Vereinten Nationen, in dem sich die Unterzeichnerstaaten verpflichten, unterschlagene Gelder aufzuspüren und zurückzugeben.

Die libysche Übergangsregierung gründete nach dem Tod Gaddafis eine eigene Behörde dafür. Es wurden Belohnungen ausgelobt. Und so machten sich libysche Ermittler, ausländische Detektive und allerlei Glücksritter – auch »Ten-percenter« genannt, weil ihnen als Belohnung etwa zehn Prozent der Summe versprochen wurden – auf die Suche. 2014 bildete das libysche Parlament sogar einen eigenen Ausschuss für die Bemühungen. Einige Spuren führten die Jäger des verlorenen Gaddafischatzes nach Südafrika, nach Großbritannien, nach Dubai – und auf die Spuren einiger Vertrauter des nahöstlichen Autokraten.

Bei der Suche, so hören wir von einer Libyerin, die daran beteiligt ist, steht unter anderem ein Mann namens Ali Ibrahim Dabaiba im Fokus. Er gehörte einst zum engsten Kreis Gaddafis, zu den »Gefährten des Führers«, wie man die Clique in Libyen nannte. Die gigantische staatliche Behörde Organization for Development of Administrative Centres (ODAC), der er vorstand, erteilte über die Jahre Aufträge in Milliardenhöhe – viele davon sollen nach Ansicht libyscher Ermittler an Firmen mit Verbindungen zu Dabaibas eigener Familie gegangen sein. Zeitweise wurde Ali Dabaiba sogar via Interpol gesucht.

Als sich nämlich Wirtschaftsprüfer die ODAC-Aufträge nach dem Sturz Gaddafis genauer anschauten, stießen sie auf eine doppelte Buchführung. Ein Exberater Gaddafis erklärte Fahndern später, dass schon früh Unstimmigkeiten bei der Auftragsbehörde ODAC aufgefallen seien, ohne allerdings genauer untersucht worden zu sein – Gaddafi selbst und seine Söhne seien »in die Leitung der ODAC verwickelt« gewesen, hieß es zur Begründung. Und Dabaiba steht im Verdacht, große Mengen an Staatsgeldern beiseitegeschafft zu haben.

Unsere Kollegen vom *Organized Crime and Corruption Reporting Project (OCCRP)*, einem weltweit agierenden Recherchenetzwerk, von dem hier noch die Rede sein wird, sind 2018 auf mindestens 16 Bankkonten Dabaibas auf Zypern gestoßen – mit etlichen Millionen US-Dollar. Und damit definitiv mehr, als er jemals mit seinem ODAC-Gehalt – von umgerechnet 15.600 Dollar pro Jahr ist die Rede – hätte anhäufen können.

Laut *OCCRP* soll ein libyscher Geschäftsmann namens Ahmed L. Dabaiba geholfen haben, sein Netz an Briefkastenfirmen aufzubauen. L. taucht mit mehreren Konten in den Daten der Credit Suisse auf. Alle wurden erst nach seinem Tod im Jahr 2014 geschlossen. (Ein von seiner Familie beauftragter Anwalt erklärte, L. habe stets »gesetzmäßig« gehandelt.) In einem der *OCCRP*-Artikel über Dabaiba lesen wir, dass der Chefbuchhalter von L. im Jahr 2000 an einen Credit-Suisse-Manager schrieb, dass L. eine Vollmacht habe, Dabaiba bezüglich »seiner Bank-Konten« bei der Bank zu vertreten.

Demnach hatte Dabaiba mehrere Konten bei Credit Suisse – und mit etwas Glück auch in unseren Daten. Tatsächlich stoßen wir auf ein Konto, das auf den Namen von Dabaiba läuft,

1990 eröffnet und 2012 geschlossen wurde. Außerdem finden wir mehrere Konten auf den Namen eines Briten, der den libyschen Ermittlern nach unseren Informationen schon öfter im Zusammenhang mit Dabaiba aufgefallen ist.

Ob Libyens Ermittler diese Funde interessieren, ist fraglich – denn mittlerweile ist der seit Mai 2021 amtierende libysche Premier für die Suche nach den versteckten Gaddafigeldern zuständig. Und der Premier ist: Dabaibas Cousin Abdul Hamid Dabaiba.

Wir legen derweil unsere Funde noch einmal zusammen auf den Tisch und kategorisieren sie. Die Mubaraks, Dabaiba und Salem haben ihre Konten bei der Credit Suisse schon vor Ausbruch der Proteste eröffnet und befüllt. Als der Aufstand in Tunesien beginnt und sich bald in Ägypten, in Bahrain, im Jemen, in Jordanien fortsetzt, als Tausende Demonstranten ums Leben kommen, holen vermutlich etliche Kundenbetreuer tief Luft. Wenig später wird Gaddafi aus einem Abwasserrohr gezogen und umgebracht, Mubarak unter Hausarrest und später vor Gericht gestellt, während Jemens Präsident Abdullah Saleh zunächst nach Saudi-Arabien flieht und später zurücktritt.

Auch in Jordanien kommt es Anfang 2011 zu großen Demonstrationen. Zwar hofieren die EU und die USA das Land, auch ist die Meinungsfreiheit größer, doch viele Menschen sind arm und der Frust der Bevölkerung groß. Die Wut richtet sich auch gegen König Abdullah II. bin al-Hussein. Ihn und seine Entourage haben wütende Demonstranten längst »Ali Baba, den Zweiten, und seine 40 Diebe« getauft.

Das Bild vom bescheidenen Herrscher hat Risse bekommen, dazu passen die sechs Credit-Suisse-Konten, die wir in unseren Daten finden und den Angaben zufolge Firmen des Königs gehören. Viele Millionen Franken lagen zu Höchstzeiten auf den Konten, die zwischen 2008 und 2014 eröffnet wurden. Während sich das Geld häufte, flossen mehrere Milliarden Dollar an Entwicklungshilfe nach Jordanien. Allein aus Deutschland kamen jedes Jahr mehr als 100 Millionen Euro in das Land. Im Jahr 2019 waren es nach Regierungsangaben mehr als 510 Millionen Euro. (Eine von Abdullah II. beauftragte Anwaltskanzlei ließ vor Redaktionsschluss dieses Buches zwei Antwortfristen verstreichen, bestätigte indirekt aber die Existenz von Credit-Suisse-Konten des Königs.)

Als die bunte Protestkoalition aus Lehrern, pensionierten Soldaten, Arbeitern, Linken und Studenten in Amman durch die Straßen zieht, tut der König, was er immer getan hat, wenn es nicht so läuft, wie er will: Er feuert die Regierung – zum achten Mal in zwölf Jahren. Premierminister Samir Rifai muss am 1. Februar 2011 zurücktreten, die Opposition fordert prompt Ermittlungen wegen Korruption. So weit kommt es allerdings nicht.

Wir sehen: Wenige Monate später eröffnet Samir Rifai ein Konto in der Schweiz, wo er bereits eins hat, und zwei Jahre später noch eins, diesmal ein Firmenkonto, und zwar mit seiner Frau. Zeitweise liegen dort, zusammengerechnet, mehr als zehn Millionen Franken.

Mit jedem unserer Funde wächst das Problem für die Credit Suisse. Einzelfälle kann man meist erklären – aber die Ballung von Problemfällen in unseren Daten, die wir schon nach einigen Wochen feststellen können, lässt uns vermuten, dass da noch mehr zu finden ist. Es wirkt, als hätte die Bank ihre Kunden nicht sorgfältig ausgewählt – und genau dem wollen wir nachgehen. Wir wollen prüfen, ob weitere »bad boys« zu finden sind: Folterer, das engste Umfeld von Diktatoren, Geheimdienstmitarbeiter und ähnliche Kaliber. Dafür brauchen wir allerdings Kolleginnen und Kollegen aus den einschlägigen Ländern, die ihre großen Namen kennen.

Wir brauchen Hilfe. Wir beschließen, das Team wieder zusammenzurufen, die vielen investigativen Reporterinnen und Reporter aus der ganzen Welt, mit denen wir schon etliche andere internationale Projekte gestemmt haben – die Panama Papers, die

Luxemburg-Leaks, die China Cables und etliche mehr. Manchmal waren wir 400 Reporterinnen und Reporter, manchmal 40, je nachdem wie groß das Projekt wurde.

Und wir sind ziemlich sicher: Sobald wir erzählen, dass wir ein Leak von einer großen Schweizer Bank haben, werden die meisten, die wir fragen, augenblicklich mitmachen wollen. Was wir unterdessen schon angehen können: Wir machen uns auf die Suche nach Deutschen. Zwar hat die Quelle uns offenbar einen Ausschnitt zur Verfügung gestellt, in dem Deutsche eine kleine Minderheit sind – aber ein paar Hundert deutsche Staatsbürger können wir herausfiltern. Diese ordnen wir dann nach den Höchstbeträgen ihrer Konten – und staunen. Da sind Deutsche mit dreistelligen Millionenbeträgen! Und das eigentlich Erstaunliche daran: Die Namen von einigen, die 50 Millionen Schweizer Franken und mehr besitzen oder besaßen, haben wir noch nie gehört und noch nicht einmal Google hilft weiter.

Wir fangen an, die Namen richtig zu recherchieren, um einen ersten Eindruck zu bekommen, wer die Kontoinhaber sind. Dabei stoßen wir auf den Namen Eduard Seidel – und stutzen. Wir finden ein Konto, bei dem in der Spalte »höchster Kontostand« spektakuläre 54 Millionen Schweizer Franken vermerkt sind. Aber Seidel ist kein Abkömmling einer großen Dynastie, kein Sportstar, kein Oligarch. Wie kann er derart viel Geld zusammengetragen haben?

Nur ein paar Minuten und einige englischsprachige Veröffentlichungen später wissen wir: Eduard Seidel war ein leitender Angestellter bei Siemens – und er war tief in die Siemens-Affäre von 2006 verwickelt, den wohl größten Bestechungsskandal, den es in Deutschland je gegeben hat. Seidel war viele Jahre Siemens-Chef in Nigeria, wo er reihenweise hochrangige Politiker bestochen hat. Deswegen geriet er ins Visier deutscher Ermittler – und auch nigerianischer. Eduard Seidel wurde 2008 in München für sein Tun verurteilt.

Und so jemand hatte da so viel Geld liegen? Die Fragezeichen in unseren Augen werden immer größer. Wir gehen unsere Daten durch und stellen fest, dass Seidel tatsächlich gleich mehrere Schweizer Konten hatte. Das interessanteste davon ist jenes, auf dem die 54 Millionen Franken lagen, und zwar im Frühjahr 2006 – wenige Monate bevor Polizei und Staatsanwaltschaft den Siemens-Hauptsitz durchsuchten und die Affäre ihren Lauf nahm. Wir stellen auch fest, dass laut der Daten auch zehn Jahre später, 2016, immer noch mehr als zehn Millionen Franken auf dem Konto liegen, das Seidel demnach 1989 eröffnet hat.

Das ist, vorsichtig formuliert, äußerst erstaunlich. Wie kam Seidel an mehr als 50 Millionen Franken? War es Siemens-Geld?

Hier schließt sich ein Kreis und damit wären wir wieder bei den Diktatoren: Die Siemens-Affäre konnte nur deswegen aufgeklärt werden, weil Schweizer Ermittler Ende der Neunzigerjahre aus Nigeria darauf hingewiesen wurden, dass der ehemalige Diktator des Landes, Sani Abacha, viele Millionen an Bestechungsgeldern von Schweizer Konten erhalten hatte. Auch: von Siemens.

4

»Ein gut inszeniertes Märchen«

Immer wieder öffnen wir jene Nachricht, in der unsere Quelle ihr Tun erklärt – die Klarheit darin ist jedes Mal wohltuend. Unter anderem beklagt unsere Quelle, dass Staaten ohne sogenannten Automatischen Informationsaustausch wehrlos sind gegen Steueroasen mit gesetzlich verankertem Bankgeheimnis, weil dadurch Firmen und Superreiche Steuern hinterziehen und sogar Geld aus illegalen Unternehmungen waschen könnten.

Länder, die sich untereinander auf einen Automatischen Informationsaustausch geeinigt haben, tauschen mindestens einmal im Jahr Informationen über Kontoinhaber aus: Bekannt gegeben werden Steuernummer, Geburtstag und Geburtsort, Kontostand sowie Zinsen und Dividenden. So erfährt die Bundesrepublik beispielsweise, ob deutsche Staatsbürger ein Konto in Frankreich haben und wie viel darauf liegt. Auf dieser Grundlage können dann Steuern erhoben werden.

Der Aspekt, den unsere Quelle beschreibt, taucht in der innerschweizerischen Diskussion nur selten auf: dass andere, vor allem ärmere Staaten hilflos zusehen müssen, wie die Schweiz den Vorhang zuzieht. Die Bürger beobachten, wie korrupte Eliten Unmengen an Geld außer Landes schaffen – Geld, das oftmals eigentlich dem Staat gehört –, können aber nichts tun. Ein Problem, das die in Kapitel 3 erwähnte indonesische Wirtschaftswissenschaftlerin und Politikerin Sri Mulyani Indrawati prägnant beschreibt: »Wenn politisch exponierte Personen sich bereichern, bringen sie die Menschen um die Chance, sich aus Armut und Elend zu befreien. Für alle, die sich bereichern, und für diejenigen, die ihnen dabei behilflich sind, darf es keine Straffreiheit und keine sicheren Zufluchtsorte geben.« Dieser Aspekt ist Dutzende Male ausgesprochen worden, wird nicht angezweifelt und spielt doch in der Schweizer Debatte keine größere Rolle.

Ein Bankgeheimnis kennen unzählige Staaten, auch Deutschland. Niemand kann in München, Frankfurt oder Berlin einfach so in eine Bank marschieren, und den Kontostand anderer Mitbürgerinnen erfragen. Auch wenn das Bankgeheimnis hierzulande nicht gesetzlich verankert ist, verpflichten sich die Banken bei Eröffnung eines Kontos, darüber keine Angaben gegenüber Dritten zu machen. Aber deutsche Behörden, etwa Staatsanwaltschaften, die ein berechtigtes Interesse haben – die können sich sehr wohl Konten öffnen lassen. Ähnlich sieht es aus, wenn Anfragen aus dem Ausland kommen, die auf Gesetzen basieren, wie sie so oder ähnlich auch in Deutschland zu finden sind. Insofern hat Deutschland ein ziemlich weiches Bankgeheimnis. Auf einem Spektrum wäre das deutsche Bankgeheimnis nah an einem Ende – und das Schweizer Bankgeheimnis relativ weit auf der anderen Seite. In der Schweiz dürfen auch inländische Behörden nicht so ohne Weiteres wegen Steuerdelikten Konten öffnen und ausländische Stellen noch viel weniger.

Der Kern des legendären Schweizer Bankgeheimnisses ist in Artikel 47 des schweizerischen Bankengesetzes beschrieben. Darin heißt es trocken, mit »Freiheitsstrafe bis zu drei Jahren oder Geldstrafe« werde bestraft, wer vorsätzlich ein Geheimnis offenbart, das ihm »in seiner Eigenschaft als Organ, Angestellter, Beauftragter oder Liquidator einer Bank« oder einer Prüfgesellschaft anvertraut worden ist. Das gleiche Schicksal droht einer Person, die andere »zu einer solchen Verletzung des Berufsgeheimnisses zu verleiten sucht« oder aber ein ihr »offenbartes Geheimnis weiteren Personen offenbart« oder für sich oder einen anderen ausnützt.

Noch härter trifft es Personen, die »sich oder einem anderen durch eine Handlung« auch noch »einen Vermögensvorteil« verschaffen – dann drohen gleich bis zu fünf Jahre Haft und damit ist es nach Schweizer Recht schon ein »Verbrechen« und nicht mehr nur ein »Vergehen«.

Verkürzt: Es ist nach Artikel 47 illegal, interne Bankeninformationen weiterzugeben. Das gilt übrigens ganz generell, schon die Information, ob jemand überhaupt ein Konto hat, ist geschützt. Auch die Mitteilung, dass jemand *kein* Konto bei einer bestimmten Bank hat, ist illegal. Und prinzipiell gilt das sogenannte »Offenbarungsverbot« bis auf wenige Ausnahmen auch gegenüber staatlichen Behörden. Kritiker sprechen deshalb auch von einem »Steuerhinterziehergeheimnis«, denn dank dieser Regelung kann ein Kontoinhaber ein Konto vor dem Staat geheim halten. Hier trennt die Sprache die Gegner und die Verfechter des Gesetzes, die Schweizer Freunde des Artikels 47 sprechen nämlich vom »Bankkundengeheimnis«. Das Bankgeheimnis gilt übrigens auch für Schweizer. Wenn ein Züricher im Kanton Bern ein Konto bei einer Bank hat, erfährt die Steuerbehörde in Zürich davon nichts.

Das Gesetz bedeutet für uns, jedenfalls auf den ersten Blick, dass wir uns strafbar machen könnten – denn wir haben ja durchaus vor, ein uns »offenbartes Geheimnis« später noch »weiteren Personen« zu offenbaren. Ehrlich gesagt sogar sehr vielen weiteren Personen. Sogar: Hunderttausenden weiteren Personen, allen Leserinnen und Lesern nämlich.

Als wir die Credit-Suisse-Daten in unserem sicheren Briefkasten fanden, hätte also die erste Person, die die beigelegte Nachricht der Quelle gelesen hatte, Stillschweigen bewahren müssen?

Hätte sie die Daten nicht weitergeben und schon gar nicht darüber reden dürfen, um sich nicht strafbar zu machen? Dann hätten wir keinen Missstand finden und erst recht nicht belegen können. Wir bitten um einen Termin mit unseren Juristinnen und Juristen bei der *Süddeutschen Zeitung,* um diese Frage zu klären. Keiner von uns würde gern beim nächsten Schweizbesuch festgenommen werden. Wir wollen außerdem klären, was das Gesetz für Schweizer Journalistinnen und Journalisten bedeutet. Normalerweise arbeiten wir bei jedem Thema, das die Schweiz tangiert, mit dortigen Medien zusammen. Was würde das für sie bedeuten?

Gleichzeitig schauen wir uns an, woher dieses bedeutsame Gesetz kommt. Tatsächlich reichen die Ursprünge des Schweizer Bankgeheimnisses bis ins 18. Jahrhundert. Bereits 1713 verbot das Parlament im Kanton Genf Banken, Informationen über ihre Kunden zu teilen. Allerdings galt das nur dort. Mehr als 150 Jahre später, im Jahr 1872, wurde das Strafgesetzbuch des Kanton Basel-Stadt veröffentlicht; es gilt als Vorläufer des Bankgeheimnisses.

Als 1915 einige Sozialdemokraten im Nationalrat fordern, dass Banken den Steuerbehörden die zur Steuererhebung nötigen Informationen übermitteln sollen, erfolgt ein großer Aufschrei. Der Konservative Alfons von Streng aus dem Kanton Thurgau sieht »Gefahren für die berechtigten Interessen der Banken«. Er spricht sogar von möglicher »Inquisition«. Am Ende werden 97 Stimmen gegen den Vorschlag abgegeben und nur 19 dafür.

Als 1919, also vier Jahre später, von den Sozialdemokraten noch mal ähnliche Forderungen aufkommen, argumentiert die »Vereinigung von Vertretern des Schweizer Bankgewerbes« in ihrem Jahresbericht, dass dies der »traditionellen Diskretion« zuwiderlaufe – und sicherlich etliche Einlagen abgezogen würden. Es schade also dem Geschäft.

Im selben Jahr wird in Deutschland die erste Vermögenssteuer eingeführt. Der Erste Weltkrieg ist gerade zu Ende, das Kaiserreich Geschichte und die Staatskassen sind leer. Der erste Finanzminister der jungen Weimarer Republik, Matthias Erzberger, führt das »Reichsnotopfer« ein. Mit einer einmaligen Sonderabgabe will er die Staatseinnahmen steigern, um unter anderem die Reparationszahlungen erbringen zu können, die der Friedensvertrag von Versailles vorsieht. Das Vorhaben geht schief und trifft vor allem die Besitzer kleinerer Vermögen, weil die, die am meisten abgeben sollen, ihr Kapital ins Ausland bringen oder die Zahlungen herauszögern können.

Die Schweiz hat, so beschreibt es der Historiker Sébastien Guex, zu diesem Zeitpunkt schon erkannt, welche wirtschaftliche Gelegenheit die Kapitalflucht aus den Nachbarländern für ihre Banken bietet. »In Schweizer Bankenkreisen erkannte man jedoch bald, dass die Steuererhöhungen in mehreren Ländern ihnen eine interessante Möglichkeit boten: die Anziehung von ausländischem Kapital in die Schweiz, um die als exorbitant empfundene inländische Besteuerung zu umgehen«, so Guex.

Die Schweizer Diskretion wird von einer Tradition zum Geschäftsfaktor.

Obwohl das strenge Bankgeheimnis zu dieser Zeit noch nicht im Gesetz festgeschrieben ist und noch nicht für das ganze Land gilt, wird die Schweiz international nicht nur als besonders diskret wahrgenommen, sondern sogar schon als Steueroase, wie der Schweizer Historiker Christophe Farquet in seiner Dissertation zeigt. Er verweist unter anderem auf ein Zitat des Schweizer Berichterstatters im Völkerbund, der 1925 notiert, dass die Schweiz bei anderen Ländern im Verdacht stehe, ein »Hehler rechtswidrig geflüchteter Kapitalen« zu sein.

Diesen Verdacht bestätigt eine Razzia der französischen Polizei, die im Oktober 1932 die Räume der Pariser Filiale der Basler Handelsbank durchsucht und zwei Bankangestellte festnimmt. Ein Whistleblower hat der Polizei einen Tipp gegeben, es geht um Hunderte Konten, deren Inhaber Steuern hinterzogen haben sollen. Bei der Durchsuchung treffen die Ermittler auf Kunden mit Taschen voller Geld. Die Untersuchungen werden ausgeweitet, am Ende sind es rund 2000 Personen, die ihr Geld vor den Behörden versteckt haben, um einer Besteuerung zu entgehen – darunter einige der reichsten Männer des Landes: Auch zwei Bischöfe, Dutzende Generäle, drei Senatoren und ehemalige Minister sind darunter.

Schon damals gab es also Whistleblower, denen das Tun der Schweizer Banken aufstieß, und – Jahrzehnte, bevor deutsche Ermittler »Steuer-CDs« ankauften – andere Länder, die ihre Bürger dabei erwischten, wie sie mit Hilfe von Schweizer Banken Steuern hinterzogen. In der Schweiz war damals von »Spionen« die Rede, wenn Menschen wie der Deutsche Arthur Pfau beschrieben wurden. Pfau hatte 1931 versucht, Schweizer Bankangestellte zu überreden, Informationen über deutsche Kunden zusammenzutragen. Er wurde festgenommen und des Landes verwiesen – aber er war wohl nicht der Einzige, ein Historiker schreibt von »unzähligen solchen Versuchen« und manchmal waren offenbar auch deutsche Amtsstellen direkt involviert.

Schweizer Medien, Schweizer Banker und Schweizer Bevölkerung waren sich weitgehend einig: Die deutschen Ermittlungen und die Kritik seien ein Angriff auf die Schweiz und eine »veritable Hasskampagne«. Die »Bankspionage aus dem Ausland« wurde sogar dezidiert von Vertretern des Schweizerischen Justizministeriums thematisiert, als 1934 das geplante Bankengesetz vorbereitet wurde. Offiziell schlug dann erst mit der Verabschiedung dieses Gesetzes am 8. November 1934 die eigentliche Geburtsstunde des nationalen Bankgeheimnisses. Praktisch war es aber längst Alltag.

Der Historiker Robert U. Vogler, der selbst lange Jahre für die UBS-Bank gearbeitet hat, schreibt 2000 in den *Schweizer Monatsheften,* mit dem Bankgeheimnis sei »zusätzlich eine rechtliche Grundlage auf nationaler Ebene« geschaffen worden »zum

Schutze ihrer Kunden und unbesehen ihrer Herkunft«. Zuvor habe das Bankgeheimnis »de facto seit langer Zeit« existiert, aber es sei eben nicht »in Rechtsprechung verankert« gewesen.

Dieses Gesetz von 1934 sorgt also erstmals dafür, dass die Verletzung des Bankgeheimnisses eine Straftat wird. Bisher waren solche Indiskretionen eine Sache zwischen der Bank und dem Kunden. Nun bürgt gewissermaßen der Staat für die Geheimnisse.

Das Gesetz war alles andere als umstritten: Es gab im Nationalrat nur eine Gegenstimme und 119 Abgeordnete die dafür waren. Im Ständerat, der zweiten Abgeordnetenkammer der Schweiz, in der die Vertreter der Kantone sitzen, gab es gar keine Gegenstimme. Die Verabschiedung vollzog sich laut dem Historiker Stefan Tobler »praktisch spur- und geräuschlos«. Weder im Parlament noch in der Öffentlichkeit habe es dazu Diskussionen gegeben. Ohnehin sei bis heute ungeklärt, »wer der Urheber des ominösen Art. 47 des Bankengesetzes war«, schreibt Tobler in seinem Buch »Der Kampf um das Schweizer Bankgeheimnis«. Fest steht aber, dass das Gesetz am 1. März 1935 in Kraft trat.

Zwei Jahre zuvor waren in Deutschland die Nationalsozialisten an die Macht gekommen. Sie begannen sofort, Regimegegner und Minderheiten zu unterdrücken und zu verfolgen. Einigen wenigen von ihnen gelang es noch, in die Schweiz zu reisen und dort Konten zu eröffnen, um ihr Geld in Sicherheit zu bringen. Dort konnten sie auf ihre Verfolger treffen, denn auch diese legten hier Geld an. Dazu gehörten Hitlers Wirtschaftsminister Hjalmar Schacht und die später verurteilten NS-Kriegsverbrecher Hermann Göring und Joachim von Ribbentrop. Die Reichsbank transferierte tonnenweise Gold in die Schweiz und bekam im Gegenzug Devisen.

Ihre Rolle im Zweiten Weltkrieg hat die Credit Suisse selbst aufgearbeitet. Das Ergebnis wirft kein gutes Licht auf die Bank (die damals noch SKA hieß): Zunächst einmal habe sie an sogenannten »Arisierungen« mitgewirkt. »Sie kam Überweisungsaufträgen von Kunden nach, obwohl ihr bekannt sein musste, dass diese Kunden von deutschen Behörden zur Auftragserteilung gezwungen worden waren«, schreibt Joseph Jung, der hauseigene Historiker der Credit Suisse, in seinem Buch »Von der Schweizerischen Kreditanstalt zur Credit Suisse Group«. Und es geht noch weiter: Die Bank habe Raubgut und Raubgold erworben, »obwohl sie von deren völkerrechtswidrigem Erwerb wusste oder bei genügender Sorgfalt hätte wissen müssen«. Außerdem hätten allerlei Nazis bei der Bank Konten unterhalten, darunter etwa vier namentlich nicht genannte Kriegsverbrecher, die bei den Nürnberger Prozessen verurteilt wurden. Also neben Ribbentrop und Göring noch zwei weitere.

Die Schweizer Banken konnten sich dabei auf ein ehernes Prinzip der Eidgenossenschaft berufen: die Neutralität. Seit dem Wiener Kongress (1814/1815) schlägt sich die Schweiz bei internationalen Konflikten nicht mehr auf eine Seite. So war es im 19. Jahrhundert zwischen den Großmächten Frankreich und Österreich, aber auch im Ersten und im Zweiten Weltkrieg. Die Idee dahinter ist relativ simpel: Wer sich nicht auf die Seite einer Konfliktpartei stellt, geht im Falle einer Niederlage auch nicht unter. Auch aufs Geschäftliche übertragen hat dies nur Vorteile: Denn wer mit zwei Konfliktparteien statt nur mit einer Geschäfte macht, der macht mehr Profit. Dass die Schweiz Nazigelder akzeptierte, sorgte bei vielen Zeitgenossen und auch Eidgenossen für Entsetzen. So schrieb der Schweizer Schriftsteller Friedrich Dürrenmatt: »Die Schweiz stand Schmiere beim Weltverbrechen« und: »Unsere sauberen Hände sind unsere Schande.«

Als am 8. Mai 1945 der Zweite Weltkrieg endete, lagen große Teile Europas in Trümmern, Millionen Männer und Frauen waren ermordet oder vertrieben worden, entwurzelt und mittellos. Wer lebte, dem drohten Hunger und eisige Winter. Die erste Arbeit bestand darin, die Trümmer beiseitezuschaffen.

Die Schweiz hingegen war weitgehend unversehrt geblieben. Einige Bomben hatten aus Versehen Schweizer Boden getroffen, einige Schüsse waren 1944 über die Grenze geschossen worden, als italienische Partisanen vor den Faschisten ins schweizerische Onsernonetal geflohen waren. Die Industrie aber war weitgehend unbeschadet geblieben. »Es war beschämend, aber Tatsache, dass die Schweiz während des Krieges Geld verdient hat«, schreibt der US-amerikanische Historiker Jonathan Steinberg in seinem Standardwerk »Why Switzerland?«. Warum die Schweiz?

Der Bankensektor des Landes erlebte in den folgenden Jahren einen regelrechten Boom. Schon bald war die Schweiz weltgrößter Finanzplatz hinter London und New York. Internationale Eliten flogen ein, gern mit dem Privatflieger. Schon damals regte sich Kritik aus dem Ausland. Das Land stand nach Beobachtung des Historikers Tobler unter dem »ständigen Verdacht, unter dem Deckmantel des Bankgeheimnisses – als ›base for financial privacy‹ – krumme Geschäfte zu tätigen«. Der britische Labour-Abgeordnete und spätere Premier Harold Wilson sprach schon 1956 von einem »Refugium für Fluchtgeld«, also illegales Geld, das aus dem Ausland, vor allem von korrupten Eliten, in die Schweiz gebracht wird. »Daran klebt Blut«, kritisierte der niederländische Senator Paul Kapteyn 1962 vor dem Europarat in Straßburg.

Der Investigativjournalist Tom Bower, der in dem Buch »Das Gold der Juden: die Schweiz und die verschwundenen Nazi-Milliarden« die Rolle der Schweizer Banken im Zweiten Weltkrieg nachzeichnet, formuliert noch etwas deftiger: »Von der einzigartigen Geheimhaltung profitierend, war die kleine Brut der Schweizer Banker gieriger und unmoralischer geworden als die meisten.«

Das Bild von der Alpentrutzburg für Schwarzgeld wurde durch ein Buch des amerikanischen Journalisten und Historikers

Theodore Reed Fehrenbach zementiert. Es wurde 1965 veröffentlicht, hatte den Titel »The Swiss Banks« und wurde ein Bestseller. Der Autor trug darin alles zusammen, was die Schweiz schlecht aussehen ließ, etwa dass Kommunisten über schweizerische Finanzgesellschaften Spione finanzieren würden, dass das Land ein Versteck für geraubtes und gestohlenes Geld sei, dass die Schweiz allzu gern Beihilfe zur Steuerhinterziehung leiste und Korruption ganz allgemein ermögliche. In der Folge berichten Medien weltweit und das Echo war verheerend, vom *Spiegel* über den französischen *Express* bis hin zum US-amerikanischen Magazin *Newsweek* wurde die Schweiz kritisiert. Selbst die wirtschaftsfreundliche *Financial Times* prangerte »die Schweizer Besessenheit mit dem Bankgeheimnis« an.

Die helvetischen Geldinstitute reagierten, wie dem Jahresbericht der Schweizer Bankenvereinigung zu entnehmen ist, durch »die Platzierung aufklärender Artikel und Informationen über die Schweizer Banken und das oft falsch verstandene Bankgeheimnis in der Weltpresse« sowie eine 1966 in den USA veröffentlichte Broschüre mit dem Titel »Die Wahrheit über das Schweizer Bankgeheimnis«.

Etwa zur selben Zeit unterstützte die Schweizer Bankenindustrie eine Legende, die der renommierte Schweizer Historiker Peter Hug mit »hemmungsloser moralischer Selbstüberhöhung« nicht ganz falsch beschreibt: Die Legende nämlich, das Bankgeheimnis sei entstanden, um jüdische Vermögen in der Schweiz vor dem Zugriff der Nazis zu schützen. Diese Erzählung – die Peter Hug als »gut inszeniertes Märchen« klassifiziert – ging tatsächlich um die Welt.

Wir schütteln uns ein wenig, als wir bei ihm nachlesen, wo diese Legende zuerst auftauchte: in einem namentlich nicht gezeichneten Aufsatz des Kundenmagazins der damaligen Schweizerischen Kreditanstalt – der heutigen Credit Suisse – aus dem Jahr 1966. Ausgerechnet die Bank, die später das Geld einiger der grausamsten Diktatoren dieser Erde horten sollte, spielte eine tragende Rolle bei dem Versuch, das Bankgeheimnis in moralische Gewänder zu kleiden.

In dem Aufsatz wird über die »Wurzeln des Bankgeheimnisses« behauptet, »bemerkenswerterweise« sei es »die intensiv betriebene Spionage nach jüdischem Geld« gewesen, die 1934 die Schweiz veranlasst habe, »zum Schutze der Verfolgten« das Bankgeheimnis zu verschärfen, es »straffer zu umschreiben und seine Verletzung unter Strafsanktion zu stellen«. Dadurch sei nicht weniger erreicht worden, als dass die Schweiz »Tausenden von Menschen Vermögen und Existenz gerettet« habe.

Wir schlucken. Und lesen noch mal: »zum Schutze der Verfolgten«?

Das Schweizer Bundesarchiv schreibt auf seiner Homepage trocken, die Schweizer Behörden hätten damals »jüdischem Vermögen […] keine besondere Beachtung« geschenkt, »entgegen der landläufigen Behauptung«. Auch der Historiker Stefan Tobler spricht von »Legendenbildung«, der bereits erwähnte Sébastien Guex hält fest, dass diese Credit-Suisse-Version »nicht zu den Fakten passe«; und wir können hier sogar Robert Vogler zitieren, den früheren Pressesprecher der Schweizer Großbank UBS, der die Version des moralisch begründeten Bankgeheimnisses »ganz klar ins Reich der Mythen« verweist: Dafür gebe es keinen Beleg.

Den Fakten zum Trotz ist die Legende bis heute wirkmächtig. Nicholas Shaxson, englischer Journalist und Spezialist für Steueroasen, resümiert in seinem Buch »Schatzinseln«: »Auch wenn die Geschichte, wonach das Schweizer Bankgeheimnis seinen Ursprung in der Sorge um die deutschen Juden hat, ein Mythos ist, wird sie weithin als Tatsache angesehen.«

Die Wahrheit ist banaler und weniger heroisch. Tom Bower berichtet in seinem Buch »Das Gold der Juden: Die Schweiz und die verschwundenen Nazi-Milliarden«, dass der Schweizer

Botschafter in Berlin die Nazis aufforderte, in Pässe von Juden ein
»J« zu stempeln. So könne man sie bei der Einreise in die Schweiz
von nichtjüdischen Deutschen unterscheiden. Und sie im Zweifel
abweisen. Außerdem forderten die Schweizer, dass mehr deutsche Grenzbeamte an die Schweizer Grenze versetzt würden, um
die Einreise von Juden zu verhindern. Nach der »Reichspogrom-
nacht« wurden Juden an der Grenze abgewiesen; selbst als schon
Berichte von Konzentrationslagern die Runde machten. Stattdessen mussten jüdische Gemeinden in der Schweiz für die Aufnahme von Juden aus dem Deutschen Reich zahlen.

In den folgenden Jahrzehnten scheiterten mehrmals Versuche,
das Schweizer Bankgeheimnis einzuschränken. Einmal, 1979,
sammelten die Schweizer Sozialdemokraten mehr als 100.000
Unterschriften für die »Initiative gegen den Missbrauch des
Bankgeheimnisses und der Bankenmacht«. Die von Linken und
kirchlichen Kreisen getragene Initiative forderte die Aufhebung
des Bankgeheimnisses gegenüber Steuerbehörden. Außerdem
sollte Amtshilfe erleichtert werden.

Die Banken waren alarmiert. Die Bankiersvereinigung legte
prompt ein über 100 Seiten langes »Argumentarium« vor. Darin wird ausgeführt, das Bankgeheimnis diene dem Schutz der
Privatsphäre: »Wir leben in unserem kleinen Staat sehr eng auf
kleinstem Raum dicht bevölkert beieinander [und] können ei-
nander viel zu stark beobachten, [weshalb] das Bedürfnis nach
Persönlichkeitsschutz besonders groß ist. Ganz besonders im Bereich seiner finanziellen Verhältnisse legt der Schweizer großen
Wert auf Diskretion.«

Was die Ausländer angeht, die Geld in der Schweiz anlegen,
sehen die Banken die »Steuerflucht« als Symptom einer falschen
Politik: »Steuerhinterziehung [ist] in erster Linie eine Folge über-
höhter Steuern. Es liegt am ausländischen Staat selbst, mit ver-
nünftigen Steuersätzen eine gute Steuermoral zu schaffen.« Fein-
sinnig machen sie dann den Unterschied zwischen kriminell und,

nun ja, nicht kriminell auf: »Legal erworbenes Geld ist aber für uns nicht kriminell, auch wenn es unter Verletzung von ausländischen fiskal- und devisenrechtlichen Bestimmungen in die Schweiz gelangt.«

Sowohl der Bundesrat als auch das Eidgenössische Parlament lehnten die Volksinitiative 1979 ab, die Sozialdemokraten blieben dennoch dabei und versuchten sich mit einer Allianz links der Mitte. Ohne Erfolg: Bei der Abstimmung im Mai 1984 stimmten nur 26,9 Prozent für die Initiative und mehr als 73 Prozent dagegen.

Das Bankgeheimnis blieb bestehen und seine Verteidiger waren nicht gewillt zurückzuweichen. Kaspar Villiger (FDP), von 1995 bis 2002 Schweizer Bundespräsident, betont immer wieder: »Das Bankgeheimnis ist nicht verhandelbar.«

Gleichzeitig stieg über die Jahre die Summe des am Finanzplatz Schweiz verwalteten Geldes gewaltig: 1970 waren es noch 164 Milliarden Schweizer Franken, 1980 schon 536 Milliarden, 1990 dann 1620 Milliarden und im Jahr 2000 gar 3497 Milliarden Franken, also fast 3,5 Billionen. Diese Zahlen stammen von Historiker Tobler, der dazu lapidar festhält: »Diese Gelder waren zum größten Teil in ihren Heimatländern nicht deklariert.« Schätzungen zufolge waren sogar bis zu 80 Prozent der in der Schweiz eingelagerten Gelder Schwarzgeld.

Das lesen wir und schauen in unsere Daten. Wir haben Tausende Konten, die in den Jahren eröffnet wurden, in denen demnach offenbar der Großteil der Kunden Steuerhinterzieher waren. Wir haben also vermutlich das Schwarzgeld direkt vor uns.

Wir finden in den Daten sogar Hinweise auf eine Einheit in der Bank, die nur mit der diskreten Verwaltung von Nummernkonten befasst war. Also machen wir uns in der echten Welt auf die Suche nach Personen, die diese Einheit kennen könnten oder vielleicht selbst Teil davon sind oder waren. Unsere Hoffnung ist begrenzt. Vermutlich wird niemand aus der Bank mit uns sprechen. Dafür sorgt das Bankgeheimnis und speziell jener Artikel 47 des Bankengesetzes – der Gefängnis vorsieht für den Bruch. Aber wir probieren es dennoch, mit größter Vorsicht, und sprechen einige Leute an.

Und wir kommen tatsächlich ins Gespräch …

5

Das Millionenrätsel

Bei jeder guten Geschichte entwickelt man als Journalist irgendwann ein Gefühl für das, was man da vor sich hat. Und wir sind nun, nach einigen Wochen mit unseren Schweizer Kontodaten, nicht nur überzeugt davon, dass die Daten grundsätzlich authentisch sind – sondern auch davon, dass wir hier wichtiges Material vor uns haben. Wir konnten problemlos Fakten überprüfen und wir haben schnell Namen gefunden, die uns auf die Fährten von Skandalen führen.

Als Investigativjournalisten suchen wir Geschichten von »hohem öffentlichem Interesse«, also solche, deren Veröffentlichung enorm wichtig ist für die Gesellschaft, weil damit Unrecht aufgedeckt oder weiter aufgeklärt wird. Diese Recherche hier unterscheidet sich von anderen dadurch, dass wir Geschichten aus dieser Kategorie nicht nur gerne *hätten*, sondern unbedingt *brauchen*, um die von der Quelle – zumindest nach Schweizer Recht – womöglich illegal beschafften Daten nutzen zu können. Und dafür müssen wir nachweisen, dass es um höchstes öffentliches Interesse geht.

Aber solche Geschichten finden wir zur Genüge, darunter fallen etwa Geschichten über Schweizer Konten von politisch besonders exponierten Menschen – also etwa Staatschefs oder ehemalige Staatschefs aus korrupten und autokratischen Staaten. Haben wir. Darunter fallen auch Geschichten über Schweizer Konten von Kriminellen und Geheimdienstmitarbeitern. Haben wir. Hinzu kommen Geschichten über die Bank selbst, über das massive Versagen einer der größten Banken der Welt, die es – trotz anderslautender Versicherungen – über Jahre hinweg nicht schafft, sich von korrupten Kunden zu trennen. Auch solche haben wir.

Wir erkennen inzwischen, dass wir in der *Süddeutschen Zeitung* nur einen Bruchteil der internationalen Geschichten werden veröffentlichen können. Nicht nur, weil manche Recherchen im deutschsprachigen Raum kein großes Interesse finden werden, etwa mögliche politische Korruption auf einer mittleren politischen Ebene in Georgien. Sondern auch, weil wir zu wenige sind, um in aller Tiefe auf der ganzen Welt zu recherchieren. Wir brauchen also Hilfe: internationale Kolleginnen und Kollegen, die wissen, wie man investigativ arbeitet.

Das Gute ist: Wir kennen solche Kolleginnen und Kollegen. Wir haben schon mit ihnen zusammengearbeitet, bei den Luxemburg-Leaks, den Panama Papers und den Pandora Papers. Mit vielen sind wir befreundet. In den vergangenen Wochen haben wir die Fühler ausgestreckt und wurden zunächst enttäuscht. Die Koordinatoren des *International Consortium of Investigative Journalists (ICIJ)*, die die meisten großen Recherchen der vergangenen Jahre organisiert haben, bei denen wir dabei waren, fallen dieses Mal aus: Überlastung, sie koordinieren gerade die Pandora Papers, ein großes Leak aus der Offshore-Welt, das schließlich im Herbst 2021 veröffentlicht wird. Aber dafür lösen wir Begeisterung bei den Kolleginnen und Kollegen aus, die unter dem etwas sperrig benannten Dach des *Organized Crime and Corruption Reporting Project (OCCRP)* zusammenarbeiten. Auch das Investigativ-Team des britischen *Guardian* und jenes von *Le Monde* steigen mit ein, ebenso die Kolleginnen und Kollegen vom *Westdeutschen Rundfunk (WDR)* und vom *Norddeutschen Rundfunk (NDR)*, mit denen die *Süddeutsche Zeitung* seit Jahren bei investigativen Recherchen zusammenarbeitet.

Nur eines fehlt noch: ein Projektname, ein Name, den man im Zweifel auch mal in einem unverschlüsselten Telefonat erwähnen kann und bei dem der Gesprächspartner sofort weiß, worum es geht – ohne dass mögliche unerwünschte Zuhörer etwas verstehen würden.

Wir entscheiden uns für »Orion«, wie das Sternbild, aber vor allem: wie das Raumschiff. Damit setzen wir eine kleine Tradition fort: Schon der Projektname »Prometheus« für die Panama Papers kam aus dieser Ecke, nämlich von einem der Star-Trek-Raumschiffe, und auch der Code-Name »Athena«, den die Paradise-Papers-Recherche intern bekam, leitete sich von einem solchen Gefährt ab.

Das *OCCRP* vereinigt Reporterinnen und Reporter auf sechs Kontinenten, und vor allem aus jenen Ländern, aus denen wir besonders viele Kontoinhaber in unseren Daten entdecken: Venezuela etwa, der Ukraine oder aus Pakistan. In der Vergangenheit hat das *OCCRP* aufgedeckt, wie viele Milliarden aus russischen Betrügereien in Europa gewaschen wurden, wie das aserbaidschanische Regime aus milliardenschweren schwarzen Kassen europäische Parlamentarier, darunter auch deutsche, bestochen hat oder wie Cyberkriminelle unzählige deutsche Rentner mit erfundenen Investments um ihre Ersparnisse brachten.

Die Kolleginnen und Kollegen des *OCCRP* sind aber nicht nur akribische und unerschrockene Rechercheure, unter ihnen sind auch Datenspezialisten und Programmierer, wie sie für ein Projekt von dieser Größe unerlässlich sind. Und sie legen schnell los. Innerhalb weniger Stunden haben sie eine mehrfach gesicherte Plattform im Internet aufgesetzt, über die wir Unterlagen durchsuchen können. Sie haben auch gleich noch ein verschlüsseltes Forum eingerichtet, in dem wir unsere Recherchefunde dokumentieren und teilen werden. Schon nach kurzer Zeit sind Dutzende Kolleginnen und Kollegen vom OCCRP an Bord. Unser kleines Raumschiff fliegt los.

Das ist nicht nur sehr gut für diese Recherche, weil sofort neue Spuren und neue Ansätze in den Daten gefunden und prompt ins Forum eingetragen werden, es ist auch eine Freude, mit so vielen idealistischen und begeisterten Menschen zusammenzuarbeiten. Die unvergleichliche Miranda Patrucic aus Bosnien-Herzegowina ist dabei, die formidable Anne Michel aus Frankreich, die mutige Mafiaexpertin Cecilia Anesi aus Italien, der immer hellwache Brite Paul Lewis, der energiegeladene Projekt-Koordinator Antonio Baquero oder der meistens etwas grantelnde US-Amerikaner Drew Sullivan, der das OCCRP mit dem dafür meistens gut gelaunten Rumänen Paul Radu gegründet hat – sie und etliche mehr kennen wir zum Teil schon seit fast zehn Jahren, dieses Vertrauen ist durch nichts zu ersetzen.

Was genau wir dieses Mal haben, erklären wir in Videoschalten – unter strengsten Sicherheitsmaßnahmen, versteht sich. Und auch wenn wir schnell spüren, dass unsere Daten auf größtes Interesse stoßen, sind all diese Menschen als kritische Journalistinnen und Journalisten doch immer darauf bedacht, Schwachstellen zu finden. So sehr man sich gegenseitig schätzt und vertraut, am Ende muss die Geschichte den journalistischen und rechtlichen Maßstäben standhalten, und wenn sie das nicht tut, will niemand damit seine oder ihre Zeit verschwenden.

Wir würden gern ein großes Treffen einberufen, in München oder woanders, damit wir das weitere Vorgehen persönlich besprechen können. So arbeiten wir eigentlich immer bei größeren Recherchen, von Angesicht zu Angesicht versteht man besser, diskutiert man besser und kommt man schneller voran. Aber Covid-19 macht uns vorerst einen Strich durch die Rechnung.

Wir beschließen, das Treffen auf einen Zeitpunkt zu verschieben, wenn die Infektionszahlen weniger hoch sind.

Und auch wenn wir am liebsten all unsere Energie in das Projekt Orion investieren würden – es geht nicht. Wir haben begrenzte Ressourcen, auch weil ein Teil aller beteiligten Teams, von *OCCRP* über den *Guardian* und *Le Monde* bis zur *SZ*, in gleich zwei anderen internationalen Projekten steckt: den erwähnten Pandora Papers und einer Recherche namens Pegasus-Projekt, die illegale Überwachungspraktiken rund um den Globus aufdeckt.

Nichts davon wollen wir sein lassen. Also jonglieren wir mit allen dreien.

Das hat auch Vorteile: Auch in den Daten der Pandora Papers entdecken wir nämlich Eduard Seidel, jenen ehemaligen Siemens-Manager, auf dessen Namen auch etliche Konten in unseren Daten laufen – darunter eines, auf dem zeitweise mehr als 54 Millionen Schweizer Franken lagen. Laut den Pandora Papers hat Seidel sich 2008 eine Briefkastenfirma namens Elliot Invest & Finance Corp. auf den Britischen Jungferninseln zugelegt. Standesgemäß für einen Multimillionär.

Wir haben uns inzwischen die Akten der Ermittlungen aus der Siemens-Bestechungsaffäre der Nullerjahre besorgt: etliche Tausend Seiten und in denen lesen wir uns fest. Wir stoßen auf Seidels beruflichen Werdegang. Der Sohn ukrainischer Spätaussiedler fing Ende der 1960er bei Siemens an, wo er sich dann Stück für Stück nach oben gearbeitet hat. Anfang der 1980er wurde er nach Nigeria entsandt – wo er bald in führender Position tätig war, erst als Leiter des Bereichs Telekommunikation, später als Gesamtleiter Nigeria. Das blieb er, bis er 2004 seinen Abschied einläutete. Laut eigener Aussage verdient er am Ende etwa 300.000 Euro im Jahr. Das ist ordentlich, aber selbst wenn er seit seinem Eintritt bei Siemens 300.000 Euro im Jahr verdient hätte und nichts davon ausgegeben hätte, käme er »nur« auf rund elf Millionen Euro

Vermögen. Vielleicht verdiente er sich ein paar Bonuszahlungen hinzu. Aber auch damit käme er nie und nimmer auf die mehr als 54 Millionen Schweizer Franken, was damals wie heute etwa 50 Millionen Euro entsprochen hat. Wie sollte ein Mann, dessen Eltern als Spätaussiedler kein größeres Vermögen besaßen und der immer nur bei Siemens gearbeitet hat, so viel Geld beiseitelegen können? Genau. Dieser Frage gehen wir nach.

Nur um die Dimensionen einmal bewusst zu machen: Als unbekannte Täter am 14. Januar 2013 über einen beinahe 50 Meter langen Tunnel in einen unterirdischen Tresorraum einer Volksbank in Berlin einbrachen, zogen sie mit zehn Millionen Euro wieder ab. Die oder der Entführer von Richard Oetker verlangten 21 Millionen Mark Lösegeld von der Familie. Im Fall des entführten Jan Philipp Reemtsma verlangten die Entführer 30 Millionen Mark. Die unerkannten Bankräuber und die beiden jeweils involvierten Entführer Dieter Zlof und Thomas Drach gingen in das kollektive Gedächtnis der Deutschen ein, und viele Jahre wurde nach den verschwundenen Millionen gesucht.

Und doch haben die Entführer und die Bankräuber zusammen – inflationsbereinigt – vermutlich weniger erbeutet, als im Frühjahr 2006 auf dem Schweizer Konto von Eduard Seidel geparkt war.

(Eduard Seidel wird später von »unzutreffenden Darstellungen« sprechen, seine Einlassungen finden sich auf den Seiten 264, 265 und 272.)

Wir ackern uns weiter durch die Siemens-Akten, haben allerdings noch einige Tausend Seiten vor uns. Gleichzeitig haben wir die Hoffnung nicht aufgegeben, dass jemand mit uns sprechen wird, der die Bank und ihren Betrieb schon einmal länger von innen gesehen hat. Im besten Fall einer der »Relationship Manager«, die Kunden wie Eduard Seidel betreuen. Und manchmal ist investigatives Recherchieren wie Angeln, man muss ein paar Köder parallel auslegen und einfach ein wenig warten. Die Leine zwischendurch einmal aufkurbeln, dafür sorgen, dass der Köder noch am Haken ist, und wieder auswerfen. Irgendwann beißt einer an.

Vielleicht nicht gleich der perfekte Fang, auf den man gehofft hatte. Aber ein Anfang. In der Praxis heißt das: Wir schreiben viele Nachrichten und erhalten kaum Antworten. Und wenn ein erster Kontakt entsteht, entscheiden sich viele potenzielle Quellen am Ende anders, wollen doch nicht reden. Oder sie wissen nichts über das, was uns interessiert.

Aber irgendwann haben wir Glück. Ein Credit-Suisse-Insider lässt sich auf den Kontakt ein, schreibt mit uns über verschlüsselte Messenger, wir führen erste Telefonate und stellen fest: Die Person weiß sehr viel über genau das, was wir wissen wollen. Nämlich wie die Bank innen funktioniert, wie diese Konten verwaltet werden, was die Sicherheitsmaßnahmen sind und so weiter. Die Person bleibt vage und vorsichtig, und skeptisch, was ein Treffen angeht. Dann sagt sie einen Satz, der uns im Gedächtnis bleiben wird: »Ich will nicht – wie der eine Whistleblower – tot in einer Zelle enden.«

6

Ein Treffen im Wald

Die Jalousien sind weit genug geschlossen, Blocks und Stifte liegen griffbereit auf den Tischen, ein Laptop ist aufgeklappt, falls wir Dokumente zeigen oder ansehen wollen. Wir sind in einer Stadt, die wir nicht nennen können, in einem unscheinbaren Raum, den wir hierfür reserviert haben. Alles ist bereit für das Treffen mit dem Credit-Suisse-Insider, der endlich bereit ist, mit uns zu reden.

Aber die Person, die wir erwarten, kommt nicht. Niemand kommt.

Wir warten. Erst geduldig, dann ein wenig genervt. Wir versuchen Kontakt aufzunehmen – aber erfolglos. Wir warten weiter.

Dann meldet sich die Person doch, es werde zeitlich knapp heute, schreibt sie, und erwähnt familiäre Schwierigkeiten. Wir schauen uns an und uns ist klar: Hier macht jemand gerade einen Rückzieher. Verdammt. Wir packen unsere Sachen wieder zusammen und treten den Heimweg an.

Trotzdem haben wir Verständnis. Es ist nicht jedermanns oder jederfraus Sache, sich mit einer Schweizer Großbank anzulegen. Weil die Gesetzeslage in der Schweiz nun mal so ist, wie sie ist, und für jedes Wort zu viel im Extremfall Gefängnis droht.

Nicht ohne Grund hat unser Beinahe-Gesprächspartner in einem ersten Telefonat den Whistleblower erwähnt, der tot in der Zelle geendet ist – in einer Schweizer Gefängniszelle wohlgemerkt. Der Mann war festgenommen worden, nachdem er offenbar am Verkauf einer jener »Steuer-CDs« an deutsche Behörden beteiligt war, die vor gut zehn Jahren fast im Jahrestakt angekauft wurden. In der Haft nahm er sich das Leben – ein Fall, der uns hier noch beschäftigen wird.

An dieser Stelle fragen wir uns: Würden wir selbst tun, was wir uns von anderen erhoffen? Würden wir dieses Risiko eingehen?

Wir würden gern ausrufen: Wenn es wirklich wichtig ist – auf jeden Fall! Aber wann ist es wirklich wichtig? Wie soll man abwägen, wenn es auch um Loyalität, vielleicht Freundschaften in der Firma und die Gefahr persönlicher Konsequenzen geht? Vermutlich ist die Frage in jeder Situation nur individuell zu beantworten. Während wir darüber nachdenken, meldet sich die Person – die wir ab jetzt »den Insider« nennen, ob Frau oder Mann lassen wir offen – schneller als erwartet mit einem neuen Vorschlag für ein Treffen. Wir atmen auf.

Dieses Mal ist der Ort ein anderer, der Insider hat spezielle Wünsche. Das bedeutet für uns mehrere Stunden Fahrt, bis wir an einem Wanderparkplatz ankommen. Schon als wir den Wagen abstellen, sehen wir, wer auf uns wartet. Wir schalten die Telefone aus, schultern die Rucksäcke und laufen gemeinsam in die Natur. Es ist bestes Wetter, wir ziehen die Sonnenbrillen auf und lächeln den anderen Spaziergängern zu, die uns alle zehn Minuten begegnen. Windig ist es, schön, aber windig. Wir sehen Eichhörnchen und ein paar Grüppchen mit Kindern sorgen für fröhliche Stimmung dann und wann.

Wir sind nervös. Wir wollen jetzt keinen Fehler machen, der dazu führt, dass dieses Gespräch doch abgebrochen wird.

Das Gute ist: Die Rahmenbedingungen sind vorab besprochen. Eine der wichtigsten ist, dass wir nicht nach speziellen Kunden oder Konten fragen. Damit würden wir den Insider unnötig kompromittieren. Dafür brauchen wir ihn auch gar nicht. Er soll uns vor allem erklären, wie die Bank funktioniert – und das tut er.

Bei der Recherche haben sich unzählige Fragen angestaut und am liebsten würden wir alle gleichzeitig stellen, aber zuerst nutzen wir die Chance, unser Leak ein weiteres Mal zu verifizieren. Der Insider bestätigt uns, dass es eine spezielle Abteilung in der Bank gab, die Nummernkonten verwaltete, wie wir es schon vermutet haben. Zeitweise habe die Credit Suisse weit über hunderttausend solcher Konten gepflegt. Natürlich habe sich die Bank die Geheimhaltung etwas kosten lassen. Für die superreichen Kunden kein Problem – und für die Bank allein schon durch die Kontogebühren ein Millionengeschäft. Die Tradition der Geheimhaltung habe sich auch in den Konten gespiegelt, manche seien Jahrzehnte alt gewesen und nie angerührt worden. Wir denken an Estelle Sapir und das Vermögen ihres von den Nazis ermordeten Vaters.

Lange habe man die Nummernkonten in einzelnen Filialen verwaltet, erzählt der Insider, nur die dortigen Manager sollten die Identität der Kunden kennen. Mit Computern, die in Tresoren standen. Aber irgendwann habe man die Verwaltung der Nummernkonten zentralisiert.

Die Identitäten der geheimen Kunden lagen nun in einer Datenbank auf einem Server. So musste man nur noch diesen einen schützen. Vor Diebstahl, Staatsanwaltschaften oder Whistleblowern. Die Kundenberater der Spezialkunden, also jener Kunden mit Nummernkonten, bekamen Spezialcomputer und Bildschirme mit Sichtschutzfolie. Damit niemand Fotos von den Bildschirmen machen konnte. Wer es versucht hätte, wäre ohne Erfolg geblieben und hätte nichts erkannt auf den Fotos. Auch wir nutzen solche Folien übrigens, es entspannt ungemein, wenn man zum Beispiel im Zug sitzt, an einem solchen Buch schreibt und weiß, dass niemand über die Schulter mitlesen kann.

Die Identitäten der Kontobesitzer und ihre Kontaktdaten waren also auf einem Server mit begrenztem Zugriff, die Kontonummern waren auch anderen Mitarbeitern der Bank bekannt. Aber nur die Nummern.

Die Kundenberater, intern »Relationship Manager« genannt, wussten nicht, welche Kunden die Kollegen betreuten. Auf ihren Spezialbildschirmen sahen sie nur ihre eigenen Klienten. Aber – so erzählt es der Insider – natürlich gab es Vorgesetzte, die alles überblickten.

Den Server mit den Kundendaten habe man geschützt wie einen heiligen Gral. In einem Tresorraum, einer Art Käfig unter der Erde am Standort »Uetlihof«, am Züricher Uetliberg. Es ist das Betriebsgebäude der Bank, das Technikzentrum mit großem Sicherheitsbereich und über 5000 Mitarbeitern. Hier, auf dem Gelände einer alten Lehmgrube, »schlägt das Herz der Credit Suisse«, heißt es auf der Unternehmenswebsite. Am Uetlihof also das Herz, im drei Kilometer entfernten Prachtbau am Paradeplatz der Kopf.

Je länger wir mit dem Insider über matschige Waldwege stapfen, desto überzeugter sind wir, dass unser Leak aus jenem »Herz der Credit Suisse« kommt.

Um im Sicherheitsbereich am Uetlihof in bestimmte unterirdische Serverräume zu kommen, müsse man durch mehrere Sicherheitsschleusen, beschreibt unser Insider. Es gebe Sicherheitsvorkehrungen – die wir hier nicht wiedergeben –, die verhindern, dass eine Person allein an die Server gelangen könne.

Während wir über Hölzer und Äste steigen, die ein Sturm auf den Pfad geworfen hat, und den anderen Wanderern ausweichen, erzählt der Insider gut gelaunt aus dem Inneren der Bank. Wie überall gibt es auch dort Kolleginnen und Kollegen, über die man gute Schnurren erzählen kann. Trotzdem wirkt er wie jemand, der sich nicht schnell verleiten lässt, zu viel zu sagen. Er beachtet seine rote Linie, die ihm das Bankengesetz vorgibt: keine Informationen zu Bankkonten. Und wir respektieren diese Linie und bringen ihn erst gar nicht in Versuchung.

Wir bekommen einen Hinweis, der uns hellhörig macht: Schon seit 2009 habe die Bank über ein System verfügt, das auch jene Kunden, deren Identität nur einzelnen Kundenberatern bekannt war, automatisch mit Datenbanken wie »World-Check« abgeglichen habe. World-Check ist ein Service, der »politisch exponierte Persönlichkeiten« (PEPs) auflistet, dazu gehören die Persönlichkeiten selbst, aber auch ihre Familienangehörigen, und ständig aktuelle Informationen über diese Gruppe sammelt, um es Banken und anderen Institutionen zu ermöglichen, risikoreiche Kunden zu identifizieren. Wenn ein solcher beispielsweise auf einer Sanktionsliste oder in einem Zeitungsartikel aufgetaucht sei, habe das System seinem Kundenberater einen Hinweis gegeben. Der habe diesen Hinweis dann bearbeiten müssen. Jeden Tag habe das System solche Abgleiche gemacht und entsprechende Hinweise gegeben. So habe die Bank von kriminellen Machenschaften oder Korruptionsvorwürfen gegen Kunden erfahren und entscheiden können, ob dem Kunden etwa gekündigt werden muss. Außerdem habe es für die Nummernkontenverwaltung einen eigenen »Compliance Officer« gegeben, also einen Mitarbeiter, der sich um die Einhaltung von rechtlichen Rahmenbedingungen und Überprüfungen von Kunden kümmerte.

Dieser Hinweis ist deshalb wichtig, weil so die Entscheidung, einen kriminellen Kunden zu behalten, nicht auf einzelne Mitarbeiter oder fehlende Informationen geschoben werden kann.

Mit fast jedem Meter Spaziergang erfahren wir mehr über die inneren Vorgänge und Sicherheitsvorkehrungen der Credit Suisse, von Dokumentationen und digitalen Protokollen bis hin zu einem besonderen Prozedere beim Umgang mit ausrangierten Datenträgern.

Der Insider sagt, niemand hätte Daten von Servern mit den Konten kopieren können, ohne aufzufallen. Wir haben ihn nicht gefragt, ob er das für möglich halte. Wir haben ihm aber auch nicht erzählt, dass wir ein Leak haben.

Wir haben selten zuvor ein solches Gespräch geführt, vielleicht nie. Eins, in dem wir unsere wichtigsten Fragen nicht gestellt haben. Und in dem der Gesprächspartner auch keine wichtigen Fragen gestellt hat. Fast nichts von dem, was uns brennend interessiert, haben wir angesprochen. Und er auch nicht. Es war, als wäre es ein Tabu, das wir nicht verletzen durften. Aber: Auch die Fragen zu den Abläufen haben uns sehr geholfen; wir verstehen jetzt den Kosmos besser, um den es geht.

Nach einiger Zeit kehren wir zurück zu dem Parkplatz, plaudern noch ein wenig in der Sonne, die Anspannung ist weitgehend verflogen. Wir steigen ins Auto und fahren davon, halten kurz darauf wieder an und tippen hastig alles in unsere Geräte, was wir in den vergangenen Stunden erfahren haben, bevor die Erinnerung verblasst. Es ist klar, dass die Bank eine Menge unternommen hat, um ihre heiligsten Daten zu schützen. Das wird die Wut derjenigen, deren Konten nun bekannt werden, vermutlich nicht besänftigen.

7

Zeit für die Kavallerie

Der neue Datenschatz lässt uns nicht los. Mithilfe des *OCCRP* bringen wir das große Besteck zum Einsatz: Die Daten lassen sich inzwischen auch mit anderen Datenbanken abgleichen. Dabei hilft uns eine mächtige Suchmaschine, die automatisiert die Namen aus den Credit-Suisse-Daten mit anderen Namenslisten abgleicht. Schließlich wollen wir nicht übersehen, wenn einer der Namen in unserem Leak zum Beispiel schon einmal auf einer Sanktionsliste aufgetaucht ist oder ein Konto in einem Gerichtsprozess erwähnt wurde. Wir wissen, dass wir systematisch vorgehen müssen, wenn wir dem Material und den Risiken, denen sich unser Whistleblower ausgesetzt hat, gerecht werden wollen. Deswegen diese automatischen Abgleiche. Aber die unwiderstehliche Kraft unserer journalistischen Neugier sorgt dafür, dass wir nicht nur die Ergebnisse solcher Gegenchecks prüfen, sondern auch selbst nach dem Zufallsprinzip in die Daten gehen und nach Männern und Frauen, Firmen und Stiftungen suchen, die uns schon früher einmal im Zusammenhang mit Missständen und Skandalen untergekommen sind. Und so sitzen wir wieder und wieder vor den Bildschirmen und scrollen uns durch die vielen Reihen von Konten: immer auf der Suche nach etwas, das den Blick fängt.

Ein auffällig hoher Betrag zum Beispiel. Wer bitte hat neun-stellige Summen auf seinem Konto liegen? Neun Stellen, das heißt Hunderte Millionen. Klar hantieren Menschen und Unter-nehmen mit solchen Summen, oder besitzen Unternehmensan-teile, Aktiendepots oder Immobilien in dieser Größenordnung. Aber Hunderte Millionen auf einem privaten Konto? Diese Kon-ten notieren wir, auf Wiedervorlage.

Wenn wir es nicht aushalten, googeln wir auch den Kontoin-haber. Zu unserem Erstaunen sagt uns der Name aber oft wenig. Milliardäre sind offenbar auch nicht mehr, was sie mal waren.

Wir sind nicht die Einzigen, die beim Anblick solcher Konten von dieser Art von Neugier befallen werden. Dem 24-jährigen Schweizer Staatsbürger Sina L. muss es 2007 ähnlich gegangen sein, auch er ging während seiner Arbeitszeit die Kundendaten der Credit Suisse durch, zum Zeitvertreib. L. war allerdings kein Journalist, sondern Assistent eines Bankers.

Was er in den Daten findet, notiert er sich auf einem Blatt Pa-pier: Namen und Kontoinformationen etwa. Später lädt er auch eine interne PowerPoint-Präsentation herunter. Man darf ver-muten, dass ihm die außerordentliche Brisanz all dieser Infor-mationen bewusst war. Informationen, die in der Schweiz extrem geheim sind und geschützt – und in Deutschland überaus wert-voll. Weil sie zeigen, wie deutsche Staatsbürger ihr Schwarzgeld bei der Credit Suisse bunkern. Insgesamt bringt L. offenbar mehr als 1000 deutsche Namen zu Papier.

Sina L. handelt nicht allein, er hat einen Komplizen und bei der Frage, wie es dazu kam, senkt sich ein anekdotischer Nebel über die Ereignisse. L. steht für ein Gespräch mit uns nicht zur Ver-fügung, sein Anwalt will den Kontakt nicht herstellen. Wir müs-sen uns also auf das berufen, was L. einst gegenüber Schweizer Ermittlern ausgesagt hat: Angeblich hat er im schweizerischen Winterthur einmal eine Tasche mit solchen Namenslisten in ei-nem Fitnessstudio mit dem schönen Namen »Banane« vergessen, wo sie ein Österreicher namens Wolfgang U. fand. Ob diese Version die Wahrheit ist, lässt sich kaum feststellen; gerichtsfest ist dagegen, dass jener U. sich im Sommer 2008 als »Weber« bei deutschen Steuerfahndern in Wuppertal meldet und ihnen den Schatz anbietet, den L. in den Computern der Credit Suisse schürft.

Die dortigen Ermittler sind zu jener Zeit in aller Munde. Die Truppe unter Leitung des inzwischen legendären Fahnders Peter Beckhoff hat kurz zuvor die erste »Steuer-CD« ausgewertet: Ein ehemaliger Mitarbeiter der LGT Bank hatte dem deutschen Bundesnachrichtendienst (BND) Informationen zu Hunderten deutschen Kunden des Liechtensteiner Geldhauses verkauft. Der BND übergab die Daten an die Wuppertaler Fahnder – die Folge waren zahlreiche Ermittlungen und Durchsuchungen, unter anderem beim damaligen Postchef Klaus Zumwinkel. Die Schweizerische Bankiervereinigung prangerte aus der Ferne »Gestapo-Methoden« an.

Mit diesen Fahndern trifft sich nun Wolfgang U. in Düsseldorf und Stuttgart, er übergibt eine erste Stichprobe der Daten. Die Beamten sind begeistert. Wenig später kommen der Datenlieferant und die Ermittler ins Geschäft. Die Deutschen zahlen offenbar einen Betrag von 2,5 Millionen Euro, den sie »Weber« alias Wolfgang U. zukommen lassen – verdeckt über einen Notar, deklariert als Erbschaft. Einen Teil des Geldes soll U. weiterleiten an den jungen Bankmitarbeiter Sina L., und so geschieht es auch.

Für die deutschen Fahnder – aber auch die Bundesregierung – sind die Credit-Suisse-Daten ein Geschenk des Himmels. Bereits nach der Liechtensteiner Bankenaffäre hatte der frühere deutsche Finanzminister Hans Eichel (SPD) der Schweiz gedroht, weil eidgenössische Banken »objektiv Beihilfe zur Steuerhinterziehung leisten« und »deutsche Kriminelle schützen« würden. Der damals amtierende Finanzminister Peer Steinbrück (SPD) sagt derweil in der *Bild am Sonntag* gleich »allen Steueroasen in Europa« den Kampf an. Allen voran: der Schweiz.

Etwa zur gleichen Zeit leiten die Fahnder aus Wuppertal zusammen mit Kollegen aus der ganzen Bundesrepublik Ermittlungsverfahren gegen Hunderte Kunden der Credit Suisse ein. Der Apparat brummt. Es ist die Zeit der Wirtschaftskrise, die mächtigsten Staats- und Regierungschefs sind im Krisenmodus. Um Banken zu retten, mussten die Länder Billionensummen in die Hand nehmen. Jeder Cent im Staatshaushalt wird benötigt. Da kommen die verräterischen Bankdaten aus der Schweiz wie gerufen.

In Hamburg, München, Frankfurt und etlichen anderen Städten durchsuchen Ermittler Wohnungen und Privathäuser, auch bei Niederlassungen des Bankhauses Metzler, der Bank Hauck & Aufhäuser, der Dresdner Bank, der UBS und der Berenberg Bank fahren Ermittler vor.

Der Schweizer Finanzminister Hans-Rudolf Merz (FDP) beschwichtigt indes seine Landsleute: Das Bankgeheimnis sei nicht in Gefahr, und wie vor ihm schon sein Vorgänger Kaspar Villiger betont auch er, es sei »nicht verhandelbar« und das Ausland werde sich daran die »Zähne ausbeißen«.

Es sind Versprechen, die nicht lange halten.

Denn wenig später, im April 2008, wird in den USA ein Banker des größten Credit-Suisse-Wettbewerbers, der UBS, festgenommen. Ein ehemaliger UBS-Mitarbeiter, der einst auch für die Credit Suisse gearbeitet hat, bekennt sich indes schuldig, zusammen mit anderen Bankern »an einer Verschwörung zum Betrug an den USA beteiligt gewesen zu sein«. Er habe reichen amerikanischen Kunden geholfen, Steuern zu hinterziehen. Einige Monate später klagt das US-Justizministerium die UBS und etliche ihrer Manager der »Verschwörung gegen die USA und ihrer Steuerbehörde IRS« an. Als wäre das für den Schweizer Bankenplatz nicht schon schlimm genug, fordert das Justizministerium die Herausgabe von Kundendaten der UBS. Bei Zuwiderhandlung werde pro Tag eine horrende Bußzahlung fällig.

Damit steht die UBS vor der Wahl: das hochheilige Bankgeheimnis brechen oder eine Strafe in den USA riskieren.

Die Aussicht, dass ausgerechnet die größte Bank des Landes als »kriminelle Vereinigung« eingestuft werden könnte, löst in der Schweiz Panik aus. Es wäre voraussichtlich das Ende des Geldinstituts, es würde den Zugang zum Dollarmarkt verlieren. Aus einer international tätigen Großbank würde auf einen Schlag eine Schweizer Provinzialbank.

Also lenkt die Schweizer Regierung ein.

Am 18. Februar 2009 weist die Schweizer Finanzmarktaufsicht die UBS an, Dossiers über 255 amerikanische Kunden an die US-Behörden auszuhändigen. Ein Vertreter der US-Botschaft in der Schweiz und ein FBI-Beamter nehmen die Festplatte schließlich in Bern in Empfang. »Der Schutz des Bankgeheimnisses versagte«, kommentiert die *Luzerner Zeitung*. »Der Bund stellte damit den Schutz der UBS vor eine Klage über die Wahrung des steuerlichen Bankgeheimnisses«, kommentiert der Historiker Stefan Tobler.

Der Schweizer Finanzminister Hans-Rudolf Merz begründet den Schritt damit, dass die UBS bei Zuwiderhandlung in ihrer Existenz bedroht gewesen wäre. Der Schweizer Volkswirtschaft hätte im *worst case* einen Schaden von 300 Milliarden Franken entstehen können. Die Boulevardzeitung *Blick* empörte sich dennoch, dass dies »mehr als ein Sündenfall« sei. Es sei das Waterloo des Bankgeheimnisses, der Anfang vom Ende. Damit trifft sie bei der Schweizer Bevölkerung einen Nerv.

Tatsächlich kommt es für die Schweizer Banken noch schlimmer. Im März 2009 ergreift Senator Carl Levin aus Michigan im US-Senat das Wort – und setzt zu einer verbalen Ohrfeige an: »Die Schweizer betrachten das Bankgeheimnis als nationalen Wert, so wie die Amerikaner Freiheit und Demokratie loben.«

Das Bankgeheimnis sei aber kein Wert, der zu schützen sei. »Es ist ein Element einer Verschwörung, um ein Verbrechen gemäß amerikanischem Recht zu begehen.«

Damit ist klar: Von nun an befindet sich die Schweiz im Clinch mit einer Weltmacht. Und wie das ausgehen wird, kann sich jeder Eidgenosse an fünf Fingern abzählen. Kurz darauf setzt die Organisation für europäische wirtschaftliche Zusammenarbeit (OECD), ein Zusammenschluss von 38 wohlhabenden Staaten, die Schweiz – die ein OECD-Gründungsmitglied ist – auf das Entwurfsdokument für eine Art internationalen Pranger: die sogenannte schwarze Liste unkooperativer Steueroasen.

Und so überrascht es wenig, dass die Schweiz neun Tage später – ausgerechnet an einem Freitag, dem 13. (März 2009) – einknickt. Zumindest ein wenig. Finanzminister Merz erklärt, mit dem Ausland in Fällen von Steuerhinterziehung zu kooperieren. »Das erlaubt den Informationsaustausch im Einzelfall, auf konkrete und begründete Nachfrage.« Andere Länder sollten nur dann Informationen bekommen, wenn sie den Namen des Kontoinhabers und seine Bank bereits kennen. Einen automatischen Informationsaustausch, den Austausch im großen Stil, soll es nicht geben. Für die Schweiz reicht es aber, um nicht auf der »schwarzen« Liste zu landen, sondern lediglich auf der »grauen«.

An dieser Stelle lohnt es sich klarzumachen, zu welchem Zugeständnis die Schweiz damals bereit war: Sie stimmt zu, in ganz klar definierten Fällen, Informationen über ein Bankkonto herauszugeben – aber nur dann, wenn die ausländischen Ermittler bereits wissen, bei welcher Bank dieses Konto eröffnet wurde. Für die Schweiz mag das ein großer Schritt sein, für Ermittler, die Millionen und Milliarden auf der Spur sind, die über ein Netz von Briefkastenfirmen, Trusts und Bankkonten geschleust werden, ist es: viel zu wenig. Das hören wir von allen unseren Quellen, die damit zu tun hatten.

Dabei können die Schweizer Banken nicht behaupten, von den Problemen nichts zu wissen. Der Privatbankier Konrad Hummler schätzt beispielsweise Anfang 2009 in einem Arbeitspapier, dass zwischen 30 und 70 Prozent des im Land liegenden Privatkundenvermögens Schwarzgeld ist. Er kommt deswegen zu dem Schluss: »Wenn der wichtigste Grund für das Bankgeheimnis im Schutz der Steuerhinterziehung besteht, hat es seine moralische Daseinsberechtigung schon heute verloren.«

Im April 2009 treffen sich derweil die 20 wichtigsten Industrie- und Schwellenländer – die G20 – in London zu einem Gipfel. In der Abschlusserklärung heißt es, die Ära des Bankgeheimnisses sei beendet.

Und der deutsche Finanzminister Peer Steinbrück setzt sogar noch eins drauf: Neben Zuckerbrot müsse man auch zur Peitsche greifen. Die Schweiz gehöre auf eine »schwarze Liste« der Steuerparadiese. »Dass eine solche Liste erarbeitet werden könnte, ist, umgangssprachlich formuliert, die siebte Kavallerie im Fort Yuma, die man auch ausreiten lassen kann. Aber die muss nicht unbedingt ausreiten. Die Indianer müssen nur wissen, dass es sie gibt.«

Für viele Eidgenossen kommt diese Aussage einer Kriegserklärung gleich. Und entsprechend sehen auch die Reaktionen aus – die übrigens bis heute oft noch ähnlich klingen, wenn das Thema diskutiert wird.

Die Schweizer Boulevardzeitung *Blick am Abend* zeigt damals einen grimmig dreinblickenden Peer Steinbrück auf der Titelseite – daneben die Überschrift »Der hässliche Deutsche«. Die *Neue Zürcher Zeitung* nennt ihn den »Minister mit losem Mundwerk«. Im Schweizer Parlament – sonst einem Hort eher distinguierten Verhaltens – empört man sich über den »ungehobelten Kerl« aus Berlin.

Auch in unserem Schweizer Freundes- und Verwandtenkreis ist das damals Thema und führt zu hitzigen Diskussionen in von

Raclette aufgeheizten Esszimmern. Dass ein deutscher Minister der Schweiz mit dem Militär droht – und so sieht das mancher –, wird als unglaublicher Skandal empfunden. »Ihr habt andere Länder überfallen, und jetzt droht ihr uns!«, ist einer der Sätze, die wir heute noch im Ohr haben, weil wir spüren: Er kommt aus tiefstem Herzen.

Was Steinbrück damals schon weiß, die Öffentlichkeit jedoch noch nicht: Nicht nur die größte Schweizer Bank, die UBS, hatte ein Leck – weswegen in den USA Ermittlungen gegen die Bank eingeleitet wurden. Auch von der zweitgrößten Bank des Landes, der Credit Suisse, sind Daten an die deutschen Behörden gelangt, die unter Federführung des Landes Nordrhein-Westfalen ausgewertet werden. Die Daten von Sina L.

Anfang Januar lässt die *Frankfurter Allgemeine Zeitung* die Bombe schließlich platzen: »Spur in der Steuerdatenaffäre führt zur Credit Suisse« titelt die Zeitung am 2. Februar 2010. Peer Steinbrücks Nachfolger im Amt des deutschen Finanzministers, Wolfgang Schäuble (CDU), ruft derweil seinen Schweizer Amtskollegen Hans-Rudolf Merz an und erklärt ihm, dass allein bei fünf Stichproben bei den betroffenen Bankkunden Steuernachzahlungen von jeweils mehr als einer Million Euro fällig gewesen seien.

Die Schweiz reagiert umgehend. Die Credit Suisse erstattet Anzeige gegen unbekannt. Die Regierung lässt eine Strafklage beim Internationalen Gerichtshof prüfen. Vor allem aber leitet die Bundesanwaltschaft am 6. Februar 2010 Ermittlungen ein – jedoch nicht etwa gegen die Bank, sondern gegen jene »unbekannte Täterschaft«, die die Daten geleakt hat. Dass es sich bei der Quelle um Sina L. handelte, war damals noch nicht bekannt. Die Vorwürfe reichen von »wirtschaftlichem Nachrichtendienst« und unbefugter Datenbeschaffung über »Verletzung des Geschäftsgeheimnisses« bis zur Verletzung des Bankgeheimnisses. Die Fahnder schalten sogar den Schweizer Geheimdienst, den Nachrichtendienst des Bundes (NDB) ein. Viel mehr könnten die Strafverfolger kaum mehr auffahren, und das im Kampf gegen Personen, die vor allem eines getan haben: auf Straftaten hinweisen.

Schon nach kurzer Zeit stoßen Ermittler aus Zürich auf eine mysteriöse Überweisung eines deutschen Notars an Wolfgang U., den Österreicher, der angeblich die Kontoinhaberliste von Sina L. im Fitnessstudio Banane gefunden hat.

Eine Transaktion im Wert von 893.000 Euro war der Bank von U., der Dornbirner Sparkasse in Vorarlberg, verdächtig vorgekommen. Die Banker haben deswegen eine sogenannte Geldwäscheverdachtsmeldung abgegeben. Die Schweizer Behörden finden rasch heraus, dass bei dem Notar, der das Geld überwiesen hat, insgesamt 2,5 Millionen Euro hinterlegt worden sind. Neben der Überweisung an die Dornbirner Sparkasse gingen 921.000 Euro an ein Konto in der Schweiz und 686.000 Euro auf ein deutsches Sparkassenkonto. Zusammengerechnet ergeben die überwiesenen Summen exakt 2,5 Millionen Euro – so viel, wie das Land Nordrhein-Westfalen nach eigenen Angaben für die Credit-Suisse-Daten gezahlt hat.

Im September 2010 wird Wolfgang U. im schweizerischen Winterthur festgenommen. Er erhängt sich wenige Tage später in seiner Gefängniszelle.

Sina L. wird derweil im Dezember 2011 vom Bundesstrafgericht in Bellinzona zu einer Bewährungsstrafe von 24 Monaten verurteilt, muss 3500 Franken Strafe und 30.000 Franken Schadensersatz an die Credit Suisse zahlen. Beobachter hatten eine weit höhere Strafe erwartet. Und so wundert sich etwa die *Neue Zürcher Zeitung:* »Das Strafmaß ist außergewöhnlich tief.« Schnell macht das Gerücht die Runde, dass es einen Deal gegeben habe – und die Schweizer Ermittler schnell ein rechtskräftiges Urteil brauchten, um jemand anderes ins Visier zu nehmen. In Deutschland.

8

Im Land der Spione

Der Tag, an dem US-Außenminister Colin Powell der Welt eine folgenreiche Lüge verkaufte, war der 5. Februar 2003. Der frühere General trat vor den UN-Sicherheitsrat und präsentierte dort angebliche Beweise dafür, dass der Irak Massenvernichtungswaffen besitze. Powell zeigte Satellitenbilder, berief sich auf eine Vielzahl von Quellen – und behauptete schließlich, Iraks Machthaber Saddam Hussein habe Verbindungen zur Terrororganisation al-Qaida.

Es war die Ouvertüre für einen Krieg, den die Vereinigten Staaten längst beschlossen hatten – den Einmarsch in den Irak.

Als die US-Regierung nach Powells Rede Kriegsschiff über Kriegsschiff, Kampfflugzeug über Kampfflugzeug, vor allem aber Tausende Soldaten an den Golf schickte, traf die Familie eines Mannes im Nahen Osten ihre ganz eigenen Vorkehrungen: Die Töchter eines altgedienten ägyptischen Geheimdienstmannes namens Omar Soleiman eröffneten ein Konto in der Schweiz. Soleiman ist damals laut *Daily Telegraph* einer der einflussreichsten Spione der Welt und hat sich darüber hinaus die Beschreibung von »dem Mann der CIA in Kairo« verdient. »Folterknecht im Maßanzug« nannte ihn einmal der *Spiegel*.

Unser Kollege Alex Dziadosz vom *OCCRP* hat das Konto der Soleimans in unseren Daten entdeckt. Alex ist Nahostspezialist, spricht Arabisch und hat mehr als ein Jahrzehnt aus der Region berichtet. Und er weiß deshalb, wer Soleiman ist.

Das Konto, das unser Kollege gefunden hat, wurde am 25. Februar 2003 eröffnet, und zwar vermutlich bei der Credit-Suisse-Filiale in Genf, darauf deutet ein Präfix in der Kontoidentifikationsnummer hin, so verstehen wir den Bankcode inzwischen. Das ergibt durchaus Sinn: Nach Genf reisen Diplomaten und Politiker regelmäßig, dort haben unter anderem die Vereinten Nationen einen Sitz, von dort sind es nur zehn Minuten Fahrt zur Credit-Suisse-Filiale an der Place Bel-Air.

In den Daten sehen wir, dass drei Töchter von Omar Soleiman Zugriff auf das Konto haben. Darauf liegen zu besten Zeiten mehr als 63 Millionen Schweizer Franken – eine Menge Geld für die Familie eines Mannes, der sein Leben lang nur fürs Militär und den Geheimdienst gearbeitet hat. Eine ganz erstaunliche Menge sogar. Nach dem, was wir von unseren Quellen erfahren, reicht es bei so viel Geld nicht mehr, dass der verantwortliche Kundenbetreuer der Credit Suisse sein Okay gibt. Über einer gewissen Grenze müssen Vorgesetzte hinzugezogen werden. Wie hoch hinauf das in der Hierarchie geht, ist unklar. Ebenso, seit wann diese Regelung in Kraft ist. (Die Credit Suisse ließ unsere Fragen dazu unbeantwortet und erklärte lediglich allgemein, sich an das Gesetz zu halten.)

Omar Soleiman wurde 1936 in Oberägypten geboren. Noch als Teenager begann er seine Ausbildung an einer ägyptischen Militärschule und machte anschließend schnell Karriere. Er ließ sich in der Sowjetunion fortbilden, kämpfte im Sechstagekrieg sowie dem Jom-Kippur-Krieg gegen Israel und wurde später von den Amerikanern in Geheimdienstarbeit und »besonderer Kriegsführung« geschult. In den Neunzigerjahren wurde er schließlich Chef des berüchtigten ägyptischen Geheimdienstes Muchabarat, der direkt Präsident Hosni Mubarak unterstellt war. Genau: Der Autokrat, dessen Söhne Konten mit Hunderten Millionen Euro in der Schweiz hatten, bei der Credit Suisse.

Ende der Neunzigerjahre übernahm Omar Soleimans Geheimdienst für die Amerikaner die Drecksarbeit. Er selbst war »für die CIA der ägyptische Kontaktmann in Sachen Entführungen«, schreibt die angesehene Enthüllungsjournalistin Jane Mayer im US-Magazin *New Yorker*, was man in etwa so übersetzen kann, dass er der Mann war, an den die CIA sich wandte, wenn sie jemanden verhört haben wollte, den sie aber offiziell und mit rechtsstaatlichen Methoden nicht verhören konnte. Und mit jedem Verdächtigen, den er den Amerikanern abnahm, wuchs auch Soleimans Einfluss. Es scheint, als hätte er noch weitere Aufgaben übernommen: Wie der US-Senat Jahre später in einem Untersuchungsbericht festhielt, überstellten US-Geheimdienste ihm Terrorverdächtige, und Omar Soleimans Männer taten das, was die Amerikaner zumindest in diesen Fällen offenbar nicht selbst tun wollten: Sie folterten. Soleiman, so schreibt es der britische Enthüllungsjournalist Stephen Grey in seinem 2007 veröffentlichten Buch »Ghost Plane«, Geister-Flugzeug, »hat unsere Arbeit gemacht, die Art von Arbeit, die westliche Länder nur ungern selbst tun«.

Mamdouh Habib, ein australischer Terrorverdächtiger, der bis heute nicht angeklagt worden ist, schreibt in seinen Memoiren »The Tale of a Terrorist Who Wasn't«, Die Geschichte eines Terroristen, der keiner war, er sei von Soleimans Männern an Metallhaken aufgehängt worden, er habe Stromschläge erhalten und ihm seien die Finger gebrochen worden. Mehr noch: Habib beschuldigt sogar Soleiman selbst der Folter. Der marokkanisch-amerikanische Nahostexperte Issandr El Amrani nennt Soleiman »torturer-in-chief« – den Cheffolterer.

Habibs Buch erschien im Jahr 2008. Das von Stephen Grey zwei Jahre zuvor. Solcherlei Vorwürfe gegen öffentliche Personen erreichen die Finanzwelt in der Regel schnell. Banken zahlen viel Geld für Dienstleister, die negative Berichterstattung über »politisch exponierte Persönlichkeiten«, kurz PEPs, und ihre Familienangehörigen sammeln, sodass neue, aber auch Bestandskunden schnell überprüft werden können. Es ist unwahrscheinlich, dass in der Schweiz niemand die Foltervorwürfe mitbekommen hat. Dies spräche dafür, dass die Bank nicht so geführt wurde, wie es internationalen Anforderungen entspricht.

Omar Soleimans wohl berühmtestes Opfer ist der Libyer Al-Sheikh al-Libi – und dieser Fall schließt den Bogen zu Colin Powells UN-Ansprache. Pakistanische Beamte hatten al-Libi 2001 aufgegriffen und nach dem Einmarsch des US-Militärs in Afghanistan den Amerikanern übergeben. Zwar verhörten ihn erst zwei FBI-Beamte, dann aber übernahm die CIA – und flog ihn prompt nach Ägypten, wo sie ihn Soleiman übergaben.

Dort verschwand al-Libi, der Osama bin Laden persönlich kennengelernt hatte, in einem Foltergefängnis. Nach einiger Zeit meldete Soleimans Dienst den Amerikanern Vollzug: Al-Sheikh al-Libi habe gestanden. Genauer gesagt habe er bestätigt, was die Amerikaner vermuteten: dass Saddam Hussein chemische und biologische Waffen herstelle – und diese an al-Qaida weitergebe.

Die Information war zwar sehr wahrscheinlich falsch und jedenfalls nicht belegt, aber einer der Hauptvorwürfe in Colin Powells UN-Ansprache – und letztlich der Vorwand für den Irakkrieg. Der Rest ist bekannt: Die USA zogen in den Krieg, mehr als hunderttausend Menschen starben, Saddam Hussein wurde gestürzt. Massenvernichtungswaffen aber wurden nie gefunden. Ebenso wenig Hinweise, dass der irakische Diktator jemals mit al-Qaida zusammengearbeitet hätte.

Auf seine Aussage beziehungsweise das »Geständnis« angesprochen, erklärte al-Libi später: »Sie waren drauf und dran, mich zu töten« und: »Ich musste ihnen etwas erzählen«.

Für Omar Soleiman hatten diese Anschuldigungen keine großen Konsequenzen, seine Macht wuchs noch weiter. »Soleiman war Amerikas wichtigster Gesprächspartner beim ägyptischen Regime – er war der wichtigste Kanal zu Präsident Hosni Mubarak selbst, auch in Angelegenheiten, die weit über die Geheimdienst- und Sicherheitsfragen hinausgingen«, schreibt Stephen Grey über ihn an anderer Stelle in »Ghost Plane«. Der Enthüllungsjournalist und Pulitzerpreisträger Ron Suskind nannte Soleiman gar den »Auftragskiller« Mubaraks. Nach dessen Sturz im Jahr 2011 galt er als Kandidat für seine Nachfolge, jedoch gelang es Soleiman am Ende nicht, die nötigen Unterschriften für eine Kandidatur zu sammeln. 2012 starb er schließlich in einem amerikanischen Krankenhaus. Seine Ärzte erklärten, er sei eines natürlichen Todes gestorben.

Das Schweizer Konto der Soleimans war nach allem, was wir sehen, zum Zeitpunkt seines Todes noch aktiv. Die Bank hat demnach die Familie eines berüchtigten Geheimdienstchefs ein Konto eröffnen lassen und es auch dann nicht aufgekündigt, als Omar Soleiman längst im Zusammenhang mit Folter weltweit Schlagzeilen machte.

Es bleibt die Frage, woher die große Menge Geld auf dem Konto stammt. 63 Millionen sind kein Pappenstiel – zumal der Geheimdienstchef unter Mubarak umgerechnet nicht mehr als 2000 Schweizer Franken pro Monat verdiente und auch seine Töchter keine Jobs haben, die einen solchen Reichtum erklären würden. Aus geheimen Depeschen, die die Enthüllungsplattform Wikileaks 2010 veröffentlichte, geht hervor, dass US-Diplomaten Soleiman für den »Consigliere von Mubarak« hielten.

Waren die Millionen auf dem Konto, das wir in den Credit-Suisse-Daten sehen, also womöglich das Geld des Diktators – und Soleimans Töchter nur Tarnung?

Oder kam das Geld aus einer ganz anderen Ecke, womöglich aus den USA? War es vielleicht die großzügige Belohnung für seine Hilfe bei Folter und Entführungen? In anderen bekannt gewordenen Fällen entlohnte die CIA Beamte und Politiker mit Millionen für ihre Hilfe.

Und nur eine Woche bevor die Soleimans 2003 das Konto in der Schweiz eröffneten, hatte die CIA erneut zugeschlagen: Agenten kidnappten in Mailand auf offener Straße einen aus Ägypten stammenden Imam, der in Italien Asyl genoss. Mehrere Männer zogen ihn in einen weißen Minivan, fesselten ihn und brachten ihn zur US-Luftwaffenbasis Aviano in Norditalien. Von dort flogen die Amerikaner ihn zunächst ins rheinland-pfälzische Ramstein und von dort weiter nach Ägypten, wo er Soleimans Männern übergeben und gefoltert worden sein soll. Erst vier Jahre später kam der Mann wieder frei: Ein ägyptisches Gericht kam zu dem Schluss, dass seine Inhaftierung unbegründet gewesen ist.

Seine Entführer wurden 2009 in Abwesenheit von einem italienischen Gericht zu mehrjährigen Haftstrafen verurteilt. Auch in der Schweiz ermittelte die Bundesanwaltschaft – das Flugzeug mit dem entführten Imam an Bord war nämlich durch Schweizer Luftraum nach Ramstein geflogen. Erst im November 2020 wurden die Ermittlungen wegen Verjährung eingestellt.

Die US-Behörden haben sämtliche Unterlagen dazu als geheim eingestuft. In Ägypten ist nichts zu erfahren. Omar Soleiman ist tot und seine Töchter antworten nicht.

Auch die Credit Suisse mag nichts zu den Suleimans sagen, weder ob sie vor der Kontoeröffnung wusste, wer der Vater der Kontoinhaberinnen war, noch was sie in ihren Kontoeröffnungspapieren im Feld »Quelle der Gelder« (Source of funds) angegeben haben.

Omar Soleiman ist bei Weitem nicht der einzige Geheimdienstmitarbeiter, auf den wir bei unseren Recherchen stoßen. Den mächtigen jemenitischen Geheimdienstchef Ghaleb al-Qamish, der mehr als drei Jahrzehnte diese Position innehatte und interessanterweise »Jemens Omar Suleiman« genannt wird, haben wir – wie bereits in Kapitel 3 erwähnt – in den Daten gefunden. Auch ihn, dessen Geheimdienst berüchtigt war für »seine lange Geschichte von Verhaftungen, Folter und das Verschwindenlassen von politischen Gegnern«, wie man im preisgekrönten Nahost-Blog *Al-Monitor* nachlesen kann, führte die Credit Suisse als Kunden. Al-Qamish hatte 1999 bis Februar 2011 ein Konto bei der Bank, mit einem Höchststand von beinahe fünf Millionen Schweizer Franken. Mit seinem Gehalt als Geheimdienstchef eines der ärmsten Länder der Welt wird er kaum so viel verdient haben. Allerdings, so erklären drei seiner früheren Mitarbeiter, die aus Angst vor den Konsequenzen anonym bleiben wollen, dass er über ein Budget von umgerechnet mehreren Millionen Dollar verfügte – und niemand so genau wusste, wie er das Geld ausgegeben hat. Heute lebt al-Qamish in Istanbul. Auf unsere Fragen antwortete er nicht.

Hinzu kommen ein früherer Stasioffizier, der unseren Unterlagen zufolge im Januar 2010 sage und schreibe rund 150 Millionen Euro auf dem Konto hatte, und der frühere venezolanische Geheimdienstchef Carlos Luis Aguilera Borjas – Spitzname: »Der Unsichtbare« –, auf dessen Konten vor 2011 mehr als zehn Millionen Schweizer Franken lagen und der diese noch mindestens bis 2015 hielt – wenn auch nach seiner Zeit im Amt. Dafür allerdings durchaus zu einer Zeit, als gegen ihn nach Berichten mehrerer Zeitungen in Spanien wegen Geldwäsche ermittelt wurde – ohne Erfolg allerdings.

Außerdem sind wir auch noch auf ein Firmenkonto des 2007 gestorbenen Mossadspions Ashraf Marwan gestoßen, der Israel in den Siebzigerjahren vor dem Jom-Kippur-Krieg warnte. Außerdem stoßen wir auf Konten von Khalaf al-Dulimi, unter Saddam Hussein Finanzchef des irakischen Geheimdienstes, und auf die Söhne von General Akhtar Abdul Rehman, dem langjährigen Direktor des pakistanischen Geheimdienstes ISI.

Insgesamt finden wir mehr als ein Dutzend Geheimdienst-mitarbeiter aus Ländern wie Ägypten, Irak, Jordanien, Monte-negro, Marokko, Nigeria, Pakistan, Ukraine, Usbekistan, Vene-zuela und Jemen in den Daten. Eine gewaltige Menge. Und eine unangenehme Menge für die Credit Suisse. Denn Geheimdienst-mitarbeiter gelten als besonders heikel. »Ich würde sie nicht als Kunden nehmen«, sagt etwa die schweizerische Compliance-Ex-pertin Monika Roth. »Das ist viel zu riskant.« Vor allem Geheim-dienstchefs aus dem Nahen Osten seien »Menschen mit einer großen Machtfülle, fragwürdigen Verbindungen und undurch-sichtigen Geldquellen«.

Und so gibt es in unserem Forum, in dem wir unsere Recher-chestände teilen, schon bald einen neuen Reiter: »Bank of spies« – Credit Suisse, die Bank der Spione.

Dass Geheimagenten gern Schweizer Banken nutzen, ist kein Geheimnis. »Diese Banken stehen für etwas, das für die Geheim-dienste sehr wertvoll ist: Geheimhaltung. Diese Vertraulichkeit macht ihre Dienste sehr nützlich für verdeckte Operationen«, er-zählt ein südeuropäischer Geheimdienstmitarbeiter, der noch im Dienst ist und den wir daher an dieser Stelle nicht namentlich nennen. Die Sowjetunion bezahlte über Schweizer Konten Män-ner wie Aldrich Ames, der dem KGB amerikanische Geheimin-formationen verkaufte, oder den früheren CIA-Mitarbeiter Ed-ward Lee Howard, der gleich ganz überlief. Auch der US-Soldat Jonathan Pollard, der für den israelischen Geheimdienst geheime US-Dokumente kopierte, wurde über ein Schweizer Konto für seine Dienste belohnt. Ebenso floss während der Iran-Contra-Affäre eine Menge Geld über Schweizer Konten.

Kein Wunder, dass gefühlt in jedem zweiten Agententhriller – von der »Bourne Identität« bis hin zu »James Bond: Casino Ro-yale« – eine Schweizer Bank mindestens eine Nebenrolle spielt.

Vor ein paar Jahren haben wir in Moskau den weltbekannten Whistleblower Edward Snowden getroffen. Als er noch für die

CIA arbeitete, war auch er eine Zeit lang in der Schweiz stationiert. Genf beschreibt er in seiner Autobiografie »Permanent Record: Meine Geschichte« als »Zentrum von Privatbanken, wo sich ohne gründliche öffentliche Kontrolle riesige Geldbeträge beiseiteschaffen und ausgeben ließen, unabhängig davon, ob man diese Beträge rechtmäßig oder unrechtmäßig erworben hatte«.

Snowden arbeitete in Genf für die CIA-Abteilung in der US-Botschaft – und machte schnell Bekanntschaft mit dem Bankenwesen. Bei einem Empfang auf der Terrasse eines exklusiven Cafés am Ufer des Genfer Sees habe er einen Banker angesprochen, der Konten für saudische Kunden betreute. Für die CIA waren diese besonders spannend, denn die Saudis standen schon seit Jahren unter Verdacht der Terrorfinanzierung. Einer von Snowdens damaligen CIA-Kollegen, so beschrieb es Snowden später, übernahm den Mann und habe ihn regelrecht eingelullt, sei mit ihm in den darauffolgenden Wochen durch Bars und Stripclubs gezogen. Am Ende habe er ihn dazu bewogen, betrunken heimzufahren – und gleichzeitig der Polizei einen Tipp zu geben. Der Banker, so erinnert sich Snowden, habe seinen Führerschein verloren und musste eine saftige Strafe zahlen. Und dann habe Snowdens Kollege den Banker häufig im Auto mitgenommen, ihm Geld geliehen und eine Art Freundschaft aufgebaut – in der Hoffnung, ihm ein paar Bankgeheimnisse zu entlocken.

Der Plan scheiterte jedoch. Der Banker verließ laut Snowden die Schweiz. Für welche Bank er arbeitete, ist bis heute Edward Snowdens Geheimnis.

In diesen Wochen sprechen wir und unsere Kollegen mit etlichen Geheimdienstmitarbeitern und -experten aus aller Welt. Sie erzählen von geheimen Schweizer Konten, über die die CIA einst die Mudschaheddin in Afghanistan und allerlei andere Geheimmissionen finanzierte. Auch von auffälligen Geldtransfers aus Russland ist die Rede. Und immer wieder hören wir die

Geschichte, wie vor einigen Jahren ein gefälschtes Dossier über den früheren Chef des Bundesnachrichtendienstes, August Hanning, kursierte, in dem ihm ein UBS-Konto angedichtet wurde.

Wir suchen nach einer Erklärung dafür, dass so viele Agenten bei der Credit Suisse sind. Die Schweizer Bankkonten ausländischer Geheimdienstchefs hätten weniger mit klandestinen Missionen zu tun, vermutet ein hochrangiger Exgeheimdienstmitarbeiter aus Deutschland, mit dem unser *SZ*-Kollege Jörg Schmitt gesprochen hat. Es handle sich vermutlich eher um »Notgroschen« für den Fall, dass sie einmal in Ungnade fallen.

Wir hören auch, wie »nachrichtendienstlich problematisch« es mittlerweile in der Schweiz sei: Die Eidgenossen würden regelrecht Jagd machen auf ausländische Spione. »Wir stellen eine Zunahme der Spionagetätigkeit gegen den Schweizer Bankenplatz fest«, erklärte 2009 der Chef des Schweizer Nachrichtendienstes NDB. Deshalb seien die »Abwehranstrengungen intensiviert«; gegen mehrere Ausländer mit Diplomatenstatus – »vorwiegend aus Oststaaten« – seien Einreisesperren verhängt worden. Aktuell sind nach Einschätzung des Schweizer Nachrichtendienstes besonders viele chinesische und russische Spione in der Schweiz zugange. 2020 wurden wegen verbotener nachrichtendienstlicher Tätigkeit gegen 19 Männer und Frauen Einreiseverbote verhängt.

Ein ehemaliger Züricher Staatsanwalt wird in der *Neuen Zürcher Zeitung* zitiert, dass regelmäßig allerlei »zwielichtige Figuren« um Schweizer Bankfilialen schlichen und Kunden fotografierten. Man höre auch, dass verdächtige Männer die Autonummern ausländischer Kunden notieren.

Ehrlich gesagt klingt das für uns weder überraschend noch seltsam. Inzwischen ist bestens belegt – nicht zuletzt durch dieses Leak –, dass eine Vielzahl von fragwürdigen Personen Abermillionen Dollar, Franken und Euro in Schweizer Banken gebunkert haben oder hatten. Dass sich dafür auch Geheimdienste und

Spione interessieren – ganz besonders wenn auch Geheimdienstchefs und Spione unter den Kunden sind, ergibt in dieser Logik Sinn.

Wir nehmen uns vor: Wenn wir am Jahresende nach Zürich aufbrechen, werden wir jedenfalls nicht in der Nähe der Großbanken parken.

9

»Charakterlose kleine Gauner«

Wenn wir eine Geschichte »hart recherchieren«, wenn wir einen Vorwurf belegen wollen, sind Dokumente unerlässlich. Es ist immer besser, etwas schwarz auf weiß belegen zu können, als nur Zeugenaussagen vorzuweisen. Aber auch bei Dokumenten gibt es Unterschiede, was ihren Wert angeht. Für die Fakten sind Excelmappen und -tabellen ganz ausgezeichnet: Genaue Übersichten von Geschäftszahlen, Konten, Abrechnungen oder Abläufen. Damit lassen sich Betrugsfälle oft besser rekonstruieren als mit den Aussagen von fünf Quellen, die alle ihre eigene Wahrheit und ihre eigenen Interessen haben. Unsere Daten fallen in diese Kategorie: Es ist im Grunde schlicht eine sorgfältig kuratierte Datenbank. Für uns besteht die Herausforderung darin, hinter den trockenen Zahlen öffentliches Interesse und erzählbare Geschichten zu finden.

Deshalb freuen wir uns sehr, als unser *WDR*-Kollege Massimo Bognanni eine Credit-Suisse-interne Präsentation zugespielt bekommt, die unter anderem die Frage anspricht, wie viele der deutschen Kunden offensichtlich Steuerhinterzieher waren.

Die Präsentation ist aus dem Jahr 2004, aus Bankensicht stammt sie damit aus einer anderen Epoche. Zwar galt Steuerhinterziehung schon damals nicht mehr als Kavaliersdelikt – aber es war noch vor der Zeit, als Deutschland und die Schweiz die geschilderten Auseinandersetzungen hatten. Auch war damals noch kaum etwas aus Schweizer Banken nach außen gesickert, die Zeit der Steuer-CDs kam erst später, und so sehen wir in dieser Präsentation eine Offenheit, wie sie nur ein paar Jahre später sicherlich nicht mehr vorstellbar gewesen wäre, nicht einmal intern. Und ganz sicher nicht in einem schriftlichen Dokument.

Die Präsentation trägt den Titel »Veränderungen im Markt Deutschland – Einstieg in das CAS Segment«, was sich erst mal wenig aufregend anhört. Aber die Folien haben es in sich.

CAS steht für »Comprehensive Advice Services«, also jene Kunden, die umfassend beraten werden wollen, die mit ihrem Kundenbetreuer Anlagemöglichkeiten diskutieren und entsprechend auch von ihm kontaktiert werden wollen. Dem gegenüber stehen die »Non Comprehensive Advice Services«, also NCAS-Kunden – und das sind die, die auf gar keinen Fall kontaktiert werden wollen. Schwarzgeldkunden, Steuerunehrliche fallen in diese Kategorie, weil sie wenig Spuren hinterlassen möchten. Für die NCAS-Kunden, so heißt es in der Präsentation, stehe Diskretion und das Bankgeheimnis im Vordergrund. Kontakt sei »nur selten erwünscht«. Normalerweise werden an diese Kunden zum Beispiel keine Kontoauszüge verschickt, wodurch auch die Gefahr verringert wird, dass sie in die Hände von Steuerfahndern geraten. Die Banker halten sogar dezidiert eine »Entdeckungsgefahr« fest.

Die Präsentation widmet sich also, wie wir dem Titel entnehmen, dem Einstieg der Credit Suisse in das Geschäft mit den CAS-Kunden in Deutschland – den Steuerehrlichen. Es lässt sich aus den Folien herauslesen, dass die Bank sich nun auch um jene bemühen wolle, die nicht Steuern hinterziehen wollen – und auch, dass dieses Ansinnen neu ist, daher »Einstieg«. Bislang nämlich, jedenfalls kann man die Präsentation so verstehen, hat die Credit Suisse vor allem mit Schwarzgeldkunden aus Deutschland Geschäfte gemacht – und ihnen also wissentlich geholfen, Steuern zu hinterziehen.

Nun war es bisher ein sehr offenes Geheimnis, dass viele Deutsche, die in der Vergangenheit ein Schweizer Konto hatten, damit den Fiskus hintergehen wollten. Aber offen ausgesprochen haben die helvetischen Banken das nicht. Der Imageschaden wäre brutal gewesen.

Und wenn es doch einmal zur Sprache kam, haben sich die Banken normalerweise hinter Allgemeinplätzen versteckt. So erklärte der damalige Chef der Credit Suisse, Lukas Mühlemann, in einem Interview mit der *Frankfurter Allgemeinen Zeitung* noch im Jahr 2001, die Schweiz wolle »kein Schlupfloch für zweifelhafte und schon gar nicht für kriminelle Gelder und für Steuerflüchtlinge sein«. Und doch beschließt sein Institut erst Jahre später, jetzt ins Geschäft mit den Unverdächtigen einzusteigen?

Diese Präsentation legt nahe: Die Credit Suisse wusste damals, dass sie bei Straftaten behilflich war. Das Erstaunliche ist für uns, wie genau die Bank das wusste. In der Präsentation legen die Verfasser interne Zahlen vor: Demnach seien noch 2004 88 Prozent der deutschen Kunden der Bank derartige NCAS-Kunden gewesen. In anderen Worten: fast alle.

Die Credit Suisse hat also Straftaten ermöglicht. Wie die Verfasser – Credit-Suisse-Mitarbeiter – auf Folie 4 selbst schreiben: »Wer in Deutschland Steuern hinterzieht, riskiert ohne Weiteres eine unbedingte Gefängnisstrafe.«

Dass Beihilfe zur Steuerhinterziehung heute kein so einfaches Geschäftsmodell mehr ist, hängt mit Whistleblowern wie Sina L., Politikern wie Peer Steinbrück und dem Druck der Vereinigten Staaten zusammen. Aber auch mit Norbert Walter-Borjans, dem früheren Finanzminister von Nordrhein-Westfalen und Parteivorsitzenden der SPD.

Als wir ihn im Dezember 2021 im Willy-Brandt-Haus, der Parteizentrale der Sozialdemokraten, zum Gespräch treffen, hat er den Parteivorsitz gerade erst abgegeben. Das Büro befindet sich im siebten Stock, ganz vorne in der Spitze des dreieckigen Gebäudes an der Stresemannstraße, das wie ein Schiffsbug in Richtung Kreuzberg ragt. Der Schreibtisch wirkt schon ausgeräumt, Walter-Borjans ist gerade dabei, seine Unterlagen, Geräte und Daten zu übergeben. Er hat nicht mehr für das Amt kandidiert. Seine Partei wurde bei der Bundestagswahl stärkste Kraft, Olaf Scholz überraschend Kanzler. Walter-Borjans wird vor allem die Geschlossenheit zwischen Parteigremien, Kanzlerkandidat und Jusos zugerechnet. Wir treffen wohl auch deshalb auf einen entspannten Mann, auf dem Sprung in den politischen Ruhestand.

Dass Walter-Borjans überhaupt Parteichef werden konnte, dass er als ehemaliger Landesminister bekannt und beliebt genug war, lag auch an seinem Leib-und-Magen-Thema: dem Kampf gegen Steuerhinterzieher und ihre Helfer. Norbert Walter-Borjans – kurz: Nowabo – war als NRW-Finanzminister für den Ankauf von elf »Steuer-CDs« verantwortlich, er kaufte interne Daten der UBS, der Julius-Bär-Bank – und eben auch der Credit Suisse.

Vor allem machte er den Ankauf von Datenträgern mit Informationen über mutmaßliche Steuerverbrecher zum politischen Machtwerkzeug: Er setzte damit die Schweizer Banken unter Druck und sorgte dafür, dass sich kein deutscher Steuerhinterzieher mit Schweizer Bankkonto mehr sicher fühlen konnte. Tausende Steuersünder zeigten sich vorsorglich gleich selbst an. Aus Strafen und nachgezahlten Steuern flossen nach Walter-Borjans' Rechnung über die Jahre mehr als sieben Milliarden Euro an den Staat zurück.

Während Walter-Borjans die politische Verantwortung trug und Geld für die Beschaffung der Datenträger bereitstellte, war der Wuppertaler Fahnder Peter Beckhoff sein ausführender Arm. Borjans hatte Beckhoff zu Beginn seiner Amtszeit persönlich angerufen und damit alle protokollarischen Gepflogenheiten der Ministerialbürokratie ignoriert. Er habe dann auch einen sehr kurz angebundenen Fahnder am Telefon erlebt, der kurz darauf in Walter-Borjans' Vorzimmer anrief, um zu fragen, ob das wirklich der echte Minister gewesen sei. Beckhoff hatte guten Grund für dieses Misstrauen, aber dazu später. Das nächste Gespräch, ein Treffen im Ministerium, sei jedenfalls besser verlaufen und habe das Vertrauen geschaffen, um die Strategie des Datenkaufs aktiv zu verfolgen. »Keine lange Einleitung, präzise in der Darstellung, regungslose Mimik, konkrete Vorstellungen von den nächsten Schritten«, so beschreibt Walter-Borjans den Fahnder in seinem Buch »Steuern – Der große Bluff«.

So haben auch wir Beckhoff kennengelernt, als wir ihn vor einigen Jahren einmal getroffen haben: ein wortkarger, aber sehr einnehmender Beamter, der sich nicht scheut, sich mit den ganz Großen anzulegen. Und der selbst gebackenen Kuchen zum Gespräch mitbringt.

Walter-Borjans wurde für sein Vorgehen politisch angefeindet. Von der Opposition im Düsseldorfer Landtag, vom amtierenden Bundesfinanzminister Schäuble und am lautesten aus der Schweiz. Bis heute ist er im Nachbarland wohl der bekannteste deutsche Landesfinanzminister. 2012 wurde er in der Schweiz sogar angezeigt: Wegen Verletzung des Bankgeheimnisses, Wirtschaftsspionage, Verrat von Geschäftsgeheimnissen, illegaler Beschaffung personenbezogener Daten – und Hehlerei. Letzteres ist Nowabos Lieblingsvorwurf. »Damit macht sich Deutschland zum Hehler«, sagte damals auch die Schweizerische Bankenvereinigung. Der Chef der Außenpolitischen Kommission, Roland Rino Büchel (SVP), nannte die Informanten der deutschen Fahnder »charakterlose kleine Gauner«.

Auch wir gehen davon aus, dass uns in der Schweiz massive Vorwürfe gemacht werden, wenn wir unsere Recherchen veröffentlichen. Damit können wir leben, wir machen nur unseren Job:

Wir sehen einen Missstand, überprüfen ihn und veröffentlichen. Eines möchten wir an dieser Stelle aber klarstellen: Die *Süddeutsche Zeitung* zahlt nicht für Informationen. Niemals. Soporific Debtor hat uns die Daten ohne Gegenleistung überlassen.

Walter-Borjans bezahlte in seiner Zeit als Finanzminister 19 Millionen Euro für Daten. Die Hehler, das seien aber nicht seine Beamten, sondern die Schweizer Banken gewesen. Sie hätten den deutschen Steuerhinterziehern gegenüber argumentiert, »ich weiß, dass du deinem Staat Geld vorenthalten hast, widerrechtlich, und du jetzt in Not bist, weil du das zu Hause nicht erzählen darfst. Und ich biete dir jetzt schlechte Zinsen, hohe Gebühren, komme billig an dieses Geld.« Die Banken hätten mit dem Geld Geschäfte gemacht und so eine »kriminelle Kette« weitergeführt, die die Steuerhinterzieher begonnen hätten. Seine Strategie habe diese Kette durchbrochen.

In Deutschland haben allerlei Gerichte den Kauf von Steuer-CDs geprüft. Das Finanzgericht Köln, das Landgericht Düsseldorf und auch das Bundesverfassungsgericht erklärten die Verwertung für rechtmäßig.

Walter-Borjans ist eines ganz wichtig: Seine Politik habe sich nie gegen die Schweiz gerichtet, nur gegen schwarze Schafe unter den Banken. Wenn das Ansehen des Landes gelitten habe, dann nicht seinetwegen. »Was die Schweizer Uhrmacher an gutem Ruf erzielt hatten mit Präzision und Verlässlichkeit, hat eben ein Teil des Schweizer Finanzwesens auch an Ruf zerstört.«

Die Schweizer Banken erkennen irgendwann, dass es möglicherweise wirtschaftlicher sein könnte, wenn sie dem Druck aus Deutschland, den USA und anderen Staaten ein wenig nachgeben, guten Willen zeigen. Dem folgt die Schweizer Politik. Im Geheimen verhandeln die Schweiz und die deutsche Bundesregierung über ein Steuerabkommen. Das undeklarierte Vermögen deutscher Staatsbürger auf Schweizer Konten soll einmal rückwirkend für zehn Jahre und pauschal besteuert werden.

Alles unter Wahrung der Anonymität. Für den deutschen Staat würde dies gewaltige Einnahmen bedeuten, schließlich geht man 2010 davon aus, dass bis zu 175 Milliarden Euro Schwarzgeld aus Deutschland auf Schweizer Konten liegen. Das geplante Abkommen soll die Banken zwar verpflichten, Kapitalerträge zu besteuern und an Deutschland weiterzuleiten, aber von wem die abgeführten Steuern stammen, sollen deutsche Finanzämter nicht erfahren.

Im Gegenzug soll sich die Bundesrepublik verpflichten, keine Datenträger mit belastenden Informationen mehr zu kaufen. Finanzminister Schäuble erwartete zehn Milliarden Euro Einnahmen. Aber der Verhandlungsprozess blieb nicht geheim. Norbert Walter-Borjans bekam davon Wind. »Ich bin damals nicht von Bundesfinanzminister Wolfgang Schäuble auf dieses geplante Abkommen hingewiesen worden, sondern aus dem Kreis von Journalisten«, erinnert er sich, »und manchmal findet man dann ja plötzlich den Entwurf des Abkommens in der Straßenbahn … dann habe ich festgestellt, das ist nichts anderes als ein Freibrief.« Also rief Walter-Borjans, er war damals auch Vorsitzender der Landesfinanzministerkonferenz, bei Schäuble an und bat darum, das geheim verhandelte Abkommen sehen zu dürfen. Doch Schäuble lehnte dies ab. In einem *Spiegel*-Interview prangerte Borjans daraufhin das geplante Abkommen als »skandalös« an. Was das Verbot eines Ankaufs von Steuer-CDs angeht«, klagte er: »Wir geben doch unser schärfstes Schwert nicht aus der Hand – die Furcht vor der Entdeckung.« Er jedenfalls werde alles tun, um »diesen Ablasshandel für Steuerhinterzieher« im Bundesrat zu Fall zu bringen.

Und so kam es. Das Abkommen war schon von beiden Staaten unterzeichnet, scheiterte aber Anfang 2013 an der Mehrheit der SPD-geführten Länder im Bundesrat.

Natürlich ist das Abkommen in die Mühlen des parteipolitischen Streits geraten. Aber dieser Streit passt nur zu gut in die

Geschichte des rebellischen und unbeirrten Finanzministers aus NRW. Walter-Borjans beschreibt den Antrieb für seine Strategie anders, mit einem Wort: Notwehr. Denn die hinterzogenen Steuern hätten in Deutschland gefehlt und die Steuerehrlichen – alle, die sich kein Konto in der Schweiz leisten konnten – stärker belastet.

Was Walter-Borjans und seine Leute damals nicht ahnten: Der Schweizer Geheimdienst NDB setzt einen Spion auf die deutschen Steuerfahnder an. Der Mann – er heißt Daniel M. – hatte einst für die Polizei gearbeitet, später kümmerte er sich bei der UBS um die Sicherheit, nun soll er Informationen über Nordrhein-Westfalens Finanzermittler sammeln: über jene Männer also, die die Daten von Sina L. ausgewertet und damit Millionen hinterzogener Steuern eingetrieben hatten.

Der Spion bekommt vom Schweizer Geheimdienst offenbar den Auftrag, eine Liste mit persönlichen Daten der Steuerfahnder zusammenzutragen: Adressen, Telefonnummern, die Namen ihrer Ehefrauen und sonstige Lebensumstände. Klingt banal, ist aber keine leichte Aufgabe. Peter Beckhoff beispielsweise ist eine gesichtslose Legende. Uns sind keine Fotos von ihm bekannt, auch als ihn die *Süddeutsche Zeitung* einmal interviewte, wurde kein Foto gezeigt, sondern ein schwarzer Schatten. Und auf diesen öffentlichkeitsscheuen Ermittler wird nun also ein Spion angesetzt.

Es ist ein ungeheuerlicher Vorgang: Der Schweizer Geheimdienst spioniert auf deutschem Boden deutsche Staatsbeamte aus.

»Ausspähen unter Freunden – das geht gar nicht«, sagte die frühere deutsche Bundeskanzlerin Angela Merkel einmal, und meinte damit die Lauschaktionen des amerikanischen Geheimdienstes, die Edward Snowden aufgedeckt hatte.

Die Schweiz tat es trotzdem.

Der Spion sammelte also Informationen über Beckhoff, dessen Namen sich inzwischen auch international herumgesprochen hatte: Ein Whistleblower nach dem anderen nahm Kontakt zur Wuppertaler Steuerfahndung auf, um belastendes Material dort abzugeben. Offenbar vertrauten diese Menschen darauf, dass Informationen dort ernst genommen und professionell ausgewertet würden. Und: Die Bezahlung stimmte. Manchmal sollen ganze Festplatten allerdings auch einfach im Briefkasten der Fahnder gelegen haben.

Bald wurde auch klar, wofür der Spion Daniel M. die Informationen beschaffen sollte: Am 15. März 2012 erlässt die Schweizer Bundesanwaltschaft Haftbefehl gegen drei Fahnder aus Nordrhein-Westfalen, namentlich gegen Peter Beckhoff und zwei seiner Kollegen, die wir nicht nennen, da sie bisher nicht in der Öffentlichkeit standen.

Die Schweizer Bundesanwaltschaft wirft den drei Männern Anstiftung zur Bankgeheimnisverletzung vor – eine Straftat, die mit Gefängnis geahndet werden kann. Fast zehn Jahre später hält die Schweiz den Vorwurf noch immer aufrecht. Einer der drei deutschen Fahnder ist längst gestorben. Seine beiden Kollegen, die mittlerweile bereits in Rente sind, haben die Schweiz seither angeblich nicht mehr betreten – denn sie würden wohl sofort verhaftet, noch immer.

Es ist ein Schicksal, das womöglich auch uns bevorsteht – im schlimmsten Fall. Leider kann uns aber vor der Veröffentlichung niemand eine definitive Antwort geben.

Wir haben in der Schweiz und in Deutschland mittlerweile etliche Juristen um Rat gefragt. Und letztlich kommen sie alle zu dem gleichen Schluss: Nach Artikel 47 des Schweizer Bankengesetzes droht uns Strafverfolgung, wenn wir Informationen eines Bankeninsiders (was in unserem Fall allerdings unklar ist, wir kennen die Identität von Soporific Debtor ja nicht) veröffentlichen – der Strafrahmen reicht, wie gesagt, von der Geldstrafe bis zu drei Jahren Haft. Ob diese Informationen von überragendem öffentlichen Interesse sind, macht erst mal keinen Unterschied.

Erst recht nicht, dass eine derartige Veröffentlichung in so ziemlich jedem anderen westlichen Land – auch Deutschland – erlaubt wäre. Ausdrückliche »Ausnahmen für Journalistinnen und Journalisten« seien »im Gesetz nicht vorgesehen«, erklärt uns der Schweizer Jurist Christoph Winzeler, der am Gesetzeskommentar zum Bankengesetz mitgeschrieben hat.

Doch wir sind überzeugt, dass nicht strafbar sein kann, was einem übergeordneten Interesse dient. Aber wir sind auch ratlos. Droht uns tatsächlich die Verhaftung, wenn wir nach Veröffentlichung in die Schweiz reisen sollten? Ob die Behörden das wirklich machen würden?

Klar ist nur: Wir werden nicht riskieren, wegen der geleakten Daten festgesetzt zu werden. Sobald wir die Bank über unsere Recherche und die schweren Vorwürfe informieren, und damit aufdecken, dass wir interne Daten gesehen haben, werden weder wir noch unsere involvierten *NDR*-, *WDR*- oder *SZ*-Kolleginnen und -Kollegen einreisen. Keiner soll die Veröffentlichung aus einer Gefängniszelle beobachten – und verteidigen – müssen.

Und ja, es klingt absurd, das hier hinzuschreiben, immerhin ist es unser Nachbarland, die Schweiz – in der wir schon zigmal waren und fabelhafte Schweizer Freunde und Familie besucht haben.

Aber das Bankengesetz ist so, und es sagt: Achtung!

10

Die Ölpest

Mit manchen Menschen entwickeln wir Investigativreporter eine seltsame Beziehung. Wir begegnen ihnen immer wieder, lernen sie aber nie kennen – jedenfalls nicht persönlich.

Wir recherchieren Vorwürfe, die manchmal so schwerwiegend sind, dass sie ihre Karrieren und Existenzen zerstören oder sie gar ihre Freiheit kosten können.

Wir befassen uns Dutzende Stunden mit ihrem Leben, ohne dass sie auch nur ahnen, jemand könnte sich für sie interessieren. Das klingt nach Stalking. Aber es ist Teil unserer Arbeit, indiskret zu werden: Wir rätseln über die Motive ihres Handelns und spekulieren über ihre wirtschaftlichen und privaten Verhältnisse. Und irgendwann – wenn die Vorwürfe sehr konkret und erhärtet sind – beginnen wir Bekannte oder ehemalige Kolleginnen zu befragen und durchsuchen ihre Urlaubsfotos bei Instagram oder Facebook nach Hinweisen, wo sie sich gerade aufhalten könnten.

Wir machen das, wenn der Name dieses Menschen uns in brisanten Unterlagen aufgefallen ist oder eine glaubwürdige Quelle ihn uns genannt hat. Oder wie jetzt: Wenn jemand eine seltsam hohe Geldsumme auf einem Schweizer Bankkonto hat und es keine naheliegende Erklärung für diesen Reichtum gibt. Dann beginnen wir, die Person zu durchleuchten.

Nicht selten machen wir das alles umsonst: Was auf den ersten Blick nach Korruption aussieht, erweist sich als legales Geschäft; bei einem vermeintlich geheimen Nummernkonto stellt sich heraus, dass die Steuerbehörden längst Bescheid wissen; oder wir finden schlicht nicht genug Indizien, um die Vorwürfe gerichtsfest zu belegen. Manchmal erweist sich der Missstand auch als nicht gravierend genug. Das deutsche Presserecht legt hier die Hürden für Journalisten hoch. Stichwort öffentliches Interesse: Wenn es nicht gegeben ist, können wir nicht veröffentlichen.

Dann legen wir die Recherchen meist etwas frustriert zur Seite und widmen uns anderen Fällen. Aber der Name, ein Passfoto und vielleicht auch die Macken eines Menschen, mit der man sich tagelang befasst hat, bleiben im Gedächtnis. Und einige von ihnen begegnen uns immer wieder. Spätestens wenn ein neues Leak auftaucht.

Über die Jahre hat jeder von uns seine speziellen Freunde gefunden, die er immer weiter beobachtet und deren Namen er in Suchmasken tippt, sobald uns neue Unterlagen zugespielt werden. Denn hier – so die Hoffnung – könnte endlich das fehlende Puzzleteil zu finden sein, das eine Veröffentlichung ermöglicht.

Da wäre zum Beispiel der deutsche Exspion Werner Mauss, den wir in den Panama Papers gefunden haben und der später wegen Steuerhinterziehung angeklagt wurde (und die Vorwürfe zurückweist). Oder die Putin-nahen Oligarchen Boris und Arkady Rotenberg, die seit den Panama Papers in so ziemlich jedem Leak aufgetaucht sind, an dem wir seither gearbeitet haben. Oder jener mutmaßliche Helfershelfer des libyschen Diktators Muammar Gaddafi, den wir anhand einer Rechnung für Müllbeseitigung im Münchner Umland aufspürten und der uns an einem bitterkalten Wintermorgen mit Jagdhund und nacktem Bierbauch von seiner Haustüre vertrieb. Diese Geschichte allerdings ist leider noch nicht geschrieben – noch fehlt uns ein letztes Puzzleteil, ein letzter Beleg.

Aber manchmal geht es gut aus. Manchmal finden wir das fehlende Glied in der Kette. Harald Joachim von der Goltz ist so ein Fall. Den in Berlin geborenen Investor fanden wir in den Panama Papers, wo er weit mehr als 50 Millionen US-Dollar in einer angeblich »kugelsicheren« Konstruktion – so nannte es sein Berater bei der Panama-Papers-Kanzlei Mossack Fonseca – deponiert hatte, verteilt über anonym wirkende Firmen und Trusts, also heimliche Stiftungen. Aber konnten wir wasserdicht beweisen, dass er Steuern hinterzogen hatte? Oder wie anders ließ sich ein öffentliches Interesse an seinem Vermögen begründen, wenn er das nicht hatte? Damals, 2016, blieben wir vorsichtig und entschieden, unseren Text über ihn nicht in der Zeitung zu veröffentlichen. Wir nahmen den Namen von der Goltz auch aus unserem Buch über die Panama Papers – und hefteten alles ab unter der Rubrik: »Nicht vergessen«.

Später nahm sich ein US-amerikanischer Staatsanwalt der Sache an und ließ Harald Joachim von der Goltz Anfang Dezember 2018 festnehmen. Wir nahmen den nicht gedruckten Text vom Stapel, aktualisierten und veröffentlichten ihn. Endlich.

Die Verhandlung gegen von der Goltz zog sich, aber im September 2020 wurde er schließlich zu vier Jahren Gefängnis verurteilt, er hatte auf »schuldig« plädiert. »Die einfache Wahrheit ist, ich habe das Gesetz gebrochen«, sagt der damals 83-Jährige. Damit bestätigte er unsere Rechercheergebnisse.

Ein anderer Name, der uns immer wieder begegnet, lautet Martin L. Der Venezolaner, von dem wir in den Panama Papers auch die Kopie eines österreichischen Passes gefunden haben, soll ein professioneller Geldwäscher sein – zumindest sind US-amerikanische Staatsanwälte davon überzeugt. Er ist eine dieser Figuren, die sich in Netflixserien wie »Narcos« höchstens für Nebenrollen eignen, weil sie im Schatten der exzentrischen

Drogenbosse wie langweilige Buchhalter aussehen. In der Realität sind diese Menschen Schlüsselfiguren in den Netzwerken organisierter Kriminalität. Denn Verbrechen wie Drogenschmuggel lohnen sich für die Täter nur, wenn sie das verdiente Geld auch ausgeben können. Dafür aber müssen sie verschleiern, woher es stammt. Und hier kommen jene Männer – und gelegentlich auch Frauen – ins Spiel, die umgangssprachlich Geldwäscher genannt werden: Sie »waschen« das schmutzige Geld, indem sie es unauffällig in Geldkreisläufe einspeisen, aus denen es am Ende mit irgendeinem Etikett als vermeintlich ehrlich verdientes Geld wieder herauskommt. Deutschland ist übrigens ein Paradies für Geldwäscher und das Etikett ist in sehr vielen Fällen eine teure Immobilie, die mit zwielichtigem Geld – manchmal sogar in bar – gekauft wird und dann offiziell verkauft werden kann. Und schon ist das Geld sauber.

L. soll Hunderte Millionen Dollar für Drogenschmuggler gewaschen haben. In den Panama Papers tauchte sein Name gleich in mehreren Tausend Dateien auf, unter anderem in mehreren gescannten Reisepässen mit seinem Namen. Demnach ist Martin L. 1965 in Caracas, der Hauptstadt Venezuelas, geboren. Neben den Passdokumenten fanden wir in den Panama Papers vor allem Urkunden und Verträge von Briefkastenfirmen, die er benutzte, um seine »Investitionen« abzuwickeln.

Denn das war die Geschichte, die er erzählte: Er sei Finanzfachmann mit internationaler Kundschaft. US-amerikanische Ermittler sahen das dezidiert anders und nahmen ihn Anfang April 2015 in Miami fest. Sie waren sich sicher, dass er nicht nur Drogengeld gewaschen, sondern dabei auch korrupten venezolanischen Eliten geholfen hatte, Staatsgelder zu unterschlagen und ins Ausland zu bringen. Hunderte Millionen landeten so: in der Schweiz.

L. ist demnach ein Profiteur von Hugo Chávez. Nach einem missglückten Putsch, Inhaftierung und Begnadigung bewarb sich

118

der einstige venezolanische Offizier *Hugo* Rafael *Chávez* Frías 1998 um das Amt des Präsidenten. Sein Wahlversprechen: eine »bolivarische Revolution«. So wie der venezolanische Unabhängigkeitskämpfer Simón Bolívar wollte er die Völker Südamerikas einen, die Reichen entmachten – und den Sozialismus einführen: einen »Sozialismus des 21. Jahrhunderts«.

Nachdem er im Dezember 1998 tatsächlich zum venezolanischen Präsidenten gewählt wurde, stoppte er die geplante Privatisierung des Ölkonzerns Petróleos de Venezuela S. A., kurz PDVSA, und verstaatlichte mehr als 1000 Unternehmen aus quasi allen Wirtschaftszweigen. Gleichzeitig flog er ein Heer von kubanischen Ärzten und Ärztinnen ein, um in den Slums des Landes ein Gesundheitssystem aufzubauen. Er eröffnete in ganz Venezuela Supermärkte, die verbilligte Grundnahrungsmittel verkaufen sollten.

Schon bald aber zeigte sich die dunkle Seite des Hugo Chávez: Dutzende Radio- und Fernsehsender wurden geschlossen, Oppositionelle inhaftiert, Menschenrechtsaktivisten drangsaliert. Derweil besetzte er wichtige Posten im Staat mit Familienangehörigen: Zunächst wurde sein Vater Gouverneur des Bundesstaates Barinas, später sein großer Bruder. Ein anderer Bruder wurde Vizeminister für Entwicklung im Ministerium für Elektrizität, sein Schwiegersohn wiederum Wissenschafts- und Technologieminister. Minister, Richter und Generäle wurden reich, während viele Menschen weiterhin hungerten.

Indes prosperierte der Drogenhandel. Mindestens ein Drittel des kolumbianischen Kokains wird über Venezuela in die USA und nach Europa geschmuggelt, schätzen Experten. Das Militär, das Venezuelas Häfen und Flughäfen kontrolliert, verdient über Schmiergeldzahlungen fleißig mit.

Und so brach mit der bolivarischen Revolution auch die Hochphase der Geldwäscher an. Dem Austrovenezolaner Martin L. sind wir nach den Panama Papers wieder und wieder begegnet, zuletzt in den »FinCEN Files« – einer anderen weltweiten Recherche, die wiederum den Verdacht untermauerte, dass der Mann ein viel gefragter Geldwäscher war.

Jetzt stellen wir fest: Unser alter Bekannter L. war auch Kunde der Credit Suisse. Kollegen des *OCCRP* finden ihn in den Daten, als sie sich die Tausenden Kunden aus Venezuela genauer ansehen. Gemeinsam horten venezolanische Kunden laut unserer Daten über drei Milliarden Schweizer Franken bei der Bank. Venezolaner gelten als Hochrisikokunden, denn lange war es ziemlich schwer, überhaupt Vermögen aus dem südamerikanischen Land zu schaffen, das seit 1999 von Sozialisten regiert wird. Und wem es gelang, der nutzte meist illegale Wege.

Bis heute gilt Venezuela als eines der korruptesten Länder der Welt. Das ressourcenreiche Land befindet sich in einer seit Jahren andauernden politischen und wirtschaftlichen Krise, deren Ende nicht abzusehen ist.

In der Medizin spricht man von einem Polytrauma, wenn ein Patient mehrere Verletzungen gleichzeitig erleidet und jede einzelne für sich schon lebensbedrohlich ist. Venezuela ist wie ein Patient im Polytrauma: ein Fünftel der Bevölkerung leidet an Mangelernährung; Wasserknappheit und ständige Stromausfälle prägen den Alltag. Eine galoppierende Inflation lässt den Wert der Staatswährung Bolívar immer weiter verfallen, schon 2018 betrug die Inflationsrate unglaubliche 130.000 Prozent, im Oktober 2021 führte die Regierung eine neue Währung mit sechs Nullen weniger ein, weil die Abrechnungssysteme im ganzen Land die von der Inflation wertlos gemachten Millionen und Milliardensummen nicht mehr verarbeiten konnten. Fünf Millionen Männer und Frauen sind schon vor der Pandemie in die Nachbarländer geflohen, weil ihnen das Nötigste zum Leben fehlte.

Neuerdings wird sogar das Benzin knapp, was besonders absurd ist, da das Land über die größten Ölreserven der Welt verfügt. Aber die heimische Wirtschaft ist nicht mehr in der Lage, die eigene Bevölkerung zu versorgen, die Ölbohranlagen sind defekt, die Raffinerien marode; und so liefert Iran, einer der wenigen verbliebenen Verbündeten der linksgerichteten Regierung, Treibstoff nach Caracas.

Nach dem Krebstod von Hugo Chávez im Jahr 2013 übernahm sein bisheriger Stellvertreter, der frühere Busfahrer Nicolás Maduro, die Macht. Er machte Venezuela endgültig zu einem Gangsterstaat, in dem die Massen darben, während sich eine korrupte Elite schamlos bereichert. 2020 klagte die US-Regierung Maduro in Abwesenheit an, weil er gemeinsame Sache mit Drogenkartellen mache, »um die USA mit Kokain zu überfluten«. Die US-Regierung versprach 15 Millionen Dollar Belohnung für Tipps, die zur Ergreifung von Maduro führen. Bis heute hält sich der venezolanische Staatschef mit Unterstützung des Militärs an der Macht; eine Parallelregierung von Parlamentspräsident Juan Guaidó wurde zwar von zahlreichen EU-Staaten zunächst anerkannt, verfügt aber über keine Macht im Land.

Auch um die Pressefreiheit ist es schlecht bestellt, vier unserer Kollegen und Freunde – die Journalisten Ewald Scharfenberg, Joseph Poliszuk, Roberto Deniz und Alfredo Meza –, mit denen wir seit Jahren zusammengearbeitet haben, mussten um 2017 das Land verlassen, nachdem der Druck auf sie zu groß geworden war. Ein Maduro nahestehender Geschäftsmann war gerichtlich gegen sie vorgegangen, ihnen hatten Gefängnisstrafen gedroht und mit einer unabhängigen Justiz hatten sie in Venezuela nicht rechnen können. Kurz zuvor hatte die Aufdeckerplattform *Armando.info,* für die alle vier arbeiten, öffentlich gemacht, dass 40 Prozent der Richterinnen und Richter Mitglied in Maduros Partei waren. Unsere Kollegen wollten nicht darauf vertrauen, dass ihr Fall von einem unabhängigen Richter verhandelt werden würde. Sie entschieden also, vorerst ins Exil zu gehen, um ihre Recherche zu jenem Geschäftsmann beenden und veröffentlichen zu können. Dass sie gleichzeitig über den Kurznachrichtendienst Twitter auch anonyme Drohungen gegen sich und ihre Familien erhielten, machte ihnen diese schwere Entscheidung leichter. Sie leben nun schon vier Jahre in Kolumbien, den USA und Mexiko im Exil.

Den letzten Anstoß für den wirtschaftlichen Niedergang Venezuelas gab im Jahr 2014 der Verfall des Ölpreises, denn ein Großteil der Wirtschaft des Landes war auf die Förderung des reichlich vorhandenen Rohstoffes ausgerichtet. Die staatliche Fördergesellschaft PDVSA war von Hugo Chávez und seinen Anhängern, den Chavisten, als Geldquelle für sozialpolitische Wohltaten und geostrategische Freundschaftsdienste für sozialistische Bruderstaaten genutzt worden. Diese Quelle versiegte jedoch, weil Chávez nicht investierte und die Förderanlagen veralteten. Im Management der Ölfördergesellschaft saßen loyale Chavisten, deren Priorität die finanzielle Unterstützung der sozialistischen Bewegung blieb. Die USA, die Venezuelas sozialistischen Kurs missbilligten, verschärften den Druck mit Sanktionen.

Währenddessen plünderten die Chavisten die Ölfördergesellschaft PDVSA auf unterschiedliche Weise. Insgesamt, so rechnete das Nachrichtenportal *Infodio* einmal vor, verschwanden zwischen 2002 und 2014 rund 1,5 Billionen Dollar aus den Kassen. Zugleich konnten Millionen Venezolaner, von denen viele in verstaatlichten Firmen arbeiten, von ihren Löhnen nicht einmal mehr die nötigsten Nahrungsmittel kaufen. Aktuell liegt der monatliche Mindestlohn bei umgerechnet zwei Dollar – ein Liter Milch kostet aber bereits etwa eineinhalb Dollar.

Der große Raub war möglich, weil PDVSA als international agierender Konzern legal Zugang zu Devisen hatte, die mit dem zunehmenden Verfall der nationalen Währung besonders gefragt waren. Schon unter Hugo Chávez hatte die Regierung die Verfügbarkeit von US-Dollar in Venezuela reguliert und dadurch die Entstehung eines Schwarzmarkts für Dollars befeuert. Durch die Knappheit konnte man für einen Dollar auf dem Schwarzmarkt viel höhere Preise verlangen als den offiziellen Wechselkurs. Das lockte Mittelsmänner an, die Dollars übrighatten oder vermitteln konnten. Männer wie Martin L. Und wer hatte sehr viele Dollars übrig, die nicht direkt bei Banken angelegt werden konnten? Drogenbosse.

Der Dollar-Schwarzmarkt wurde also nicht nur genutzt, um ausländisches Geld nach Venezuela zu bringen, sondern auch, um Drogengeld zu waschen. Man musste nur einen Weg finden, das umgetauschte Geld aus der Nationalwährung Bolívar wieder weiterzutauschen. Auch dafür gab es Experten und geeignete Finanzprodukte.

Die USA erhöhten aber nicht nur den Druck auf die venezolanische Regierung mit Sanktionen, sondern knöpften sich auch die Geldwäscher der Drogenbosse vor und jene Männer, die den Staatskonzern PDVSA plünderten. Denn wer amerikanische Dollars und amerikanische Banken für Drogengeschäfte, Geldwäsche oder Bestechung nutzt, muss mit der ganzen Härte US-amerikanischer Ermittler rechnen. Von der Drogenbekämpfungsbehörde DEA über das Heimatschutzministerium, die Bundespolizei FBI oder das Innenministerium ermitteln unterschiedlichste Stellen, manchmal gemeinsam, gegen Verbrechen dieser Art. Seit 2015 gab es eine Vielzahl an Verfahren, in denen venezolanische und US-amerikanische Staatsbürger in den USA angeklagt wurden. Einige davon finden wir auch als Kunden der Credit Suisse.

Da ist Roberto Enrique Rincón Fernández, der im Dezember 2015 festgenommen wurde. Er betrieb mit seinem Partner Abraham José Shiera Bastidas mehrere Energieunternehmen in den USA und gestand, seit 2009 an hochrangige PDVSA-Manager Schmiergelder gezahlt zu haben, um mit seinen Firmen an Ausschreibungen des Ölkonzerns teilnehmen zu dürfen und in der Folge lukrative Aufträge zu bekommen. Zudem hatte er sechs Millionen Dollar Dividendeneinkünfte in einer seiner venezolanischen Firmen bei der Steuererklärung vergessen. Manche seiner insgesamt sieben Konten bei der Credit Suisse, die er mit anderen Personen gemeinsam hielt, waren kurz vor oder während der Zeit seiner gestandenen Taten eröffnet worden. Und vier waren noch Monate nach seiner Inhaftierung aktiv. Das gilt auch für seinen Kompagnon Shiera Bastidas, der am selben Tag und ebenfalls in Miami festgenommen worden war. Er bekannte sich im März 2016 schuldig, drei seiner Konten waren noch Monate später aktiv. Die Credit Suisse hätte dies in einer sogenannten Geldwäscheverdachtsmeldung zumindest den Behörden melden müssen. Ob sie dies getan hat, ist unklar. Die Bank macht dazu keine Angaben.

Wie die Schweiz vermögende Venezolaner hofierte, zeigt der Fall von Nervis Villalobos. Er war unter Hugo Chávez Vizeminister für Energie gewesen. Und Energie bedeutet natürlich insbesondere Öl. Im Jahr 2016, als in Venezuela zwischenzeitlich die Versorgung mit Lebensmitteln zusammenbrach, wollte er sich mit seiner Familie in Genf ansiedeln. Sie erhielten eine Aufenthaltsbewilligung, da sie »aus steuerlichen Gründen für den Kanton von großem Interesse« waren, so steht es in einem Gerichtsdokument. Willkommen waren sie, weil sie reich waren.

Diese Einschätzung änderte sich drastisch, als Ermittlungen gegen Villalobos in den USA, Spanien und Andorra bekannt wurden. Laut den US-Ermittlern soll Villalobos Zulieferer, die an Ausschreibungen der PDVSA teilnahmen, mit Informationen versorgt haben, mit denen sie an lukrative Aufträge kamen. Im Gegenzug kassierte er demnach Schmiergeld. Zwei dieser Zulieferer waren laut Anklage die oben genannten Rincón und Shiera. 2019 wurde Villalobos die Aufenthaltsbewilligung wieder entzogen, wogegen er vor dem obersten Verwaltungsgericht der Schweiz klagte. Das Gericht schmetterte die Klage mit drastischen Worten ab: »Die Anwesenheit des Betroffenen würde die öffentliche Sicherheit und Ordnung gefährden und darüber hinaus dem Ansehen und den internationalen Beziehungen der Schweiz schaden.«

Die USA hatten inzwischen ein Auslieferungsersuchen an Spanien gerichtet, wo sich Villalobos überwiegend aufhielt. Laut Anklageschrift sollen die Absprachen und Schmiergeldzahlungen zumindest zwischen 2011 und 2013 getätigt worden sein. Genau in dieser Zeit hatte Villalobos ein Konto bei der Credit Suisse; zwischenzeitlich lagen darauf über neun Millionen Franken. Ob es für die angeklagten Taten genutzt wurde, ist unklar. Weder Villalobos noch die Credit Suisse beantworteten Fragen zu dem Fall.

Es ist auffällig, dass viele dieser Verfahren vor Gerichten in Florida geführt werden. Auch von den Beschuldigten haben viele mindestens einen Wohnsitz in Miami. Die Stadt ist seit einem halben Jahrhundert Anziehungspunkt für Drogenkartelle und windige Finanzfachleute mit Verbindungen nach Lateinamerika. Und es gibt in Florida neben der kubanischen eine große venezolanische Exilgemeinde.

Auch unser alter Bekannter Martin L. lebt in Miami, laut *Miami Herald*, in einer Wohnung im Wert von einer Million Dollar in einem Wolkenkratzer mit Blick auf den legendären Inselstreifen Miami Beach und das Meer. L. ist auch deshalb interessant, weil sein Konto bei der Credit Suisse noch existierte, nachdem er im Herbst 2015 angeklagt worden war.

Wenn einer der eigenen Kunden festgenommen und angeklagt wird, wenn nationale wie internationale Medien darüber berichten, müsste dies einer Bank eigentlich auffallen. Genau deshalb beschäftigen Finanzinstitute Compliance-Experten. Ihr Job ist es, fragwürdige Kunden aufzuspüren und an das Management zu melden, um auf diese Weise zu bewirken, dass die Bank sich von ihnen trennen kann.

Die Credit Suisse, die sich auf Anfrage nicht zu diesem konkreten Fall äußern wollte, reagierte aber offenbar nicht auf einen mutmaßlichen Geldwäscher als Kunden – oder wie sollen wir das interpretieren? Die Bank kann sich jedenfalls nicht auf Nichtwissen hinausreden, der Abgleich der eigenen Kunden mit internationalen Listen, auf denen Kriminelle und politisch exponierte Personen (PEPs) geführt werden, gehört zum Einmaleins der Geldwäschebekämpfung.

Unsere Kollegen des *OCCRP* haben inzwischen ein Extrateam gebildet, um L. und der vielen anderen venezolanischen Bankkunden Herr zu werden. Auch Ewald Scharfenberg und seine Kolleginnen und Kollegen der Plattform *Armando.info,* die viel mit dem *OCCRP* zusammenarbeiten, sind im Venezuela-Spezialteam dabei. Akribisch gehen sie nun in unserem Leak die mehr als sechs Tausend Credit-Suisse-Konten durch, die laut der Datenbank mit Venezuela verbunden sind, Namen für Namen, und suchen nach Verbindungen, um bisher unbekannte Netzwerke aufzudecken.

Wir besorgen uns derweil die Gerichtsakten aus dem Verfahren gegen L. Dazu muss man wissen: In den USA ist es wesentlich einfacher als in Deutschland, an Dokumente aus Gerichtsprozessen oder Ermittlungsverfahren zu kommen. Es gibt eine zentrale Online-Datenbank, die einfach zu durchsuchen ist. Und für ein paar Dollar kann man sich Hunderte Seiten Gerichtsakten herunterladen. Im Vergleich dazu ist Deutschland extrem rückständig. Hierzulande wird weder ein Wortprotokoll geführt noch sind Gerichtsakten für jedermann einsehbar.

Als Martin L. am 13. April 2015 erstmals vor einem Richter erscheinen muss, der über seine Haft entscheidet, sieht die Sache für ihn nicht gut aus. Schnell wird deutlich, welchen Aufwand die US-amerikanischen Behörden betrieben haben, um ihn zu fassen. Die Verhaftung sei »der Höhepunkt einer mehrjährigen Ermittlung« gewesen, sagt ein Bundesanwalt. Agenten der Anti-Drogenbehörde DEA, des Ministeriums für innere Sicherheit und anderer Behörden haben die Telefongespräche des mutmaßlichen Geldwäschers in den USA, aber auch im Ausland abgehört und den Inhalt seiner E-Mail-Konten beim Provider beschlagnahmt.

Zwischenzeitlich hatte er der DEA sogar als Informant gedient und über Drogenhändler und Geldwäscher ausgesagt, war aber – so behauptet es ein Ermittler vor Gericht – nicht immer bei der Wahrheit geblieben und hatte die Behörde verärgert. Als der Richter fragt, was die Agenten bei den Abhöraktionen über ihn herausgefunden hätten, antwortet der Bundesanwalt: »Im Wesentlichen, dass Herr L. ein internationales System zur Verschiebung von US-Dollars in Höhe von mindestens 40 Millionen Dollar im Namen von Drogenkartellen und revolutionären paramilitärischen Organisationen in Kolumbien betrieben hat.« Seine »Investitionen« seien ein Deckmantel dafür, dass er unter anderem Geld für Drogenkartelle wasche.

Die Klageschrift listet viele seiner Firmen auf; wir kennen etliche schon aus den Panama Papers. Daneben haben die Ermittler fast sechzig Konten identifiziert, die er für seine Deals nutzte. In Singapur, Panama, Hongkong und in der Schweiz. Bei zwei Schweizer Privatbanken, aber offenbar nicht bei der Credit Suisse. L.s Vermögen bei der Credit Suisse führten die Fahnder nicht auf.

Die Ankläger werfen ihm vor, die Situation in seinem Heimatland Venezuela ausgenutzt und zu Geld gemacht haben. Er soll demnach einer der Menschen sein, die mithalfen, Venezuela auszurauben. Die Ermittler sind sich sicher, dass er vor seiner Verhaftung Gelder in Sicherheit gebracht habe – dies zeigten Bankunterlagen. Wohin das Geld ging, wissen sie aber nicht.

Eine US-Bundesanwältin formuliert es so: »Wir haben Kenntnis von Bankkonten in der Schweiz. Wir wissen nicht, wie viel Geld sich darauf befindet. Es gibt ein schwebendes Rechtshilfeersuchen an die Schweiz, Euer Ehren. Es handelt sich also um eine riesige Geldsumme und es gibt noch mehr. Wissen Sie, ein paar Millionen Dollar, zwei Millionen Dollar sind hier nur ein Tropfen auf den heißen Stein in Bezug auf das, worauf dieser Angeklagte Zugriff hat.«

Die Ermittler baten also die Schweizer Justiz um Mithilfe und Auskünfte. Auch in Kolumbien und Hongkong klopften sie an. L. blieb weiterhin in Untersuchungshaft, während seine Anwälte alles unternahmen, um einem Prozess entgegenzuwirken. Im November 2015, sieben Monate nach der Verhaftung, erwirkten sie vor Gericht eine Entscheidung, dass ein Prozess nicht länger aufgeschoben werden dürfte. So hatten es die Staatsanwälte beantragt, sie warteten schließlich noch auf Beweismittel aus der Schweiz, Kolumbien und Hongkong. Als absehbar war, dass diese bis zum Beginn des Prozesses nicht eintreffen würden, brach die Anklage in sich zusammen: Die Behörden gingen einen Deal ein, wonach L. sich nur wegen kleinerer Visa-Vergehen schuldig bekannte und nach Monaten in Untersuchungshaft direkt auf freien Fuß kam. Die Geldwäschevorwürfe mussten fallen gelassen werden. Beobachter beschrieben den Vorgang als äußerst ungewöhnliches und für den Staat peinliches Justizdebakel. »Es ist ein schwerer Schlag für die Regierung, einen Fall wie diesen so abrupt und so schnell aufzugeben«, sagte der ehemalige Staatsanwalt und Geldwäscheexperte Charles A. Intriago dem Magazin *Vice* über den Fall.

L. lebt weiterhin in Miami, auf seinem Instagram-Profil bezeichnet er sich als »Kitesurf-Lehrer in meiner Freizeit, Jongleur, Liebhaber und Händler von allem, was Vintage ist«. Wir haben Martin L. angeschrieben, bis zum Redaktionsschluss dieses Buches haben wir allerdings keine Antwort erhalten.

Nach der Anklage gaben viele seiner Banken Geldwäscheverdachtsmeldungen bei der zuständigen US-Behörde FinCEN ab, von der später eine Whistleblowerin Daten entwendete, die als »FinCEN-Files« bekannt wurden. Auch wir hatten daran mitrecherchiert, also suchen wir noch einmal in den Unterlagen. Aus zwei Verdachtsmeldungen geht hervor, dass L. über sein Firmennetzwerk und zwei amerikanische Banken zwischen 2007 und 2016 748 Millionen Dollar verschob. Auch für venezolanische

Geschäftspartner. Ob die Verdachtsmeldungen zu weiteren Verfahren führten, ist nicht bekannt.

Es gibt aber genug Venezolaner, die die Plünderung ihres Landes nicht hinnehmen wollen und schwere Vorwürfe gegen internationale Banken erheben. Einer davon ist Zair Mundaray.

Einst arbeitete er für die venezolanische Generalstaatsanwältin Luisa Ortega Díaz – er war ein angesehener Strafverfolger, ein Verfechter von Recht und Ordnung. Umso mehr schmerzte es ihn und seine Chefin zuzusehen, wie ihr Land verfiel und die Demokratie ausgehöhlt wurde. Diese einst glühende Anhängerin des Sozialisten Hugo Chávez wurde eine der schärfsten Kritikerinnen des Regimes seines politischen Erben Maduro. Als sie begann, gemeinsam mit Mundaray gegen Regierungsmitglieder wegen Korruption zu ermitteln, bekam sie Drohanrufe. Gegen Mundaray wurde ein Haftbefehl wegen Hochverrats ausgestellt. Auch nach Ortega Díaz' Mann wurde gefahndet. Sie alle beschlossen, das Land so schnell wie möglich zu verlassen und nach Kolumbien zu gehen. Im Gegensatz zu seiner früheren Chefin will Mundaray nicht verraten, wie genau er in das Nachbarland gelangt ist. Nur so viel: Er habe Helfer gehabt und habe »irreguläre Wege« nutzen müssen, um es zu schaffen. Bei seiner Chefin weiß man: Sie fuhr zur Küste, stieg in ein Schnellboot und setzte auf die Karibikinsel Aruba über, von der aus sie in die kolumbianische Hauptstadt Bogotá floh, wo Mundaray schon einige Tage zuvor eingetroffen war.

Mittlerweile ist auch seine Familie hier, dazu etliche Kollegen von früher. Seine ehemalige Chefin, Generalstaatsanwältin Ortega Díaz, wird von Bodyguards beschützt – zu groß ist die Angst vor dem langen Arm der venezolanischen Regierung. Zair Mundaray arbeitet mittlerweile als Rechtsanwalt und vor allem als Rechtsberater für die venezolanische Exilregierung. In Bogotá ist er auf etliche andere Exfahnder und Exermittler getroffen. Eine Art »Klein-Caracas« in Kolumbien. Einige von ihnen haben Ermittlungsunterlagen außer Landes geschmuggelt – Tausende Seiten gescannter Verträge oder Überweisungen, ihnen zufolge Beweise für Korruption auf höchster Ebene.

Wir erreichen Mundaray in den frühen Morgenstunden per Videochat und wenn er von seiner Flucht erzählt, wird sein Redefluss schneller und man merkt ihm an, wie sehr ihn das Geschehene belastet. »Ein menschliches, familiäres, persönliches und berufliches Drama«, sagt er, »ich konnte nur eine Tasche mitnehmen – und die Kleider, die ich am Leib trug.« Er ist sich sicher, dass er bei seinen Ermittlungen den Mächtigen zu nahegekommen ist: den Anhängern Hugo Chávez' und seines Nachfolgers Maduro, genauer gesagt dem engsten Zirkel seiner Unterstützer – der »Boligarchie«, wie Mundaray sie nennt: die Oligarchen der von dem früheren Präsidenten ausgerufenen bolivarischen Revolution.

Diese Leute, da ist Mundaray sich sicher, haben die staatliche Erdölgesellschaft PDVSA als eine Art Selbstbedienungsladen verstanden. »Sie haben Venezuela alles genommen.« Mithilfe einer Menge krimineller Energie hätten sie das Vermögen der PDVSA außer Landes gebracht. »Einer der am häufigsten genutzten Mechanismen war die Simulation von Dienstleistungsverträgen, von Lieferverträgen, von Transaktionen.« Auf diese Weise sei Geld auf Konten in aller Welt geflossen. In die Vereinigten Staaten, nach Andorra – und in die Schweiz. Und da: auch zur Credit Suisse, das sehen wir in unseren Daten.

2018 bestätigte die Bankenaufsichtsbehörde Finma, dass die Credit Suisse »gegen aufsichtsrechtliche Pflichten zur Bekämpfung der Geldwäscherei verstoßen« habe. »Über Jahre hinweg« habe es die Bank versäumt zu klären, wer wirklich von Verträgen profitiere, wer wirklich auf Gelder zugreifen konnte und wie groß das Geldwäscherisiko bei diesen Kunden war. Außerdem habe es Mängel bei der Dokumentation gegeben.

»Die Banken sind ohne Zweifel Komplizen bei diesem Verbrechen«, sagt Zair Mundaray. Die Compliance-Beauftragten hätten sehen müssen, dass hinter den Überweisungen keine Leistung stand, also Geld nur unter Vorwand verschoben wurde. »Es war sehr leicht zu erkennen, dass einige Unternehmen neu gegründet wurden und keine wirtschaftliche Vergangenheit hatten. Es war sehr leicht zu erkennen, dass sie nichts verkaufen, dass sie keine Fabrik haben, dass sie kein Büro haben. Dass sie nichts haben und trotzdem einen Vertrag mit einem Staat abschließen«, kritisiert Mundaray. »Dafür musste man kein Experte sein.«

2016 kontaktierten erstmals US-Ermittler die Schweiz: Das amerikanische Justizministerium ermittelte zu Korruption in Venezuela – und wollte Informationen zu 18 Schweizer Banken, darunter die Credit Suisse. Von den Informationen erhofften sich die Ermittler Beweismaterial.

Im Dezember 2017 eröffnete die Schweizer Bundesanwaltschaft ein Verfahren »gegen unbekannt«, stellte es jedoch später wieder ein: Die venezolanische Justiz habe ihnen schlicht keine Beweise geliefert, heißt es aus Behördenkreisen. Die Ermittler – unter ihnen Mundaray – waren da kurz zuvor aus Venezuela geflüchtet. Und ihre Nachfolger wollten sich offenkundig nicht mit der Regierung anlegen.

11

Ein historisches Geständnis

Die Kameras klicken, als der damalige US-Justizminister Eric Holder an einem Montag im Mai 2014 in Washington, D.C., hinter einem Vorhang hervortritt und sich an das Rednerpult stellt. Er hält sich nicht mit Vorreden auf und verkündet das Ergebnis einer strafrechtlichen Anklage der USA gegen ein Schweizer Geldinstitut, die Credit Suisse. »Nach einer erschöpfenden jahrelangen Ermittlung« könne er an diesem Tag »ein historisches Schuldgeständnis« der Bank verkünden und »die größte Geldstrafe, die es je bei einem strafrechtlichen Steuerfall« gegeben habe. Das Geldinstitut werde mehr als 1,8 Milliarden Dollar zahlen.

Eric Holder weiß an diesem Tag, er hat gewonnen. Er steht erkennbar entspannt vor den Journalistinnen und Journalisten, den Schnurrbart exakt getrimmt, die Krawatte perfekt gebunden, und attackiert die Bank mit knappen, präzisen Sätzen, die an Deutlichkeit nichts zu wünschen lassen: »Die Credit Suisse wusste nicht nur von diesen illegalen, grenzüberschreitenden Bankgeschäften, sie hat vorsätzlich mitgeholfen und dazu angestiftet.«

Die Credit Suisse war zu der Zeit nicht die einzige Schweizer Bank, die massive Probleme mit der US-Regierung hatte. Auch die UBS war – wie in Kapitel 7 beschrieben – von den Amerikanern unter Druck gesetzt worden, Informationen über ihre US-Kunden und deren Kontodaten den Steuerermittlern der USA zugänglich zu machen, wenn sie nicht riskieren wollte, den Zugang zum Dollarmarkt zu verlieren. Die Credit Suisse wie die UBS sahen sich vor die Wahl gestellt: Parieren oder untergehen.

Was war passiert?

Die Kurzversion geht so:

Die US-Regierung hatte beschlossen, sich von den Schweizer Banken nicht länger auf der Nase herumtanzen zu lassen.

Und so geht die lange Version:

Deutlich früher als die meisten anderen westlichen Regierungen, nämlich schon Ende der Nullerjahre dieses Jahrhunderts, hatten die USA beschlossen, die Steuerflucht ihrer Bürgerinnen und Bürger in Staaten wie Luxemburg, die Bermudas oder die Schweiz zu beenden. Und zwar ohne Rücksicht auf die Befindlichkeiten anderer. »Die Vereinigten Staaten haben ein starkes nationales Interesse daran, dass sich alle US-Steuerzahler an die Steuergesetze halten«, erklärte Barack Obama, der seit 20. Januar 2009 in den USA regierte.

Anders als bei den meisten anderen Ländern ist es für das US-Finanzministerium und vor allem die US-Steuerbehörde, dem Internal Revenue Service (IRS), nicht relevant, wo jemand mit einer gültigen US-Staatsbürgerschaft wohnt: Steuern werden zu Hause gezahlt. Ausnahmen gibt es fast keine. Insofern ist es nicht schwierig, US-Steuerzahler zu definieren.

Die Aufforderung an den Rest der Welt, und vor allem an die dortigen Banken, lautete also: Wer sich nicht an die Regeln hält, dem drohen heftige Konsequenzen.

Bereits als Senator für den US-Bundesstaat Illinois hatte Barack Obama ein härteres Vorgehen gegen Steuersünder gefordert. Als Präsident hatte er nun die Macht, die Forderungen auch durchzusetzen. Und so bliesen die US-Behörden zum Angriff – und ihre Truppen ließen sich nicht zweimal bitten.

»Im Gegensatz zum deutschen Kanzlerkandidaten Steinbrück drohte Washington nicht nur mit der Kavallerie, sondern ließ sie auch ausreiten«, konstatiert der Schweizer Historiker Stefan Tobler in seinem Buch »Der Kampf um das Schweizer Bankgeheimnis« trocken.

Die erste Schweizer Großbank, die von den Amerikanern aufs Korn genommen wurde, war die UBS, der große Rivale der Credit Suisse – und der Schaden, den die UBS dabei erlitt, schickte Schockwellen durch die Branche. Nicht nur in der Schweiz, übrigens.

Aber von Anfang an: Im Juni 2008 wurde öffentlich bekannt, dass das amerikanische Justizministerium und die Börsenaufsicht SEC gegen die UBS ermittelten. Der Verdacht lautete: regelmäßige Beihilfe zur Steuerhinterziehung für Zehntausende US-Staatsbürger in den Jahren von 2000 bis 2007. Die US-Behörden legten den Fall von Anfang an groß an, die Rede war nicht nur von einem »großflächigen Betrugsschema« – sondern sogar vom »größten Anschlag auf die USA seit 9/11«.

Dabei hatten die US-Ermittler einen wertvollen Informanten: den früheren UBS-Angestellten Bradley Birkenfeld, der in Kapitel 7 erwähnte UBS-Whistleblower. Der amerikanische Banker hatte bei etlichen Banken gearbeitet, in den Neunzigerjahren auch bei der Credit Suisse. Er war zuständig für reiche und superreiche Kunden aus den USA. Mit ihnen schaute er sich das Formel-1-Rennen in Monaco an oder schlenderte durch die Art Basel in Miami, bei Bedarf – so erzählt er es selbst – schmuggelte er für seine Kunden auch schon mal Diamanten in einer Zahnpastatube in die Schweiz.

Nachdem 2007 in den USA ein Gesetz in Kraft getreten war, das Whistleblowern bis zu 30 Prozent der Gelder versprach, die vom Finanzamt aufgrund der übergebenen Informationen eingetrieben würden, meldete sich Birkenfeld, der die UBS 2005 verlassen hatte, prompt für das Programm an. »Ich habe den größten Steuerskandal der Welt aufgedeckt«, sagt er heute nicht ganz unbescheiden und auch nicht ganz unzutreffend.

Während wir in unseren Credit-Suisse-Daten recherchieren und Konto für Konto durchgehen, meldet er sich zufällig bei uns. Wir haben ihn seit 2016 – nachdem wir die Panama Papers veröffentlicht hatten – immer mal wieder getroffen. Mal war er wegen des Oktoberfests in der Stadt, mal, weil er ein Schlösschen in Deutschland kaufen wollte. Diesmal ist er hier, weil er München als Sitz für eine Organisation zum Schutz von Whistleblowern in Erwägung zieht.

Wir treffen Birkenfeld in einem noblen Hotel in der Nähe des Münchner Hauptbahnhofs: ein Mittfünfziger mit der Statur eines Footballers, das Hemd weit aufgeknöpft, an seiner rechten Hand ein Super-Bowl-Ring, so wie ihn die Gewinner der National Football League bekommen. Den Ring hat er einem Profispieler abgekauft. Birkenfeld kann es sich leisten, denn als Belohnung für seine Hinweise auf das Fehlverhalten der UBS wurde er von den US-Behörden mit mehr als 70 Millionen US-Dollar nach Steuern belohnt.

Es ist wie bei fast jedem unserer Treffen: Eigentlich redet nur er. Er hat spannende Geschichten, und er erzählt sie gut. Und so hören wir gern zu, wie er wieder von seiner epischen Schlacht gegen die UBS und das Schweizer Bankgeheimnis erzählt.

Nicht nur die UBS musste in dieser Schlacht Niederlagen einstecken. Auch Bradley Birkenfeld. Nachdem sich nämlich herausgestellt hatte, dass er nicht alles auf den Tisch gepackt hatte, was er über seine Kunden wusste, wurde ihm in den USA ein Prozess gemacht. Er hatte eine Straftat begangen und es half ihm auch nichts, dass er die viel größeren Straftaten seines Arbeitgebers gemeldet hatte. Und so kam er 40 Monate in Haft. Dafür verließ er das Gefängnis als reicher Mann und kann seither mit diesem

Geld – brutto waren es sogar mehr als 100 Millionen US-Dollar –
das Leben führen, das ihm zuvor seine reichen Kunden gezeigt
hatten, als er noch für Schweizer Banken arbeitete.

Birkenfeld besitzt mittlerweile eine Villa in Malta, auch in Italien hat er sich gerade ein Anwesen gekauft. Er jettet um die Welt,
sagt gegen die UBS vor Gerichten und Untersuchungsausschüs-
sen aus und hilft anderen Whistleblowern – oder eben Journalisten wie uns.

Zum Beispiel indem er uns interessante Gesprächspartner
empfiehlt. Er verbindet uns mit einigen Schweizer Bankern, die
er von früher kennt. »Vielleicht wollen sie ja reden«, sagt Birkenfeld, »auch wenn ich das nicht glaube.«

Birkenfeld ist einer der wenigen Whistleblower, die langfristig
davon profitiert haben, den Behörden zu helfen. Für die USA hat
sich der Deal ebenfalls gelohnt: Im Februar 2009 einigte sich die
UBS mit den US-Behörden auf eine Strafzahlung von 780 Millionen Dollar wegen Beihilfe zur Steuerhinterziehung. Die Bank
entschuldigte sich außerdem für ihre Taten und versprach, künftig jeden neuen US-Kunden den US-Behörden zu melden.

Die US-Behörden knüpften an die Einigung jedoch noch eine
Bedingung. Schweizer Behörden hatten bereits 255 Namen übermittelt, aber die US-Ermittler wollten mehr. Viel mehr. Sie wollten 52.000 Namen. Denn von so vielen amerikanischen Kunden
hatte die UBS selbst einmal gesprochen.

Die Botschaft der Amerikaner war klar: Entweder sie bekommen die Namen oder das Verfahren wird wieder aufgerollt. Dann
hätte der UBS nicht nur eine wesentlich höhere Strafe gedroht –
sondern sogar der Entzug der US-Bankenlizenz. Was gleich-
bedeutend mit dem Ende der UBS als international tätiger Bank
gewesen wäre, wenn die USA sie auch vom Handel mit US-Dollar ausgeschlossen hätten.

Damit hatte aber nicht nur die UBS ein Problem, sondern die
ganze Schweiz. Denn damit stand das Schweizer Bankgeheimnis

als solches zur Debatte. Wenn die Amerikaner es schafften, die größte Schweizer Bank zur Offenlegung ihrer US-Kunden zu zwingen – was sollte sie davon abhalten, dies auch bei der zweitgrößten, der drittgrößten oder gar bei allen Schweizer Banken zu tun?

Entsprechend heftig war die Gegenwehr. Der UBS-Manager Mark Branson erklärte im März 2009 im US-Senat, dass die Herausgabe der Kundendaten schlicht nicht möglich sei, weil dies nach Schweizer Recht illegal sei. Es wäre ein Verstoß gegen Artikel 47 des Bankengesetzes: das Bankgeheimnis. Die Schweizer Regierung setzte sogar noch eines drauf und sprach von einer »Verletzung der Souveränität der Schweiz«.

Beide Argumente waren aus US-Sicht wenig überzeugend. Es sei nicht das Problem der USA, wenn die UBS in einem »clash of jurisdictions« gefangen sei, hieß es aus den USA, also in einem Widerspruch von Zuständigkeiten. Die USA machten klar, dass sie das eigene Interesse an der Durchsetzung ihrer Steuergesetze schlicht höher erachteten als das Recht der Schweiz auf Einhaltung des Bankgeheimnisses. Es war das Prinzip »Ober sticht Unter« – Uncle Sam gegen eine kleine Alpenrepublik.

Zugleich setzten die USA ihren Kampf gegen die Schweiz auf vielen Schauplätzen fort. US-Fahnder verhafteten medienwirksam einen Steuerbetrüger nach dem anderen und gaben zugleich bekannt, weitere Schweizer Banken identifiziert zu haben, die – ähnlich wie die UBS – Steuerhinterziehern geholfen hatten. Ein Warnschuss. Die Namen der anderen Geldinstitute wurden zunächst nicht bekannt gegeben, doch unter Schweizer Bankern ging die Angst um.

Im März 2009 starteten die USA ein Selbstanzeigeprogramm: Allen Amerikanern und Amerikanerinnen, die ihre bislang geheimen Schweizer Konten meldeten, wurde versprochen, dass sie nur ein geringeres Bußgeld erwarten würde. Die Botschaft war klar: Wer sich stellt, kommt glimpflich davon. Wer weiter schweigt, wird gejagt. Die US-Steuerbehörde IRS rechnete mit so vielen Selbstanzeigen, dass sie zusätzlich 800 Personen einstellte, um diese abzuarbeiten.

Ein Aspekt, der in der Schweiz für besondere Gänsehaut gesorgt haben dürfte: Die US-Steuerfahnder vernahmen die Steuerhinterzieher, die sich selbst offenbart hatten, und fragten, wie der Betrug abgelaufen war. Welche Bank in der Schweiz? Wer war der zuständige Mitarbeiter? Wie lief die Kommunikation? Was waren die Tricks zur Verschleierung von Geldflüssen? Wusste die Bank, dass hier Steuern hinterzogen wurden?

Mit jeder Antwort vervollständigte sich das Bild der Steuerfahnder. So gehen Ermittler normalerweise bei Verbrechersyndikaten vor: Sie recherchieren von außen nach innen. Der Hinweis des einen Verdächtigen ist das Verhängnis des nächsten, und so ging es weiter, auf Geständnisse folgten neue Erkenntnisse.

Und ganz innen? Da saßen die Schweizer Banker und wussten nicht, was ihnen drohte. Längst war es auch nicht mehr nur ein Fall UBS. Es war: die Causa Schweiz. Eine Staatsaffäre. Oder wie konservative Schweizer Medien titelten: »Der Steuerkrieg«.

Also brachte jede Seite ihre Kanonen in Stellung. Die Schweizer drohten, die Kundendaten der UBS zu beschlagnahmen, sie bildlich gesprochen in der Schweiz anzuketten, um eine Herausgabe an die US-Behörden zu verhindern. Die Amerikaner wiederum kündigten an, in dem Fall die Klage gegen die UBS zu reaktivieren – mit möglicherweise existenziellen Folgen. Die *NZZ am Sonntag* sprach von »Schicksalstagen für die UBS«.

Im Hintergrund liefen derweil – um im Bild zu bleiben – Friedensverhandlungen. Und sie trugen Früchte. Am 31. Juli 2009 traten die damalige US-Außenministerin Hillary Clinton und ihre Schweizer Amtskollegin Micheline Calmy-Rey (SP) an die Öffentlichkeit und verkündeten eine Einigung. Entscheidend war wohl, dass die Schweiz einen wichtigen Punkt aufgegeben hatte. Anders als bisher sollten ihre Banken nicht mehr nur Daten zu

»Steuerbetrug« liefern müssen, sondern zu »Steuerbetrug und ähnlichen Vergehen«. Was sich nach einer Petitesse anhört, kann für Steuerhinterzieher in den USA den Unterschied machen zwischen Gefängnis und Nichtgefängnis.

Die Schweiz differenziert nämlich zwischen Steuerhinterziehung und Steuerbetrug. Steuerhinterziehung begeht man, wenn man – vereinfacht gesagt – nur »vergisst«, Einnahmen in der Steuererklärung anzugeben. Steuerbetrug hingegen ist das Fälschen von Dokumenten, zum Beispiel von Lohnbescheinigungen. Und nur in Fällen von Steuerbetrug tauschte die Schweiz bislang Informationen aus. Dies sollte sich, zumindest im Umgang mit den USA, mit der Formulierung »Steuerbetrug und ähnlichen Vergehen« ändern. Jetzt waren auch die Steuerhinterzieher dran, die weniger kriminell vorgegangen waren.

Dafür sollte das Abkommen nicht rückwirkend gelten. Damit war das Risiko für amerikanische Steuerhinterzieher und die Bank kleiner geworden. Wer etwa rechtzeitig vor Inkrafttreten der Regelung sein Geld aus der Schweiz abgezogen und an anderen Orten untergebracht hatte, musste nicht fürchten, dass sein Name an die amerikanischen Steuerbehörden weitergegeben würde.

Zwar hatten sich die Schweizer Unterhändler nicht mit der Forderung durchsetzen können, künftige Klagen gegen weitere Banken des Landes auszuschließen. Dafür waren die Amerikaner damit zufrieden, dass die Schweizer nur die Namen von 4450 amerikanischen UBS-Kunden herausgaben. Das waren längst nicht so viele wie gefordert, aber parallel lief ja noch das Selbstanzeigeprogramm. Und sollte das nicht den nötigen Erfolg bringen, also zu wenige Selbstanzeigen, würden die USA nicht aufgeben: Wenn sie ein Jahr nach Abschluss des Abkommens nicht Informationen zu mindestens 10.000 US-Steuersündern mit UBS-Bezug hätten, behielten sich die US-Behörden vor, von der UBS doch noch die Herausgabe der ursprünglich geforderten 52.000 Namen gerichtlich durchzusetzen.

Für alle Beobachter stellte sich nun die Frage, wie das Abkommen einzuordnen sei. Immerhin hatte der Chef der US-Steuerbehörde IRS, Douglas Shulman, von einem wichtigen Schritt gesprochen, um »den Schleier des Bankgeheimnisses zu zerreißen«. Und auf der anderen Seite des Ozeans erklärte der Chefredakteur der erzkonservativen *Weltwoche,* Roger Köppel, fatalistisch, »die Zeiten des Bankkundengeheimnisses«, seien »vorbei«, würden doch fremde Beamte nun »tief in den Tresoren« schnüffeln.

Tatsächlich aber war es zunächst nur den Amerikanern gelungen, das Schweizer Bankgeheimnis (etwas) zu lüften. Alle anderen Staaten blickten noch immer auf die Blackbox Schweiz, in der ihre jeweiligen Bürgerinnen und Bürger das Ersparte außerhalb der Sichtweite der Finanzämter deponieren konnten.

Allerdings hatte die US-Steuerbehörde längst weitere Banken ins Visier genommen. »Ihr dient der Fall UBS als Blaupause, alle Schweizer Banken anzuklagen, die Amerikanern geholfen haben, Geld am Fiskus vorbeizuschmuggeln«, mutmaßte der US-Steueranwalt William Sharp, der etliche US-Kunden von Schweizer Banken vertrat. Betroffen seien rund 20 Banken.

Und er sollte recht behalten.

Denn das Selbstanzeigeprogramm der USA brachte den US-Behörden nicht nur die reuigen Sünder, sondern wie erhofft auch deren Helfer zur Kenntnis. Der IRS-Chef Douglas Shulman erklärte im August 2009: »Unsere Anstrengungen werden nicht bei der UBS stoppen.« Er deutete an, dass schon über 400 Selbstanzeigen eingegangen seien – und zwar nicht nur von Kunden der UBS, sondern auch anderer Banken. Wie der Credit Suisse?

Die Schweizer Banken mussten erkennen, dass sie nicht mehr mit der hundertprozentigen Rückendeckung durch ihre Regierung rechnen konnten; langsam drehte sich der Wind. So sagte etwa die Schweizer Außenministerin Calmy-Rey: »Der Bundesrat will nicht, dass unter dem Deckmantel des Bankgeheimnisses schmutziges Geld versteckt wird.«

Das sollte das neue Programm werden: Das »schmutzige Geld« sollte nicht mehr bei Schweizer Banken landen. Ganz in diesem Sinne gab die Credit Suisse kurz darauf, Ende 2009, bekannt, kein Schwarzgeld mehr aus umliegenden Ländern anzunehmen. Aber eine genauere Definition dieser beiden Begriffe gab es nicht, und auch wenig Erklärungen dazu, wie und ob das eine oder das andere kontrolliert würde. Und was mit dem schmutzigen Geld passieren sollte, das schon in den Tresoren der Banken lag.

Selbst zum Austausch von Informationen mit weiteren Ländern zeigte sich die Schweiz bereit und unterzeichnete entsprechende Abkommen. Es gelang ihr auf diese Weise, 2009 von der grauen Liste der OECD gestrichen zu werden, dem Pranger für unkooperative Länder. Wenig später aber sollte die OECD die Schweiz bereits für ihre viel zu enge Auslegung von Amtshilfe kritisieren. Dies sei ein »Hindernis für einen effektiven Informationsaustausch«.

Die Amerikaner preschten derweil weiter vor: Im Frühjahr 2010 verabschiedete der US-Senat den sogenannten Foreign Account Tax Compliance Act (FATCA). Ziel des Gesetzes ist es, alle Banken der Welt dazu zu zwingen offenzulegen, wenn US-Steuerpflichtige zu ihren Kunden zählten. Den Banken, die sich verweigerten, würden von den Erträgen ihrer amerikanischen Wertpapiere automatisch 30 Prozent abgezogen – und zwar selbst dann, wenn die Transaktionen Kunden betreffen, die gar keine Amerikaner sind. Das bedeutete faktisch: Wer nicht spurte, würde sich nicht mehr lang auf dem US-Markt halten können.

Nur wenig später, am 13. Juli 2010, rückten mehr als 100 Polizisten bei allen 13 deutschen Filialen der Credit Suisse an. Auslöser waren die Daten, die die deutschen Behörden von Sina L. und seinem Helfer angekauft hatten. Bankkunden wurden befragt – und wie in den USA waren plötzlich ihre Berater im Visier der Fahnder: jene Männer und Frauen also, die mutmaßlich beim Steuerhinterziehen geholfen hatten. »Zahlreiche der 1500 Credit-

Suisse-Kunden, gegen die mittlerweile Strafverfahren hängig waren, denunzierten ihre Kundenberater, die wegen Verdacht auf Beihilfe ins Visier gerieten«, schreibt der Historiker Stefan Tobler in seinem Buch »Der Kampf um das Schweizer Bankgeheimnis«.

In den USA, wo parallel, aber unabhängig vom deutschen Verfahren ermittelt wurde, erklärte IRS-Direktor Douglas Shulman derweil im Herbst 2010: »Wir senden eine klare Botschaft an die Steuerzahler, dass wir es ernst meinen mit der Einhaltung von Steuervorschriften.« Aus dem Selbstanzeigeprogramm wüssten die Amerikaner mittlerweile von 10.000 Konten von Steuerbetrügern, darunter auch etliche von der Credit Suisse. In Richtung der betroffenen Banken schickte Shulman eine Warnung: »Dieses Problem wird nicht verschwinden, und diejenigen, die versuchen, die US-Steuergesetze zu umgehen, indem sie Vermögen und Einkommen im Ausland verstecken, sowie die Banken und Berater, die ihnen dabei helfen, werden sich dank unserer Bemühungen in diesem Bereich zunehmend gefährdet sehen.«

Unbemerkt von der Öffentlichkeit hatte das amerikanische Justizministerium inzwischen von der Schweiz die Herausgabe von Kundendaten von rund zehn Banken verlangt. Im Dezember 2010 wurde die Credit Suisse informiert, dass die US-Behörden gegen sie ermitteln. Und zwar nicht nur gegen einzelne Banker, sondern gegen die Bank insgesamt. Eine Woche später klagte das US-Justizministerium sieben ihrer Mitarbeiter an. Der Vorwurf: Sie hätten US-Kunden aktiv bei der Steuerhinterziehung geholfen.

Den Schweizer Banken blieb allmählich die Luft weg. Es war vermutlich allen klar, dass es nicht so weitergehen konnte. Im Herbst 2011 übermittelten schließlich mehrere Schweizer Banken, darunter die Credit Suisse, statistische Daten über US-Kunden: Sie nannten deren Zahl, aber keine Namen.

Im September 2011 willigte die Credit Suisse ein, wegen Beihilfe zur Steuerhinterziehung 150 Millionen an die Gerichtskasse von Nordrhein-Westfalen zu zahlen. Damit hatte sich für das Bundesland und Finanzminister Walter-Borjans der Einsatz einiger Steuermillionen gelohnt. Die Einigung basierte auf jenen Daten, die von Sina L. und dessen Helfer Wolfgang U. angekauft worden waren.

Die US-Behörden gaben sich indes immer noch nicht zufrieden. Sie wollten mehr. Sie wollten Ungeheures: sämtliche Korrespondenz aller Schweizer Banken mit US-Kunden, aber auch Kommunikation mit Vermögensverwaltern, Treuhändern und Anwälten. Sie wollten E-Mails, Faxe, Sitzungsprotokolle, Memos und Präsentationen, einfach alles. Dafür gab das Justizministerium der Credit Suisse Frist bis 31. Dezember 2011.

Aber die Bank ließ die Frist verstreichen. Im Januar 2012 sah die Credit Suisse dann, was ihr drohte: Der berühmt-berüchtigte Staatsanwalt Preet Bharara, der sich mit Anklagen gegen Banker und andere Finanzkriminelle einen Namen gemacht hatte, klagte drei Mitarbeiter der Schweizer Bank Wegelin an. Kurz darauf musste die Bank, die auf eine 250-jährige Geschichte zurückblickte, schließen.

Nun entstand auch Druck innerhalb des Landes. Im April 2012 drängte die schweizerische Bankenaufsicht Finma, Banken sollten die Namen ihrer Angestellten in die USA senden, nicht aber Namen der Kunden. Sie sollten also lieber eigene Mitarbeiter ans Messer liefern als ihre Kunden.

Etwa zur gleichen Zeit verhandelte die Schweiz mit Deutschland über ein Steuerabkommen. Es ging um viel Geld, denn Schätzungen zufolge lagen allein 193 Milliarden Franken Schwarzgeld aus Deutschland auf Schweizer Bankkonten. Die deutschen Unterhändler wollten, dass die Schweiz die Namen der Inhaber dieser Konten und ihre Kontostände regelmäßig übermittelt. Die Schweizer Verhandler boten indes lediglich eine Abgeltungssteuer: Statt die Namen der deutschen Bankkunden zu verraten, sollten die Schweizer Banken von den Erträgen einen gewissen

Prozentsatz einbehalten, der an die deutschen Steuerbehörden überwiesen werden sollte. Die deutsche Steuergewerkschaft sprach von »Ablasshandel«, SPD-Parteichef Sigmar Gabriel gar von einer »Ohrfeige für alle ehrlichen Steuerzahler«. Am Ende scheiterte das Abkommen, wie bereits in Kapitel 9 erwähnt, an den SPD-geführten Ländern im Bundesrat.

Im März 2013 lud die Abteilung »Market Management Germany« der Credit Suisse zahlreiche deutsche Steuerrechtsanwälte zu einer Telefonkonferenz. Sie betreute die damals etwa 10.000 deutschen Kunden der Bank. Deutschland war zu der Zeit der wichtigste Auslandsmarkt. Die deutschen Kunden wurden in diesen Wochen von der Credit Suisse angerufen und um Nachweise dafür gebeten, dass die Gelder auf den Schweizer Konten versteuert waren. Jetzt wollte die Bank den Kunden und ihren Anwälten offenbar bei der Lösung des Problems behilflich sein.

Es ist eine spektakuläre Wende im Verhältnis der Bank zu ihren Kunden – zuvor hatte die Credit Suisse wie die meisten anderen Schweizer Banken oft darauf verwiesen, die Privatsphäre ihrer Kunden respektieren zu wollen. Noch 2010 sagte der damalige Credit-Suisse-Chef Walter Berchtold im Interview mit der *Zeit*, »der Schutz der Privatsphäre« ihrer Kunden sei »nach unserem Staatsverständnis legitim und wichtig«, und seine Bank frage daher »nicht aktiv nach, ob Gelder versteuert sind«. Das, so Berchtold, würde ja auch wenig nutzen, denn die Bank habe keine Möglichkeit, die Angaben zu kontrollieren. Diese Aussage stieß auf Verwunderung, denn Steuernachweise sind einfach zu kontrollieren. Berchtold machte 2010 sehr klar, wo seiner Meinung nach die Linien verliefen, an denen er sich zu orientieren gedachte: »Unsere rechtliche und moralische Verpflichtung beschränkt sich darauf, Kunden nicht aktiv bei der Hinterziehung von Steuern zu unterstützen.« Das entscheidende Wort in dem Satz ist »aktiv«.

Den 2013 angesprochenen Kunden wurden laut dem juristischen Fachdienst *Juve* – dessen Mitarbeiter für gewöhnlich gut informiert sind – eine lange Empfehlungsliste deutscher Steuerkanzleien überreicht. Zu der weiter oben erwähnten Telefonkonferenz wiederum hatte die Credit Suisse die besten Steueranwälte und Steuerberater Deutschlands geladen. Im Call erklärten die Credit-Suisse-Manager, dass man sich jederzeit an sie wenden könne, wenn es Rückfragen oder »weiteren Gesprächsbedarf« gebe.

Den gab es in der Tat schon wenige Wochen später: Da wurden wieder mutmaßliche Steuerhinterzieher durchsucht. Diesmal hatte das Land Rheinland-Pfalz von unbekannter Quelle Bankdaten aus der Schweiz angekauft. »Mainz zahlt Millionen für neue Steuer-CD« titelte die *Berliner Zeitung* im April 2013. Betroffen waren viele Credit-Suisse-Kunden. Gegen mehrere Mitarbeiter des Geldinstituts sowie der 2012 in die Credit Suisse eingegliederten Bank Clariden Leu leitete die Staatsanwaltschaft Koblenz Ermittlungsverfahren wegen Verdacht der Beihilfe zur Steuerhinterziehung ein.

Nur zu verständlich, dass die Verteidiger des Schweizer Bankgeheimnisses das Gefühl bekommen mussten, es gehe nun um alles. In dieser Atmosphäre entstand die rechtskonservative Volksinitiative »Ja zum Schutz der Privatsphäre«. Die zentrale Forderung war: Das Bankgeheimnis sollte in die Verfassung des Landes. Der rechtskonservative Abgeordnete Thomas Matter, der hinter der Volksinitiative stand, warnte in der Debatte vor »Enteignung, Erpressung, Entführung oder sogar Tötung« von Ausländern in gewissen Ländern – sollten diese ihr Vermögen nicht mehr anonym in der Schweiz verwahren können. Dieses Argument wird von den Verteidigern des Bankgeheimnisses immer wieder genannt: Geheime Konten in der Schweiz seien für viele wohlhabende Menschen unerlässlich; würde in Ländern wie Mexiko oder Kolumbien ihr Vermögen bekannt, gerieten sie in große Gefahr. Kritiker wenden hierzu stets ein: Denke man dieses Argument weiter, müsse man den Reichen raten, überhaupt keine Zeichen ihres Gelds zu zeigen; sie dürften weder Villen noch Limousinen, Schmuck oder teure Kleidung kaufen. (Jahre später sollte Matter seine Initiative zurückziehen.)

Die Schweiz unterzeichnete indes im November 2014 einen internationalen Vertrag, der einen historischen Einschnitt in der Schweizer Geschichte markieren sollte. Er verpflichtete die Banken, ab 2017 Bankdaten von ausländischen Kunden mit anderen Ländern im Rahmen eines sogenannten Automatischen Informationsaustausches (AIA) auszutauschen – entsprechende Abkommen mit einzelnen Ländern sollten folgen.

Im selben Jahr, 2014, trat dann US-Justizminister Eric Holder vor die Presse, wie eingangs in diesem Kapitel geschildert, um die Credit Suisse frontal anzugehen. Die Bank wiederum hatte nicht das geringste Interesse, diesen Kampf offen auszutragen – stattdessen gestand sie gegenüber den US-Behörden ihre Schuld ein und hoffte, so einer Anklage zu entgehen. Tatsächlich waren sich viele US-Beamte unsicher, ob eine Anklage nicht nur die Credit Suisse, sondern den globalen Bankensektor ins Schwanken bringen würde. Die Bank galt als »too big to jail«, also »zu groß, um sie ins Gefängnis zu bringen«, und war im Grunde nicht nur »systemrelevant« für die Schweiz, wie es im Bankenjargon heißt, sondern für die ganze Welt. So zählt der Finanzstabilitätsrat – eine internationale Organisation, die das globale Finanzsystem überwacht – die Credit Suisse zu den 30 »global systemrelevanten Banken«. Im Klartext heißt das: Geht die Credit Suisse zugrunde, wird die Weltwirtschaft in Mitleidenschaft gezogen.

Für ihr Schuldeingeständnis bekam das Geldinstitut in der *New York Times* Beifall: »Die Credit Suisse machte, was keine andere Bank ihrer Größe und Bedeutung in den letzten zwei Jahrzehnten tat: sich schuldig erklären für kriminelles Fehlverhalten«, schrieb die Zeitung.

Der Druck in den USA war zu hoch geworden. Nicht nur das Justizministerium unter Eric Holder, auch der Senat, genauer gesagt: das Permanent Subcommittee on Investigations – einer der einflussreichsten Unterausschüsse des US-Senats – hatte die Bank ins Visier genommen.

Unter der Leitung des demokratischen Senators Carl Levin und seines republikanischen Kollegen John McCain untersuchten mehr als ein Dutzend Experten zwei Jahre lang »The Effort to Collect Unpaid Taxes on Billions in Hidden Offshore Accounts« – so der offizielle Titel. Es sollte um nicht gezahlte Steuern auf Milliardenvermögen in Steuerparadiesen gehen. Thema waren aber vor allem die Schweiz, die Credit Suisse, die UBS und ihre Beihilfe zur Steuerhinterziehung durch US-Amerikaner.

Am 26. Februar 2014 stellte der Unterausschuss seinen 181-seitigen Abschlussbericht vor – und er war vernichtend für die Credit Suisse. Die Bank habe seit 2006 Konten für mehr als 22.000 US-Bürger geführt, auf denen mehr als zwölf Milliarden Schweizer Franken gelegen hätten, von denen ein großer Teil Schwarzgeld gewesen sei. Zwar habe die Bank zwischen 2008 und 2011 sogenannte »Exit Projects« lanciert, bei denen amerikanische Bankkunden gedrängt wurden, ihre Konten gegenüber den US-Behörden offenzulegen. Dabei seien jedoch über 6000 Konten von US-Amerikanern, die im Ausland leben, »ignoriert« worden.

Die Banker der Credit Suisse hätten, so der Vorwurf der Senatsermittler, ihren Kunden geholfen, Konten vor den US-Behörden zu verschleiern. Große Überweisungen seien bewusst in kleinere Summen aufgesplittet worden, um die 10.000-Dollar-Grenze zu unterlaufen, ab der die amerikanischen Behörden informiert werden müssen. Kundenberater hätten ihren Kunden Kontoauszüge versteckt zwischen den Seiten einer *Sports Illustrated* übergeben, damit auch ja niemand – vor allem keine neugierigen Ermittler – davon mitbekommen. Und im New Yorker Büro der Credit Suisse – einem von 27 in den Vereinigten Staaten – habe es eine Liste mit wichtigen Telefonnummern gegeben, die zu Finanzdienstleistern führten, die beim Gründen von Briefkastenfirmen behilflich seien.

Die Bank »wisse sehr wohl, dass einige US-Kunden ihre Konten vor den US-Behörden verbergen wollten, und drückte entweder ein Auge zu, dass die Konten nicht deklariert waren, oder half diesen Kontoinhabern manchmal aktiv dabei, Vermögenswerte vor den US-Behörden zu verbergen«.

Zum Beispiel durch einen besonderen Service am Züricher Flughafen, den fast 10.000 Amerikaner und Amerikanerinnen in Anspruch genommen haben sollen. Die Bankkunden konnten dort in einer eigenen Filiale (Codename SIOA5), zu dem ein spezieller ferngesteuerter Aufzug führte, Geschäfte abwickeln. Sie mussten also nicht einmal den Flughafen verlassen. Sie konnten landen, ihre Kontoauszüge einsehen und wieder durchstarten. Der französische Auslandssender *France 24* sprach vom »ultimativen Bankvorposten für US-Steuerhinterzieher«.

Aber das Bankenparadies Schweiz war für US-Amerikaner damit Vergangenheit. Die USA hatten den »Steuerkrieg« gewonnen. Dass die Kunden anderer Länder in der Schweiz weiterhin ihre Vermögen schwarzparken konnten, war für sie nicht von Interesse.

Fortan war klar: Keine Bank, deren Manager bei Verstand waren, würde steuerunehrliche US-Amerikaner akzeptieren – und solche, die schon Kunden waren, schnellstmöglich aus dem Bestand werfen. Keine Bank jedenfalls, die eine Zukunft im Handel mit dem US-Dollar und weiterhin US-Kunden haben wollte.

So dachten wir.

Dann sortierten wir unsere geleakten Bankdaten nach »Nationalität USA« und waren erstaunt. Denn da waren Hunderte US-Amerikaner.

12

Der König von Nigeria

Am 28. Februar 2007 erscheint um zehn Uhr morgens ein Mann in den Räumen des Bayerischen Landeskriminalamts in der Orleansstraße 34 in München, der sich als Eduard Seidel vorstellt. In seinem Schlepptau ein bekannter Rechtsanwalt, ein gewiefter Verteidiger. Seidel ist hier zu seiner ersten von insgesamt drei Vernehmungen, es geht um den bis dahin größten Wirtschaftsskandal der Bundesrepublik: die Siemens-Affäre.

Erst nach einem fünfeinhalbstündigen Vorgespräch, in dem ihm, so hören wir, klargemacht worden sei, was die Staatsanwaltschaft gegen ihn in der Hand habe, sei er wirklich bereit gewesen zu reden. Im Protokoll der Vernehmung ist festgehalten, dass Seidel Kaffee und Wasser gereicht bekam, dazu, später, »ein Essen« – spezifischer wird die Mitschrift an dieser Stelle nicht.

Seidel ist einer der maßgeblichen Beschuldigten dieser Affäre, ihm wird unter anderem in 22 Fällen Bestechung ausländischer Amtsträger vorgeworfen. Der Großteil der Vorwürfe bezieht sich auf den Bereich Telekommunikation, Siemens-intern »COM« genannt, den Seidel in Nigeria von 1985 bis 2004 leitete. 1999 übernahm er die Gesamtleitung in dem Land, was auch Geschäfte im Energiesektor beinhaltete.

Gut drei Monate vor der Befragung, im November 2006, war ein gigantisches Schwarzgeldsystem bei dem Münchner Konzern aufgeflogen. Mit der Hilfe Schweizer, italienischer und Liechtensteiner Beamten hatten Fahnder versteckte Kassen aufgedeckt, über die – so die Vermutung der Ermittler – in Griechenland, Russland, Indonesien und Nigeria Schmiergelder gezahlt wurden, um an lukrative Aufträge zu kommen. Teile dieses Systems waren bei Siemens unternehmensintern schon bekannt geworden, als nigerianische Behörden den Spuren der Milliarden folgten, die der 1998 verstorbene Diktator Sani Abacha außer Landes geschafft hatte. Dabei stießen die Ermittler nicht nur auf Hunderte Millionen Euro in der Schweiz (über 200 Millionen US-Dollar davon übrigens bei der Credit Suisse), sondern auch darauf, dass viele Millionen von Siemens über österreichische Konten an Abacha in die Schweiz geflossen waren. Das Unternehmen hatte auf diesem Weg versucht, den Zuschlag für lukrative Staatsaufträge in Nigeria zu bekommen.

Siemens schaffte es, intern den Deckel auf dieser Affäre zu halten. Damals war die Bestechung ausländischer Amtsträger noch keine Straftat und für Siemens gehörte diese Art der Auftragsbeschaffung zum Alltag. Bis 2002 konnte man Schmiergeld sogar als »nützliche Aufwendungen« von der Steuer absetzen. Und wenn es in den jeweiligen Ländern Ärger gab, weil aufflog, dass der Konzern hochrangige Politiker bestochen hatte (was dort für die Bestochenen und die Bestechenden in der Regel durchaus strafbar war), zahlte Siemens ertappten Mitarbeitern bis in die Neunzigerjahre nach *Spiegel*-Angaben sogar regelmäßig Kaution und Anwalt.

In manchen Bereichen hatten Siemens-Leute damals laut eines 2007 erschienenen Berichts sogar geheime Codes, um per Fax die Höhe der Schmiergelder durchzugeben. Die Buchstaben von »Make Profit« waren den Zahlen 1 bis 10 zugeordnet. Das

M stand also für 1, das A für die 2, das K für die 3 und so weiter. Wenn also – so erklärt es die Zeitschrift *Capital* – die Anweisung kam, Papiere im Ordner »APP« abzuheften, hieß das demnach: Es waren 2,55 Prozent der Auftragssumme fällig.

Die Rechtslage in Sachen Korruption änderte sich allerdings 1999, seither dürfen Deutsche auch im Ausland keine Amtsträger mehr bestechen, und seit 2002 dürfen sie auch keine Mitarbeiter von Privatfirmen mehr bestechen – also etwa Analysten oder Gutachter. Beides führte aber offenbar nicht dazu, dass sich das bestehende »System Siemens« den neuen Vorgaben konsequent anpasste. »Es werden fromme Richtlinien geschrieben, auf der anderen Seite der Erdkugel heißt es dann: gelesen, gelacht, gelocht«, so zitierte jedenfalls die *Financial Times Deutschland* 2006 einen Konzerninsider.

Das bestätigte sich eindrucksvoll, als die Münchner Staatsanwaltschaft einem anonymen Hinweis nachging, der im Spätsommer 2005 bei ihr eingegangen war. Der Hinweisgeber behauptete, dass ein leitender Siemens-Angestellter über Jahre hinweg hauptsächlich damit beschäftigt gewesen sei, Schmiergeld zu verteilen, »Subventionen zu erschleichen und Modelle auszuführen, um Steuern und Abgaben am deutschen Staat vorbeizulenken«. »Extrem hohe Summen« würden da fließen, als Beratergebühren deklariert, aber tatsächlich »Schmiergeld und Geld für Aktionen«, »die wahrscheinlich nicht legal« seien.

Die Münchner Fahnder nahmen Kontakt zu den Schweizer Ermittlern auf, die schon länger im Stoff waren, und stellten schnell fest, dass sie auf ein Wespennest der Korruption gestoßen waren. Es war nämlich nicht nur ein leitender Angestellter, es war ein ganzer Haufen. Im November 2006 schließlich durchsuchten Hunderte Polizisten, Staatsanwälte und Steuerfahnder den Hauptsitz der Siemens AG am Wittelsbacher Platz im Herzen Münchens. Danach befragten die Ermittler quasi im Wochenrhythmus Siemens-Mitarbeiter und mit jeder Vernehmung wurde das Ausmaß der Affäre deutlicher. Im Mittelpunkt der Befragungen: Länderbeauftragte wie Eduard Seidel.

Seidel ist zu seiner Vernehmung an jenem Februartag 2007, so ist es in der Niederschrift festgehalten, eigens aus Nigeria angereist, wo er nach seinen Angaben weiterhin lebte, obwohl er nicht mehr für Siemens Nigeria arbeitete. Erst gegen Abend, nach dem langen Vorgespräch, beginnt die protokollierte Befragung zu den jahrelang gezahlten Bestechungsgeldern. Eduard Seidel bestreitet nicht, selbst bestochen zu haben. Das wäre vermutlich auch sinnlos, dafür gibt es in den Akten zu viele belastende Belege und Aussagen von Exkollegen. Allerdings bestreitet er vehement, Geld für sich selbst abgezweigt zu haben, »in keinem Fall« habe er sich »persönlich bereichert«, und zwar »weder direkt noch indirekt«. Er habe die Schmiergelder auf sogenannten Projektblättern festgehalten – und sie seien alle im Haus genehmigt worden. Erst später sei dies »diskreter« geschehen.

Nach der Lektüre Tausender Seiten der Siemens-Akten scheint uns allerdings klar: So wie das Auslandsgeschäft damals organisiert war, hätte Seidel ideale Bedingungen dafür gehabt, Millionen auf die Seite zu schaffen. Denn er war über Jahrzehnte in der Lage, zig Millionen Euro in Nigeria zu verteilen. Und zwar in der Regel ohne dass die Empfänger seiner Zahlungen diese je quittiert hätten. Man braucht keinen Professorentitel in Soziologie, um zu verstehen, dass sehr viel Geld und sehr wenig Kontrolle keine gute Kombination sind. Sondern eine Struktur bilden, die dazu einlädt, missbraucht zu werden. Siemens selbst wiederum hätte bei möglichem Betrug Seidel kaum angreifen können. Denn damit wäre die Korruption aufgeflogen, und der daraus resultierende Skandal wäre für Siemens weit problematischer gewesen als eine nur schwerlich beweisbare (und bis heute nicht belegte) Veruntreuung durch Seidel.

Ein damaliger Siemens-Kollege erklärte den Ermittlern in seiner Vernehmung, dass »die Abwicklung solcher Transaktionen auf einem absoluten Vertrauen in die Integrität von Herrn Seidel« stattgefunden habe. Und wir schauen nun, fünfzehn Jahre nach diesem Prozess, auf sechs Konten in der Schweiz, auf denen er zu verschiedenen Zeitpunkten auffällig viel Geld liegen hat. (Eduard Seidel wird später von »unzutreffenden Darstellungen« sprechen, seine Einlassungen finden sich auf den Seiten 264, 265 und 272.)

Will man den Aussagen von Eduard Seidel und einigen seiner ebenfalls vernommenen Kollegen glauben, liefen die Geschäfte in Nigeria 2002 und 2004 wie folgt: Wichtige Entscheidungsträger wie hochrangige Minister schickten sogenannte Promotoren zu Seidel, die ihm die Wünsche ihrer Auftraggeber mitteilten. Also an wen Siemens wie viel geben sollte, um an staatliche Aufträge, etwa in der Telekommunikation, zu kommen. Unter jenen, an die Siemens bezahlen musste, befanden sich auch politische Parteien sowie Entscheider beim staatlichen nigerianischen Kommunikationskonzern Nitel.

Übereinstimmend berichten seine damaligen Kollegen, dass Eduard Seidel am Ende weitgehend allein entschied, wohin die Millionen gingen, und dass er sie selbst überbrachte oder die Verteilung organisierte. Seine Rolle gegenüber den »Promotoren«, die eher wie Erpresser aufgetreten zu sein scheinen, beschreibt Seidel laut seiner Aussage so: dafür zu sorgen, dass nicht zu viel Schmiergeld gezahlt werden musste – gemessen am Auftragswert des Projekts.

Anschließend meldete Seidel, so erzählt er es, seinen Ansprechpartnern im Haupthaus in München, welche Summen er brauchte. Mal wurde das Geld einfach überwiesen, mal wurde es über eine deutsche Firma transferiert, die eine Niederlassung in Nigeria hatte und mitspielte. So fielen die Überweisungen weniger auf. Vor Ort holte Seidel dann das Geld ab, persönlich – das wird noch eine Rolle spielen. Oft aber verlangte er nach Bargeld aus München, das meistens von Mitarbeitern und in seltenen Fällen von ihm selbst nach Nigeria transportiert wurde.

Einer der Boten erzählte den Fahndern in seiner Vernehmung, wie er eines Tages auf dem Weg nach Nigeria vom deutschen Zoll mit großen Mengen Bargeld erwischt worden sei, etwa 200.000 bis 500.000 Euro. Er habe dann behauptet, das Geld werde benötigt, um die lokalen »Baukassen« in Nigeria aufzufüllen – dort werde immer Bargeld benötigt, für lokale Unternehmer, die für Siemens aktiv würden. Die Ausrede verfing und so wurden die Baukassen bald die Legende, auf die sich die Bargeldtransporteure einigten.

Seine damaligen Mitarbeiter waren laut Seidel in die »konkreten Abläufe« nicht eingebunden. Diese sahen seiner Aussage zufolge so aus, dass ihm das Bargeld aus Deutschland gebracht wurde und die anschließenden Geldübergaben an die »Promotoren« dann aus Angst vor Überfällen so bald wie möglich erfolgten, und zwar »auf neutralem« Boden. Welchen Anteil des Bargeldes Seidel wirklich übergab, »war insofern Vertrauenssache«, erklärte er in den Vernehmungen. Ebenso, wem die »Promotoren« die Gelder dann letztendlich aushändigten.

Manchmal wird in den Akten erklärt, wie das Verhältnis Schmiergeld zu Auftragswert lautet, etwa für ein 2001 beschlossenes Projekt, bei dem einer Auftragssumme von etwa 20 Millionen Schmiergeld in Höhe von 4,5 Millionen entgegenstand. Der Anteil variierte über die Jahre: Mal waren es zehn bis 15 Prozent, die abgegeben werden mussten, mal waren es sogar 30 Prozent – etwa in den Achtzigerjahren, als Nigeria noch vom hochgradig korrupten Diktator Sani Abacha regiert wurde. Und selbst das rechnete sich noch für Siemens – schließlich wurden hier und da die eigentlichen Leistungen dann eben teurer berechnet, wie in den Akten nachzulesen ist.

Die Aufzeichnungen des Konzerns enden dort, wo Seidel das Geld in Empfang nimmt. Wie genau Seidel das Bargeld nach der Übergabe verwendet, ist »nicht mehr belegt«, heißt es in einem internen Gutachten des Siemens-Konzerns.

Weder quittieren die Bestochenen den Erhalt des Geldes, noch führte Seidel selbst Buch oder behielt Bankbelege oder Notizen. Dafür gab Seidel den Ermittlern eine Erklärung, die einleuchtend scheint: Korruption habe in Nigeria »einen hohen Strafrahmen«, und zwar »bis zu 25 Jahren Haft«. Dieses Risiko habe er nicht eingehen wollen, insbesondere da »die nigerianischen Gefängnisse« seiner Ansicht nach »katastrophal« seien. Auch habe ihn schon sein ehemaliger Chef angewiesen, schnellstmöglich alles zu vernichten.

Damit sind wir bei einem wichtigen Punkt. Denn die Münchner Staatsanwaltschaft untersuchte 2007 vor allem die Jahre 2002 bis 2004, weil Seidel im Herbst 2004 Siemens verließ und die Verjährungsfrist bei Bestechungsdelikten fünf Jahre beträgt, die Ermittler also nicht weiter zurückgehen konnten. Offiziell reichte die Anklage allerdings bis September 2006. Aber schon für 2002 bis 2004 fanden die Ermittler Millionen, die an Bestechungsgeldern gezahlt wurden. Nur: Damit ließen sich die 54 Millionen Franken, die 2006 auf einem von Seidels Schweizer Konten lagen, nicht erklären.

Aber vielleicht ist es auch zu kurz gegriffen, nur diese Zeit zu betrachten. Seidel war immerhin seit Anfang der Achtzigerjahre in Nigeria und seit Mitte der Achtzigerjahre in verantwortlicher Position für den Bereich Kommunikation. Ein Mitarbeiter aus dieser Zeit schildert in seiner Vernehmung, wie sich Seidel und ein weiterer Kollege regelmäßig in ein Büro zurückgezogen und abgeschlossen hätten. Dazu sei das Gerücht kursiert, dass »dort abgerechnet wird und Gelder gezählt werden«.

An anderer Stelle in den Befragungen zur Siemens-Affäre schildert ein Kollege von damals, es sei »in der Kantine […] Tischgespräch« gewesen, »auf welche Weise Herr Seidel in Nigeria Geschäfte machte«. Nämlich durch »Landschaftspflege«, wie Seidel es laut Aussagen anderer Kollegen nannte.

Seidel hatte sich in Nigeria einen Status erarbeitet, oder erschmiert, der ihm den Beinamen »König von Nigeria« einbrachte.

Dafür reichte es nicht aus, nur Bargeld und teure Uhren zu verteilen (laut einer Notiz in den Akten ließ Seidel einmal drei teure Uhren kaufen, einmal zwei Uhren im Wert einer niedrigen sechsstelligen Summe). Also kümmerte sich Seidel auf alle denkbaren Arten um die Männer, deren Wohlwollen Siemens und möglicherweise auch ihm selbst sehr viel Geld einbrachte. Wenn jemand aus den Familien dieser Entscheider schwer krank war, egal ob es Messerverletzungen nach einem Überfall waren, ein »urologisches Problem« oder ein Krebsleiden, dann organisierte Seidel den Besuch in einem deutschen Krankenhaus oder bezahlte die Kosten für einen guten Arzt. Er ermöglichte der Ehefrau eines Politikers sogar eine Fruchtbarkeitsbehandlung in New York, und zwar auf Kosten von Siemens, für etwa 20.000 US-Dollar. Mit Erfolg: Sie bekam Zwillinge.

So verschafft man sich Loyalitäten.

In seiner Vernehmung erklärte Seidel, er sei frühzeitig von seinem Vorgänger mit den »Usancen und Gebräuchen« in Nigeria vertraut gemacht worden, ohne die dort keine Geschäfte zustande gekommen wären.

Wir sprechen weitere Insider, die damals mit Seidel zu tun hatten, und auf jeden von ihnen hat der vormalige Siemens-Nigeria-Boss bleibenden Eindruck hinterlassen. Er habe sich mit den wichtigen Leuten angefreundet und sie oft zu sich nach Hause eingeladen. Dort habe er seine Qualitäten als perfekter Gastgeber ausgespielt, unterstützt von seiner Frau. Das System habe sehr gut funktioniert.

Der erfahrene nigerianische Fachjournalist Aaron Ukodie kommt zu einer ähnlichen Erkenntnis. In einem seiner Bücher über die staatliche Telekommunikationsfirma Nitel schreibt Ukodie auch über Eduard Seidel, den er konsequent Siedel nennt – mit »ie« statt »ei« –, und dessen Einfluss im Land. Schon die Beschreibung des Deutschen in der Kapitelüberschrift ist eindeutig: »Nitels Ersatz-CEO«.

Nitel ist in Nigeria, was die Telekom in Deutschland war: der staatliche Monopolist in Sachen Telekommunikation. Das Monopol fiel 1992, später folgte der Versuch einer Privatisierung, aber die Firma blieb immer gelenkt vom Staat. Und obwohl Seidel eigentlich nur Vertragspartner der Nitel war, reichte sein Einfluss laut Ukodie bis ins Unternehmen.

In seinem Buch erzählt er beinahe beiläufig, dass Seidel mit sechs nigerianischen Staatchefs »gearbeitet, zu Abend gegessen und Telekommunikation-Deals geschlossen« habe. Er nennt alle Präsidenten von 1983 bis 2007, und pikanterweise ist einer von ihnen, Muhammadu Buhari, der 1983 bis 1985 regierte, seit 2015 wieder im Amt.

Damit lange nicht genug, schreibt Ukodie: Seidel habe Beziehungen zu mehr als zehn hochrangigen Vertretern des Kommunikationsministeriums gehabt, die sehr weit ins Persönliche gegangen seien. Manche dieser Namen finden sich auch in den Notizen, die 2006 von der Münchner Staatsanwaltschaft bei Siemens sichergestellt worden waren. Die Gruppe um Seidel arbeitete übrigens mit der Methode »Gelbe Post-its«. Das hieß: Sie unterschrieben üblicherweise nicht direkt auf der Rechnung oder dem Beleg, sondern auf einem aufgeklebten Post-it – das im Falle eines Falles schnell hätte entfernt werden können. Dann wäre nicht mehr zuzuordnen gewesen, wer die Zahlungen freigegeben hat. Allerdings landeten die Unterlagen dann bei der Staatsanwaltschaft und die meisten Post-its waren noch an Ort und Stelle …

Erstaunlicherweise resümiert Ukodie, dass nicht alle in Nigeria in Seidel jemanden gesehen hätten, der Korruption zu seinen Gunsten eingesetzt habe. Manche seien der Ansicht, Seidel habe »einfach ein großes Herz« gehabt und sich »über Gefallen, die man ihm und der Firma tat, die er leitete« gefreut.

Im Laufe der Recherche macht einer unserer Kollegen einen seltsamen Fund, der uns stutzig macht: Eduard Seidel gründete in Nigeria Anfang der Neunzigerjahre gemeinsam mit einem Mann namens Ibrahim Aliyu eine Firma namens »Communication Equipment and Consltancy [sic!] Nig Ltd«. Ein Mann gleichen Namens war laut unseren Quellen später, da war die Firma offiziell noch aktiv, sowohl in leitender Stellung im Kommunikationsministerium als auch bei der staatlichen Telekommunikationsfirma Nitel tätig. Wir fragen uns: Welchen Zweck sollte diese gemeinsame Firma haben – die übrigens laut Firmenregister bis heute nicht geschlossen ist?

Aber es wird noch interessanter, denn auch Seidels Frau findet sich im Firmenregister, als Direktorin einer im Dezember 1992 gegründeten Firma namens Informatics General & Electrics Ltd. Den zweiten Direktorenposten dieser Firma bekleidete ausgerechnet ein Mann namens Olawale Ige, der von 1990 bis 1992, dem Jahr der Firmengründung, nigerianischer Kommunikationsminister war – und damit jener Mann, der maßgeblich über die Vergabe von Aufträgen an Firmen wie Siemens entschied. Ige wurde später Vorsitzender der staatlichen Telekommunikationsfirma Nitel und ist noch immer als Chairman der Nigeria Internet Group im Geschäft. Hier sind die Fragen fast noch drängender: Wie kommt Seidels Frau dazu, mit dem Kommunikationsminister eine Firma zu leiten?

In den Siemens-Akten ist über diese Zeit kein Material vorhanden: 2006 war all das bereits lange verjährt. Aber in den Akten ist sehr wohl dokumentiert, dass Siemens Schmiergeld immer wieder als Zahlungen an Beratungsfirmen getarnt hat. (Eduard Seidel wird später von »unzutreffenden Darstellungen« sprechen, seine Einlassungen finden sich auf den Seiten 264, 265 und 272.)

Siemens erklärt auf Nachfrage dazu, beide Firmen nicht zu kennen. Auch habe man keine Erlaubnis für eine Nebentätigkeit gefunden.

In der Zwischenzeit treffen wir eine unserer Quellen und versuchen vorsichtig, noch mehr über den Fall Seidel zu erfahren –

vor allem über die Behördenseite. Wir hören, dass Seidels Schweizer Konten, auf die wir dank unserer Daten aus dem Inneren der Credit Suisse gestoßen sind, 2006 offenbar weder der Münchner Staatsanwaltschaft noch der Schweizer Bundesstaatsanwaltschaft offenbart wurden. Das würde zum einen bedeuten, dass der Siemens-Manager sie nicht als Unternehmenskonten gemeldet hat. Zum anderen weist es darauf hin, dass die Bank in der Schweiz keine Geldwäscheverdachtsanzeige getätigt hat – obwohl er im Sommer 2006, also kurz bevor die Siemens-Affäre aufflog, mehr als 50 Millionen Schweizer Franken dort liegen hatte. Die Bank muss gewusst haben, dass Seidel in einem für grassierende Korruption bekannten Land arbeitete und lebte, denn er wurde intern mit dem Wohnort Nigeria geführt. Schon diese mutmaßliche Nichtmeldung ist höchst bedenklich.

Das *Wall Street Journal* erwähnt ihn am 16. November 2007 namentlich als einen der mutmaßlichen Bestecher und vier Tage später wird er in die »World-Check«-Datenbank aufgenommen – eine Datenbank, in der so gut wie alle großen Finanzdienstleister ihre Kunden überprüfen, automatisiert und regelmäßig. Und selbst als Eduard Seidel 2008 in München wegen Korruption zu einem Jahr auf Bewährung verurteilt wird und Siemens wegen der Affäre in den USA beinahe 450 Millionen US-Dollar Strafe bezahlen muss, gibt die Bank offenbar keine Geldwäscheverdachtsmeldung ab, jedenfalls findet keine solche Meldung unseres Wissens nach zur Münchner Staatsanwaltschaft. Seidels Konto bei der Schweizer Bank jedoch bestand weiter.

An dieser Stelle schreiben wir »Schweizer Bank« statt »Credit Suisse«, weil wir in den Pandora-Papers-Dokumenten – dem Leak an vertraulichen Unterlagen zu Briefkastenfirmen aus zahlreichen Steueroasen, die dem *International Consortium of Investigative Journalists* (ICIJ) zugespielt worden waren – einen Hinweis darauf finden, dass Seidels Konten ursprünglich nicht bei der Credit Suisse geführt wurden. Zur Erinnerung: Seidel hatte sich, wie in Kapitel 6 beschrieben, im Februar 2008 eine Offshore-Firma auf den Britischen Jungferninseln zugelegt, auf die wir in den Pandora Papers gestoßen sind. In den Dokumenten dazu wird erwähnt, der Zweck der Firma sei es, ein Konto bei der Clariden Leu AG in Zürich zu halten. Zudem wird Seidels Bankberater namentlich eingetragen, ebenfalls ein Clariden-Leu-Mann. Die Clariden Leu Bank war eine hundertprozentige Tochterfirma der Credit Suisse und wurde vier Jahre später, 2012, von der Credit Suisse einverleibt. Das ist vermutlich der Grund, warum wir sechs Seidel-Konten in unserem Leak sehen.

Die Credit-Suisse-Tochter wäre also die Bank gewesen, die 2007 nach der Erwähnung Seidels im *Wall Street Journal* und den Eintragungen in die Datenbänke sein Konto als verdächtig hätte melden müssen – vor allem bei den Summen, die der Siemens-Manager dort deponiert hatte. Andere Banken haben genau das damals übrigens getan, erfahren wir von der Münchner Staatsanwaltschaft: Demnach hätten etwa die UBS und die Dresdner Bank (Schweiz) nach der Siemens-Affäre ihre Kunden auf Zusammenhänge durchforstet und gefundene Konten gemeldet – woraufhin zweistellige Millionensummen eingezogen wurden. Von der Clariden Leu gelangte jedoch keine derartige Meldung zu den Fahndern. Die bereits erwähnte Schweizer Compliance-Spezialistin Monika Roth sagt, dass ein Konto in solchen Fällen schon gemeldet werden müsse, »wenn es nur den Hauch des Verdachts gäbe, dass das Konto im Zusammenhang mit dem Schmiergeldskandal steht«, und es sei ihr »rätselhaft und unerklärlich, wieso das dann nicht gemacht wurde«, immerhin habe die Bank sich dadurch strafbar gemacht.

Diese Konstellation entlastet die Credit Suisse nicht entscheidend. Denn wenn es schon die Tochterbank Clariden Leu unterlassen hätte, Seidel wegen auffälliger Geldsummen den Behörden zu melden, so hätte es nach 2012 wenigstens die Credit Suisse tun müssen. Die Bank müsste nach der Eingliederung der Clariden

Leu ihre neuen Kunden sorgfältig überprüft haben und dabei extern – Stichwort Google, »World-Check«- oder »Lexis-Nexis«-Datenbank, überall war er zu finden – unweigerlich auf Seidels Verurteilung im größten Korruptionsskandal Deutschlands gestoßen sein und intern auf sehr viel Geld.

Seidel blieb aber nach unseren Informationen bis mindestens Sommer 2016 Kunde der Credit Suisse und hat auf jenem Konto, auf dem zehn Jahre zuvor die 54 Millionen geparkt waren, zu dieser Zeit noch immer oder aber schon wieder zehn Millionen Schweizer Franken.

Eduard Seidel wird später im Zusammenhang mit den Konten von »unzutreffenden« und »konstruierten Zusammenhängen« sprechen, seine Einlassungen finden sich auf den Seiten 264, 265 und 272. Die Credit Suisse erklärt auf Anfrage, sie könne zu konkreten Kundenbeziehungen keine Stellung nehmen. Die Bank halte sich aber an die »geltenden globalen und lokalen Gesetze und Bestimmungen«.

Die alten Siemens-Akten zeigen überdeutlich, dass nicht restlos aufgeklärt werden konnte, wie viele Millionen Seidel wann an wen übergab. Etliche hohe Zahlungen, die er als Schmiergeld zur Weiterverwendung aus München erhielt, die wie gesagt nur die Jahre 2002 bis 2004 betreffen, konnte oder wollte Seidel nicht zuordnen, etwa einen Scheck über 1,3 Millionen Dollar im Juni 2002 oder eine Überweisung Anfang 2000 über 1,5 Millionen Dollar an ein Nummernkonto in Genf. Bei einem Transfer von 2,5 Millionen Euro wiederum konnte sich Seidel angeblich nicht erinnern, worum es gegangen sei, bei einer Überweisung von etwa einer Million Schweizer Franken für ein Projekt in Nigeria konnte oder wollte er sich an keine Einzelheiten erinnern.

Und jetzt wird es schon wieder seltsam: Der Geschäftsführer jener deutschen Firma, die für Siemens jahrelang Scheintransfers nach Nigeria vornahm, damit der Münchner Konzern unauffällig Schmiergeld ins Land bringen konnte, sagte aus, dass zwischen

2004 und 2007 noch 2,15 Millionen Euro nach Nigeria geschickt worden seien – und abgeholt habe sie, laut seinem Angestellten in Lagos, eben Eduard Seidel, den der Angestellte zudem noch beschrieb mit »ein älterer Herr mit rötlichem Haar und leichtem osteuropäischem Akzent«, was auf den in den Sechzigerjahren aus der Ukraine nach Deutschland übersiedelten Seidel zutrifft. Das letzte Bündel Scheine holt Seidel demnach am 14. März 2007 ab, also zwei Wochen nach seinen drei Vernehmungen beim bayerischen Landeskriminalamt.

In einer späteren Vernehmung erklärte Seidel dazu offenbar aus eigenen Stücken, er habe auch nach seinem Ausscheiden weiterhin Gelder von jener Firma erhalten, »um noch bestehende Verpflichtungen« zu erfüllen. Diese »Altlasten« habe er nicht seinem Nachfolger »aufbürden« wollen. Überprüfbar ist nicht, wie er das Geld letztendlich verwendete. Das zeigt umso klarer, wie frei er in seinen Entscheidungen war, selbst nachdem er Siemens verlassen hatte.

Für jeden Investigativjournalisten, der Finanzverbrechen verfolgt, gilt die Hauptregel: »Follow the money« – »Folge dem Geld«. Das gilt in alle denkbaren Richtungen und heißt in diesem Fall etwa: Wenn Seidel 2006 noch mehr als 50 Millionen Schweizer Franken auf dem Konto hatte und 2016 »nur« noch knapp zehn Millionen – wohin ging das Geld? Wir wissen es nicht, aber wir sehen in einem geleakten Firmenregister von Dubai, dass er sich dort mehrere Wohnungen gekauft hat – auch in der legendären künstlich in Palmenform angelegten Insel »The Palm, Jumeirah«. Die Wohnungen erwarb er 2009 offenbar mit seiner Briefkastenfirma auf den Britischen Jungferninseln oder er übertrug sie an diese, jedenfalls findet sich in den erwähnten Pandora Papers eine Vollmacht, die es Seidel erlaubt, dort vier Wohnungen im Namen der Firma zu erwerben. Aus der Vernehmung von 2007 geht hervor, dass er weitere Immobilien in verschiedenen Ländern besitzt oder besessen hat.

Natürlich wollen wir mit Eduard Seidel über all das sprechen. Nicht nur, weil es zur journalistischen Sorgfaltspflicht gehört, dass wir die Menschen, über die wir schreiben, mit unseren Recherchen konfrontieren und ihnen die Gelegenheit geben, ihre Sicht der Dinge zu erklären. Denn manchmal lassen sich Vorgänge, die uns dubios erscheinen, ganz einfach erklären.

Aber bevor wir ihn sprechen können, müssen wir ihn finden. Aus den Gerichtsunterlagen wissen wir, dass seine Brüder in Baden-Württemberg leben oder lebten. Das wäre eine Möglichkeit. Auch die Adresse seiner Tochter können wir ausfindig machen. Aber wir wollen ihn direkt erreichen. Dass er in der Immobilie in Baden-Württemberg wohnt, die er in seiner Vernehmung 2007 den Fahndern offenlegte, halten wir für wenig wahrscheinlich. Dann wäre da noch das Ferienhaus an der portugiesischen Algarve, von dem er ebenfalls den Ermittlern erzählt hat. Da spielte er zumindest vor einigen Jahren noch im örtlichen Golfclub – das legt eine Liste von Clubmitgliedern nahe, die wir im Netz finden. In den Unterlagen der Pandora Papers taucht explizit als Wohnadresse Seidels und seiner Frau die Villa auf der Palmeninsel in Dubai auf. Samt Hausnummer. Wir können diese Orte nicht auf gut Glück abklappern, auch wenn es nach einer spannenden Reiseroute klingt – nicht nur wegen Corona. Das käme erst infrage, wenn sonst nichts funktioniert.

Zunächst suchen wir nach anderen Wegen. Wir pflügen durch Datenbanken, die E-Mails, Handynummern und Social-Media-Profile von Millionen Menschen weltweit sammeln. Oft landen diese Informationen dort auf verschlungenen Wegen. Man installiert eine App, die scheinbar kostenlos ist, sagen wir eine App zur Wettervorhersage. Und im Hintergrund lädt es das gesamte Telefonbuch auf einen Server. Dieser Kuhhandel stand im Kleingedruckten, das man natürlich nicht gelesen hat. In vielen Ländern der Welt ist das legal. Und ist das Telefonbuch erst einmal übertragen, wird es weiterverkauft an sogenannte Databroker, die professionell mit personenbezogenen Daten handeln. Und die verkaufen es an Firmen, die jene Datenbanken betreiben.

Es ist ein schmutziges Geschäft, aber für uns kann auch solch eine Information entscheidend sein. Also suchen wir nach Eduard Seidel – und finden gleich mehrere Einträge, die zu ihm passen könnten. Zwei E-Mail-Adressen, fünf nigerianische Handynummern und weitere in Thailand und in den Vereinigten Arabischen Emiraten. Wir haben Glück. Eine dieser Nummern scheint auf WhatsApp aktiv zu sein. Wenn die Nummer korrekt ist, sind wir ihm so nah wie nie zuvor. Über Wochen öffnen wir das Chatfenster immer wieder, wir sehen, dass er online war, wir gleichen die Uhrzeiten mit den möglichen Zeitzonen ab. Dubai könnte passen.

Aber es gibt noch weitere völlig legale technische Tricks, um Menschen aufzuspüren. Man nennt das Open Source Intelligence, kurz OSINT, übersetzt bedeutet es »Aufklärung aus offenen Quellen«. Es klingt nach Militärjargon, aber viele dieser Methoden wurden von Hackern entwickelt. Bevor sie ihre Opfer angreifen (und möglicherweise eine Straftat begehen), versuchen sie auf legalem Weg, möglichst viel über sie herauszufinden, aus öffentlich zugänglichen Quellen. Sie schreiben kleine Programme, die viele Rechercheschritte automatisch ausführen. Es ist wie googeln auf Speed. Aber nicht nur Hacker nutzen diese Methoden, auch die Polizei und Ermittlungsbehörden gehen so vor. Und wir.

Eine solche Methode ist es, ein Signal an ein Smartphone zu senden, um herauszufinden, in welchem Netz es sich gerade befindet. Jede Handynummer ist in einem »Heimatnetz« in einer Datenbank registriert, damit ein Anruf überhaupt bei der richtigen Nummer und dem gewünschten Gesprächspartner ankommen kann. Und deshalb kann man jederzeit überprüfen, ob sich die gewünschte Nummer in ihrem Heimnetz befindet und ob sie erreichbar ist. Der Besitzer des Handys merkt davon nichts. Es gibt zahlreiche Websites, die solche Abfragen anbieten, für wenige Cent pro Nummer.

Also tippen wir Eduard Seidels Handynummer ein und Sekunden später wissen wir: Er ist erreichbar, in seinem Heimnetz, in den Vereinten Arabischen Emiraten.

Dort werden wir ihn anrufen, aber erst kurz bevor wir veröffentlichen wollen.

13

Jäger des gestohlenen Geldes

Es ist ein warmer Herbstabend in Barcelona, die Sonne ist längst hinter dem Horizont verschwunden, als wir durch den Jachthafen Marina Vela schlendern – und ziemlich zufrieden sind. Das liegt teils an den wagenradgroßen Paellapfannen, die wir zuvor leer gegessen haben, dem spanischen Wein, den wir dazu getrunken haben, vor allem aber an der Gesellschaft, in der wir das Abendessen verbringen konnten. Denn am Ende hat es trotz Corona doch noch geklappt, ein Treffen für dieses Rechercheprojekt abzuhalten, wie wir es bei jeder großen internationalen Zusammenarbeit getan haben – von den Panama Papers (da waren es sogar zwei, eines in Washington, D.C., im National Press Building und eines im Redaktionsgebäude der *Süddeutschen Zeitung* in München) bis zu FinCEN-Files (in Hamburg sogar, weil dort sowieso gerade eine globale Konferenz von Investigativjournalistinnen und -journalisten stattfand).

Nun spazieren wir mit unserem rumänischen Kollegen Paul Radu zurück zu unserer Unterkunft. Plötzlich stehen wir neben der Jacht des russischen Oligarchen Roman Abramowitsch, die am Dock vor Anker liegt, groß wie ein ganzer Häuserblock. Für einen kurzen Moment kommen wir der Welt seltsam nahe, mit der wir uns den ganzen Tag befasst haben: die der Superreichen. Sie bunkern ihr Geld in Briefkastenfirmen, Trusts und Stiftungen, schieben es von Konten in London über Hongkong weiter nach Zürich, immer auf der Suche nach Profit und Verschwiegenheit. Längst ist ein paralleles Universum entstanden, in dem sie sich selbst aussuchen, an welche Gesetze sie sich halten und an welche nicht.

Wir spazieren weiter und Paul – breite Schultern, graublonder Kurzhaarschnitt, kantiges Kinn – erzählt, wie er einst Größen der organisierten Kriminalität in Rumänien zum Reden brachte. Paul ist zwar erst 46 Jahre alt, aber längst eine Legende in der Welt des Investigativjournalismus. Seine Geschichten sind so unterhaltsam und spannend, dass keiner auf den Weg achtet und wir uns heillos verlaufen.

Paul hat 2006 zusammen mit dem US-Journalisten Drew Sullivan das *OCCRP* gegründet: das *Organized Crime and Corruption Reporting Project*. Die Idee dahinter war simpel, für den Journalismus zu damaligen Zeiten aber revolutionär: Wenn Verbrecher über internationale Grenzen zusammenarbeiten, dann sollten das auch Journalisten tun, um deren Taten aufzudecken. »Wir erkannten, dass es an der Zeit war, zu experimentieren und den investigativen Journalismus auf eine grenzüberschreitende Ebene zu bringen, auf der die neuesten Technologien den Reportern helfen würden, mit der Kreativität und den nahezu unbegrenzten Ressourcen des organisierten Verbrechens und der korrupten Führer Schritt zu halten«, so Paul. Was damals als kleine, aber feine Investigativredaktion in Sarajevo begann, ist mittlerweile ein Netzwerk von mehr als 200 der besten Journalistinnen und Journalisten aus der ganzen Welt. Das *OCCRP*, das sich aus Spenden (unter anderem von der Skoll Foundation, dem Rockefeller Brothers Fund, dem amerikanischen und dänischen Außenministerium, den Open Society Foundations und der Luminate-Stiftung von E-Bay-Gründer Pierre Omidyar) finanziert, bezahlt sie, damit sie das tun, was sich immer weniger Medienhäuser leisten können, vor allem auf dem Balkan, in Russland, Lateinamerika, dem Nahen Osten und Afrika: recherchieren, ermitteln, enthüllen. Wir, die wir in München leben, fest angestellt bei einer renommierten deutschen Tageszeitung, haben einen Heidenrespekt vor diesen Kolleginnen und Kollegen.

Es gehört zu den schönsten Nebenwirkungen des international vernetzten Investigativjournalismus, dass wir in regelmäßigen Abständen mit Menschen zusammenkommen, die für dieselbe Sache brennen. Dieses Mal hat uns Antonio Baquero, der Projektleiter aufseiten des *OCCRP,* in seine Heimatstadt Barcelona gelotst und sich auch darum gekümmert, dass wir dort mit exzellentem katalonischem Essen versorgt werden. Und so haben wir jetzt, im Oktober 2021, schon den zweiten Abend in Folge ein paar unbeschwerte Stunden mit alten Bekannten und neu gewonnenen Freunden verbracht. Nach Monaten in Corona-Lockdowns und Homeoffice ein lang herbeigesehnter Moment der Gemeinschaft.

Es sind erst zweieinhalb Wochen vergangen, seit die meisten, die nun auch hier sind, gemeinsam ein anderes großes Projekt veröffentlicht haben: die Pandora Papers. Die weltweite Recherche hat aufgedeckt, wie Hunderte Politiker von Steueroasen profitieren. Wie so oft spielten auch Schweizer Banken dabei eine wichtige Rolle. Da internationale Kooperationen seit den Panama Papers zum Branchenstandard geworden sind, ist die Frequenz solcher Großrecherchen gestiegen und einige in der Gruppe sind noch etwas erschöpft. Aber alle sind glücklich, diese gemeinsamen Erfahrungen live und ohne Videoschalte bei einem Glas Wein oder auch mehreren teilen zu können.

Mehr als dreißig Kolleginnen und Kollegen sind nach Barcelona gekommen, um über das neue Projekt zu sprechen. Die meisten von ihnen gehören zum *OCCRP,* die anderen sind von *Le Monde,* dem *Guardian,* der *SZ,* dem *NDR* und dem *WDR.*

171

Unser Reporterkollege Sharad Vyas hält den Rekord, seine An-
reise aus der indischen Hauptstadt Neu-Delhi hat 25 Stunden ge-
dauert. Wir sind dankbar und auch ein wenig stolz, sie alle hier
zu sehen.

Wir treffen uns drei Tage lang über viele Stunden in einem
fensterlosen Konferenzraum eines Hotels im Stadtteil Eixample.
Reihum haben wir kurze Präsentationen vorbereitet. Wir von der
Süddeutschen Zeitung geben einen grundsätzlichen Überblick
über das Leak: Was es aus unserer Sicht belegen kann und in welche Richtung wir recherchieren wollen. Andere haben sich bereits tief mit einzelnen Korruptionsfällen befasst oder wichtige
Kennzahlen berechnet. Jan Strozyk, ein alter Freund, der einst
für den *Norddeutschen Rundfunk* arbeitete und heute Datenspe-
zialist beim *OCCRP* ist, hat das Leak sogar statistisch vermessen,
um herauszufinden, ob es sein könnte, dass alles, was uns zugespielt wurde, fingiert ist. Es gibt Algorithmen, die erkennen würden, wenn beispielsweise die Kontostände in unseren Daten einfach aus Zufallszahlen bestünden. Dann nämlich, so erklärt Jan
es uns, würde das »Benford'sche Gesetz« nicht gelten. Dieses be-
sagt – grob vereinfacht –, dass bei zufällig erzeugten Zahlen die
ersten Ziffern einer bestimmten Verteilung folgen. Jans Ergebnis
ist eindeutig: Man hätte das Material so nicht fälschen können. Er
hat auch berechnet, dass wir einen Einblick in Vermögenswerte
von über 100 Milliarden Schweizer Franken haben. Und dass es
um Kunden aus mehr als 160 Staaten geht.

Nach allen Präsentationen gibt es Raum für Nachfragen und
kritische Anmerkungen. Alle Vortragenden werden gelöchert
und alle Unsicherheiten in den Annahmen und Ansätzen werden
ohne falsche Rücksichtnahme offengelegt. Es ist eine Herausforderung, einem Raum voller Investigativreporter Rede und
Antwort zu stehen, aber es macht auch großen Spaß.

Wir müssen außerdem ein paar grundsätzliche Fragen klären.
Zunächst einmal wäre da, welche Folgen der Bruch des Schweizer

Bankengesetzes für unsere Recherchen haben kann. Wie werden die Behörden damit umgehen? Werden sie gegen uns ermitteln – auch wenn unsere Recherchen Missstände zeigen und belegen, dass Kunden und Bank gegen Gesetze verstoßen haben? Etliche Kolleginnen und Kollegen haben Freunde und Verwandte in dem Land – werden sie noch einreisen und ihre Familien besuchen können? Wir alle finden die Berichterstattung wichtig, und haben trotzdem ein mulmiges Gefühl.

Eine weitere Diskussion dreht sich um den Projektnamen. Welcher Titel funktioniert, welcher Hashtag eignet sich, um ein möglichst großes Publikum für unser Thema zu gewinnen? Jeder hat andere Vorstellungen, jede Sprache andere Einschränkungen. Und manche können schlicht »Papers« oder »Leaks« nicht mehr hören. Panama Papers, Paradise Papers, Pandora Papers und dann noch Offshore-Leaks, Lux-Leaks, Bahamas-Leaks – es reicht einfach. Wir machen während der drei Tage in Barcelona mehrere Runden, um Favoriten einzugrenzen. Am Ende steht »Suisse Secrets« ganz oben. Schweizer Geheimnisse. Das trifft es.

Kompliziert wird es vor allem an einem Punkt: Alle wollen möglichst viel über unsere Quelle erfahren. Nach vielen gemeinsamen Stunden in der Konferenz und dem ersten fröhlichen Abend versucht der ein oder andere doch, mehr aus uns dreien herauszubekommen. Wie Investigativjournalisten so sind, klopfen sie jede unserer Formulierungen auf Hinweise ab. Klar: Wir würden das genauso tun. Es geht schließlich auch darum, existenzielle Risiken für das eigene Medium zu reduzieren. Alle müssen ausschließen, dass wir jemandem auf den Leim gegangen sind, der uns reinlegen möchte, oder wir etwas übersehen haben und seit Monaten in die falsche Richtung recherchieren. Aber mit jeder Präsentation, mit jeder Diskussion eines konkreten Falles wird sich die ganze Gruppe sicherer, dass das nicht der Fall ist und dass die Geschichten von höchster Relevanz sind.

Neben den dreißig Anwesenden in Barcelona arbeiten inzwischen siebzig weitere Journalisten an dem Projekt mit. Wieder einmal entfaltet sich die ganze Kraft der Kooperation. Wir neigen dazu, Fälle beiseitezulegen, die in Deutschland vielleicht wenig Aufmerksamkeit erregen mögen. Für die Länder, aus denen unsere Kollegen stammen oder in denen sie arbeiten, können genau diese Fälle drastische Konsequenzen haben und politische Skandale auslösen. Zudem zeigen sie ein weltweites Problem auf: mangelnde Transparenz bei den Finanzen von Politikern und Politikerinnen – ein Umstand, der zu Missbrauch einlädt und mögliche Interessenskonflikte verschleiert.

Da ist zum Beispiel der hier schon wiederholt erwähnte Armen Sarkissjan, der seit 2018 Staatspräsident von Armenien ist. Bevor er in das vor allem repräsentative Amt gewählt wurde, war er Ende der Neunzigerjahre kurzzeitig Premierminister und Botschafter gewesen. Danach hatte er jahrelang große internationale Unternehmen beraten und selbst Unternehmen geführt. Dass er zu großem Wohlstand kam, ist also keine Überraschung. Unter seinen vier Konten bei der Credit Suisse – die er alle mit seiner Schwester oder Mutter hielt – ist allerdings eines, das er offenkundig über mehrere Jahre verschwiegen hat, nachdem er 2013 ein zweites Mal Botschafter im Vereinigten Königreich wurde. In dem Land, das er repräsentierte und dessen Staatsoberhaupt er heute ist, hätte er sein Vermögen nach den geltenden Gesetzen deklarieren müssen. Er tat das aber offenbar nur teilweise. Laut unserer Kolleginnen und Kollegen vom *OCCRP* verschwieg er mehr als zehn Millionen Franken vor der armenischen Öffentlichkeit. (Sarkissjan weist sämtliche Vorwürfe zurück – Details hierzu im Epilog.)

Unsere armenischen Kollegen im Projekt arbeiten für das Recherchemedium *Hetq* aus der Hauptstadt Eriwan. Das *OCCRP* besteht nicht nur aus einem großen Pool an Reportern, Programmierern und Projektmanagern, die Organisation hat auch ein weltumspannendes Netz an lokalen Partnermedien. Die Zeitung *Hetq* ist der armenische Partner. Ihr Chef ist Edik Baghdasaryan, ein erfahrener Journalist, der seit Jahren gegen Korruption und Vetternwirtschaft anschreibt. Seine Arbeit wurde international ausgezeichnet, als er aufdeckte, dass der armenische Umweltminister Schürfrechte für Minen einfach an Familienmitglieder und Mitarbeiter vergeben hatte. Wochen später wurde Edik von drei Unbekannten überfallen und bewusstlos geschlagen. Er ist nicht in Barcelona dabei, aber er schreibt uns, er halte es für möglich, dass ein Strafverfahren gegen den Präsidenten eingeleitet wird, sobald wir veröffentlichen.

Im Netzwerk des *OCCRP* sind viele Reporter wie Edik: Sie arbeiten in ihrer Heimat unter schwierigsten Bedingungen, werden unter Druck gesetzt, erpresst oder gar angegriffen. Im Nachbarland Aserbaidschan gehört Khadija Ismayilova dazu, die für ihre Arbeit mit dem alternativen Nobelpreis ausgezeichnet wurde – in ihrer Heimat aber eine Haftstrafe und eine langjährige Ausreisesperre erhielt. In Togo werden während unserer Recherchen zwei Kollegen verhaftet. Einer der beiden, Ferdinand Ayité, arbeitet für die Zeitung *L'Alternative*. Er hatte in einer YouTube-Sendung zwei Ministern Korruption vorgeworfen und war auf ihr Betreiben hin vorgeladen worden. Auf der Wache haben ihn Polizeibeamten dann direkt festgenommen. Ferdinand war Mitglied der Chatgruppen, in denen wir uns über die Recherche austauschen, und wir müssen ihn überhastet daraus entfernen, weil wir fürchten, dass Polizei oder Geheimdienste auf ihren Smartphones mitlesen.

Sofort kümmern sich regionale Verantwortliche des *OCCRP* um Unterstützung für die Kollegen: Sie trommeln auf Twitter, kontaktieren Menschenrechtsgruppen und Politiker, schlagen Alarm. Die Organisation funktioniert als Schutzschild. Einerseits weil sie die Mittel hat, gute Anwälte bereitzustellen, um Journalisten gegen rechtliche Angriffe zu verteidigen. Andererseits weil sie Aufmerksamkeit für Fälle wie die von Khadija Ismayilova erzeugen kann. Und eines haben wir über die Jahre gelernt: Je mehr Aufmerksamkeit der Fall eines inhaftierten, bedrohten oder angegriffenen Journalisten bekommt, je mehr darüber getwittert und auf Facebook und Instagram geschrieben wird, umso größer die Chance, dass er am Ende glimpflich davonkommt.

Für viele unserer Kolleginnen und Kollegen ist die Zusammenarbeit über Grenzen hinweg der einzige Weg, Missstände unabhängig aufzuarbeiten und die Mächtigen zu kontrollieren. Diejenigen, die aus dysfunktionalen Staaten kommen, haben bei diesem Projekt eine besondere Motivation, weil Schweizer Banken in vielen Fällen Komplizen jener Mächtigen waren und sind. In so ziemlich jedem größeren Fall von Geldwäsche und Korruption, den wir in den vergangenen Jahren untersucht haben, waren Schweizer Banken verwickelt. »Schweizer Banker sind die Veteranen, die Großmeister, wenn es um internationale Geldwäsche und Steuerhinterziehung geht«, erklärt uns Frank Vogl, der Mitbegründer von Transparency International. »Das Bankgeheimnis ist ihre Visitenkarte. Ihr Mangel an Transparenz ermöglicht Finanzkriminalität in großem Stil.« Gerade erst hat er ein neues Buch geschrieben. »The Enablers«, Die Ermöglicher; und es handelt von westlichen Politikern, Behörden, Finanzdienstleistern, die zuschauen – und oft genug auch mithelfen –, wie ganze Kontinente von korrupten Eliten ausgeplündert werden. Ein Kapitel handelt von Banken und Bankern. »Kleptokraten brauchen die Banker, um ihre gestohlenen Beutegüter sicher und heimlich zu parken«, schreibt er, und betont, dass das Schweizer System besonders beliebt sei: »Viele der geheimsten Geschäfte zwischen Kleptokraten und Banken finden in der Schweiz statt, dem Paradies für Finanzvermittler.«

Der Journalist Oliver Bollough kam vor einigen Jahren zum selben Schluss: Ein ausländischer Kleptokrat könne »nur mit Hilfe westlicher Förderer den Besitz eines fragwürdigen Vermögens, das er in einem instabilen Land erwirtschaftet hat, in dem das Gefängnis oft nur eine Gerichtsentscheidung entfernt ist«, derart transformieren, dass auch er selbst sich »in einen angesehenen Philanthropen« verwandelt.

Laut der Konferenz der Vereinten Nationen für Handel und Entwicklung – einem ständigen Organ der UN-Generalversammlung – fließen jährlich etwa 88,6 Milliarden Dollar aus Afrika in dubiose Kanäle: Geld, das viele Länder für die Ernährung ihrer Bevölkerung, für ihr Gesundheitssystem und andere Infrastruktur gut brauchen könnten. Zum Vergleich: Die gesamte Entwicklungshilfe, die an afrikanische Länder geht, beläuft sich auf schätzungsweise 50 Milliarden Dollar.

Der britische Autor und *Financial-Times*-Journalist Tom Burgis beschrieb 2015 in einem beeindruckenden Buch mit dem Titel »Der Fluch des Reichtums« eine Koalition aus korrupten Diktatoren, skrupellosen Eliten und gewissenlosen Bankern, die Hand in Hand arbeite, geeint in ihrer Gier, den afrikanischen Kontinent zu plündern. 2021 veröffentlichte er ein weiteres Buch und zeichnete darin ein noch viel düstereres Bild. Schmutziges Geld, so seine These, sei dabei, die Welt zu erobern. Längst würden wir – und so lautet auch der Titel seines Buches – in »Kleptopia« leben. »Während wir wegschauen, wird uns alles, was uns lieb und teuer ist, gestohlen.«

Die heutige Generaldirektorin der Welthandelsorganisation, Ngozi Okonjo-Iweala, die zuvor weit oben die Geschicke der Weltbank mit bestimmt hat, brachte das Problem auf den Punkt: »Jeden Tag werden Gelder, die für Schulen, das Gesundheitswesen und die Infrastruktur in den schwächsten Volkswirtschaften der Welt bestimmt sind, abgezweigt und in den Finanzzentren und Steuerparadiesen der Welt versteckt.« Korruption sei wie eine »Krankheit, die das Vertrauen der Menschen in die Regierung untergräbt. Sie untergräbt die Stabilität und Sicherheit von Nationen.«

In den vergangenen 50 Jahren hat das organisierte Verbrechen ebenso floriert wie die weltweite Korruption. Die daraus gesetzeswidrig erzielten Einkünfte – Experten gehen von Billionen Dollar aus – werden mit Hilfe westlicher Banker angelegt, vermehrt und gewaschen. Während zehn Millionen Franken, die ein Autokrat auf einem Schweizer Bankkonto anlegt, für das Geldinstitut nichts Ungewöhnliches sein mögen, kann das Geld für Tausende Menschen in den ärmsten Ländern der Welt den Unterschied machen zwischen Leben oder Tod. Ein britisches Forscherteam veröffentlichte im vergangenen Jahr ein Modell, das es ermöglichte, den Zusammenhang zwischen fehlenden Staatseinnahmen und Sterblichkeit konkret messbar zu machen. Auf Basis einer Schätzung der Nichtregierungsorganisation Tax Justice Network, wonach sich der jährliche Verlust an Staatseinnahmen allein durch Steuerflucht auf 427 Milliarden Dollar beläuft, berechneten die Forscher, dass mit der identischen Summe der Tod von 600.000 Kindern und mehr als 80.000 Müttern weltweit verhindert werden könnte. Das gilt auch für Gelder, die den Staaten aus anderen Gründen fehlen, etwa weil korrupte Herrscher sie zur Seite geschafft haben. Im Interview mit der *Süddeutschen Zeitung* sagte einer der Autoren der Studie: »Bruttoinlandsprodukt und Staatseinnahmen müssen deutlich steigen, bevor arme Länder Geld ins Gesundheitssystem stecken und so die Sterblichkeitsrate senken. Aber wenn das erst einmal geschieht, geht es steil aufwärts, relativ kleine Geldbeträge können dann viel bewegen.« Relativ kleine Geldbeträge, wie die mittleren Millionenbeträge, die wir auf den Konten der Politiker sehen. Der Zusammenhang zeigt drastisch, mit welcher Ignoranz Banker an Finanzplätzen wie der Schweiz agieren.

Bei den beiseitegeschafften Geldern setzt dann wiederum das *OCCRP* an. Die Non-Profit-Organisation sieht es nicht nur als ihre Aufgabe an, Korruption und andere Straftaten zu enthüllen – sie will auch möglichst viele Beweise und Belege publizieren, sodass Ermittlungsbehörden tätig werden können. Bislang wurden auf Grundlage von *OCCRP*-Recherchen, wie auf der Homepage der Organisation nachzulesen ist, rund acht Milliarden Dollar an Steuern und Strafzahlungen erhoben, rund 130 korrupte Politiker, Beamte oder Unternehmen mussten zurücktreten oder wurden gefeuert und es gab mehr als 500 Verhaftungen und Verurteilungen.

Das erklärte Ziel des *OCCRP* ist es bei diesen Recherchen auch, denjenigen das Handwerk zu legen, die Verbrechern – willentlich oder nicht – behilflich sind. Hier unterscheiden wir als *SZ*-Journalisten uns von den Kolleginnen und Kollegen: Wir recherchieren nur mit der Absicht, Missstände öffentlich zu machen. Wenn das geschehen ist, können Polizei und Justiz ihre Arbeit tun. Das ist nicht mehr unsere Aufgabe.

Natürlich freuen wir uns, wenn unsere Arbeit Konsequenzen hat. Aber wir nehmen uns nicht vor, Politiker zu stürzen oder Geschäftsleute vor Gericht zu bringen. Wir verstehen das ganz explizit nicht als unsere Aufgabe. Das ist zugegebenermaßen eine recht bequeme Position. Wir können uns nur deshalb darauf zurückziehen, weil wir in Deutschland arbeiten und uns auf einen funktionierenden Rechtsstaat verlassen können. In vielen Ländern, in denen das *OCCRP* aktiv ist, ist das nicht möglich. Journalisten übernehmen hier, was Ermittlungsbehörden, Justiz und Gesetzgeber nicht leisten. Und Besserung ist nur zu erwarten, wenn Handlungen Konsequenzen haben. Also wollen die Kollegen Machtmissbrauch aktiv unterbinden und alle Beteiligten zur Rechenschaft ziehen.

Zum Beispiel einen Abgeordneten und ehemaligen Pharmaunternehmer aus Aserbaidschan, den unsere *OCCRP*-Kollegen in den Daten gefunden haben. Aserbaidschanische Politiker und Oligarchen beschäftigen uns seit Jahren regelmäßig, in allen großen Leaks fanden sich Spuren in die herrschende Klasse der durch Öl reich gewordenen Kaukasusrepublik. In einigen Fällen konnten wir mit Kolleginnen wie Khadija Ismayilova und Paul Radu sogar geheime Firmen der autokratischen Herrscherfamilie Alijew enttarnen. Das Korruptionsproblem des Staats ist bekannt; die Herrscher verstehen ihn als Selbstbedienungsladen. Wer finanziell profitiert, stützt im Gegenzug das Regime.

Der Geldschein verteilende Arm Aserbaidschans reichte mindestens bis vor Kurzem bis nach Deutschland, und zwar weit in die CDU/CSU. Das konnten wir, ebenfalls gemeinsam mit dem *OCCRP*, im Sommer 2017 belegen. Damals hatte das *OCCRP* uns Bankdaten der dänischen Danske-Bank zugänglich gemacht, in denen wir hohe sechsstellige Summen fanden, die an den CSU-Politiker Eduard Lintner überwiesen wurden – einen ehemaligen Staatssekretär und späteren Lobbyisten Aserbaidschans. Lintner trug Sorge dafür, dass ein Teil der Gelder unter anderem zu der CDU-Bundestagsabgeordneten Karin Strenz flossen – was wir ebenfalls aufdeckten. Strenz war schon länger als ungewöhnlich nah an aserbaidschanischen Positionen aufgefallen. Bei Lintner und Strenz wurden im Januar 2021 Büros und Privaträume durchsucht, wegen des Verdachts der Korruption. Die Ermittlungen gegen die 63-jährige Strenz liefen noch, als sie im März 2021 während einer privaten Reise, auf dem Rückflug aus Kuba, das Bewusstsein verlor und nach einer Notlandung in Irland starb. Das Todesermittlungsverfahren kam zu dem Ergebnis, dass die Ursache eine natürliche war und kein Fremdverschulden vorlag.

Ein weiteres Verfahren gegen einen gerade aus dem Bundestag ausgeschiedenen CDU-Abgeordneten läuft bei Redaktionsschluss dieses Buches noch. Auch er soll über Lintner Geld erhalten haben.

Aserbaidschan und Korruption sind jedenfalls zwei Wörter, die in unseren Texten meistens nah beieinanderstehen, und so finden wir in den Unterlagen der Credit Suisse wenig überraschend noch weitere Kontoinhaber aus der politischen Klasse dieses Landes.

Aber besonders interessant bleibt der oben erwähnte einfache Abgeordnete der Präsidentenpartei. Er nämlich hatte unseren Kollegen Paul Radu wegen zwei Artikeln über mutmaßliches Schwarzgeld aus Aserbaidschan verklagt, mit aggressiven Methoden, vor einem Gericht in Großbritannien, obwohl weder er noch Paul dort arbeiten oder leben oder die Artikel dort erschienen wären – es reichte, dass die Artikel auf Englisch verfasst und in Großbritannien abrufbar waren. Es ist ein Trend, den wir seit Jahren beobachten und fürchten: Sehr reiche Personen nutzen das britische Justizsystem, um aufwendige und kostspielige Verleumdungsklagen anzustrengen, Beobachter sprechen gar von »Verleumdungstourismus«. Paul Radu schrieb vor einigen Monaten, nachdem seine Anwälte einen günstigen Vergleich erzielt hatten: »Es war schmerzhafter, als ich es mir hätte vorstellen können. Es hat mich viel Zeit, Energie und Geld gekostet und mich für lange Zeit von meiner Arbeit abgehalten.« Und genau darum geht es: Journalisten von ihrer Arbeit abzulenken.

Dem Abgeordneten hat es nicht geholfen: Die Nationale Strafverfolgungsbehörde Großbritanniens (NCA) beantragte nur Tage nach unserem Spaziergang im Hafen von Barcelona, Gelder im Wert von mehr als 20 Millionen Dollar zu beschlagnahmen, die auf Konten von ihm, seiner Frau und seinem Neffen liegen. Das Geld sei unrechtmäßig erworben und mit gefälschten Papieren aus Aserbaidschan geschleust worden – wie zuvor von Paul und seinen Kollegen beschrieben. »Korruption, Diebstahl, Betrug und Geldwäsche sind die wahrscheinliche Erklärung« argumentierte die Behörde. Sie erwähnte auch ein Konto des Abgeordneten bei der Credit Suisse, von dem er Geld nach Großbritannien verschoben habe, man habe aber »keine Details über dieses Konto noch über die Quelle der ihm zur Verfügung stehenden Mittel«. So sei es nicht möglich festzustellen, ob auch dieses Geld illegal erworben sei. Seine Anwältin bestätigte uns auf Anfrage, dass er nur dieses eine Konto bei der Credit Suisse gehabt habe und »rechtmäßig verdientes Einkommen aus privaten Geschäftsinteressen« der Ursprung seines Wohlstandes sei.

Als wir uns in Barcelona von all den Kolleginnen und Kollegen verabschieden, sind wir uns bewusst, dass wir einen wichtigen Schritt weitergekommen sind. Und wir haben einen genauen Plan für die nächsten Monate. Und einen Veröffentlichungstermin. Die Zeit rast.

Der Druck steigt.

14

Menschenhändler und Foltergeneräle

Die Zeit des algerischen Bürgerkriegs nennt man in Algerien die »schwarze Dekade«. Zwischen 1991 und 2002 starben mehr als 150.000 Männer und Frauen, manche Quellen geben sogar 200.000 Tote an. Der Krieg wurde so grausam und mit derart extremer Brutalität gegen Zivilisten geführt, dass es einem beim Nachlesen den Atem verschlägt.

Als einer der Hauptverantwortlichen für das Blutvergießen gilt ein Mann namens Khaled Nezzar. Der 1937 geborene General wurde 1990 Verteidigungsminister und nachdem im Jahr darauf die Islamische Heilsfront FIS die Wahlen gewonnen hatte, putschten Nezzar und seine Soldaten und setzten Muhammed Boudiaf als Präsidenten ein. Khaled Nezzar blieb »der starke Mann im Hintergrund«, wie die *Süddeutsche Zeitung* 1992 schrieb, und seine Männer gingen mit unglaublicher Gewalt gegen die Gegner der Militärjunta vor.

Einer der Männer aus Nezzars Truppe – Leutnant Habib Souaïdia – wandte sich allerdings von ihm ab, flüchtete nach Frankreich und veröffentlichte 2001 ein Buch über das, was er in seiner Heimat erlebt hatte. Es heißt »Schmutziger Krieg in Algerien« und ist ein Dokument des Grauens. Souaïdia beschreibt etwa, wie seine Kameraden einen 15-Jährigen mit Benzin übergossen und lebendig verbrannten oder wie sie einem Islamistenführer den Kopf abschnitten, in einen Sack packten und einem Kommandanten auf den Schreibtisch stellten.

Weltweit wurde über das Buch berichtet und der Autor gab zahllose Interviews. Darin beschuldigte er vor allem einen Mann, dafür verantwortlich zu sein, dass Tausende Menschen gefoltert und ermordet wurden: Khaled Nezzar.

Und doch konnte Nezzar, der die Vorwürfe gegen ihn stets zurückgewiesen hat, drei Jahre nach der Veröffentlichung des Buches, im Februar 2004, ein erstes Konto bei der Credit Suisse oder einer Bank, die später von der Credit Suisse übernommen wurde, eröffnen und ein zweites im Dezember 2005. Beide wurden erst 2013 geschlossen.

In dieser Zeit war die Überprüfung von potenziellen Kunden mit Google längst möglich und wurde in der Finanzwelt auch mehr oder weniger standardmäßig eingesetzt. Mit ein paar Klicks lassen sich heute die Suchergebnisse von 2004 rekonstruieren – und sie zeigen: Schon damals konnte man auf Dutzende Artikel über Nezzar stoßen, indem man ihn einfach googelte. Auch war nur ein Jahr nach Souaïdias Buch ein weiteres erschienen, es heißt »Dans les geôles de Nezzar«, In Nezzars Kerkern; auch Amnesty International und Human Rights Watch berichteten über den Foltergeneral. »Es war allgemein bekannt, dass es in Algerien einen äußerst blutigen Konflikt gab und dass Nezzar die Nummer eins der Militärjunta war«, sagt auch der Anwalt Philip Grant, der Opfer des algerischen Bürgerkriegs vor Gericht vertreten hat. Es sei, so Grant, schlicht unmöglich, dass eine Schweizer Bank nichts von Nezzars Rolle im algerischen Bürgerkrieg mitbekommen habe.

Die Credit Suisse beanwortete keine Fragen zu ihrem Umgang mit Nezzar.

Die Frage im Fall Nezzar lautet also: Wusste die Bank, die ihm ein Konto gab, also wirklich nicht, wen sie da aufnahm?

Es lohnt, sich an dieser Stelle einmal genauer mit der Frage zu befassen, wie die Bank das sieht – zumindest heute. Dabei hilft ein Blick auf die Homepage der Bank. Dort beschreibt die Credit Suisse in ihrem Verhaltenskodex (Code of Conduct) den Sinn ihres Handelns in einem Text, der Mitte Januar 2022 exakt 3943 Wörter hat oder, um noch genauer zu sein: 25.762 Buchstaben.

Es ist eine Art Bibel für alle Credit-Suisse-Angestellten, ein »Leitfaden für die Anwendung unserer Werte und Prinzipien in einem schnelllebigen, komplexen Umfeld, welches von konstantem Wandel gekennzeichnet ist«, so beschreiben es der damalige Credit-Suisse-Verwaltungsrat Urs Rohner und Credit-Suisse-CEO Thomas Gottstein – und bürgen dafür mit ihrem Namen. »Diese beständigen Werte leiten uns, in jeder Situation die richtigen Entscheidungen zu treffen.«

Dieser Verhaltenskodex ist ein guter Gradmesser dafür, wie sich die Bank selbst gern sieht – und wie sie sich der Öffentlichkeit präsentiert. Vor allem aber ist es ein guter Maßstab für das, was wir in den vergangenen Monaten in unseren Daten entdeckt haben.

Die Credit Suisse schreibt in ihrem Verhaltenskodex nämlich, dass es ihre Bestimmung sei, »Mehrwert für unsere Kunden und die Gesellschaft zu schaffen«. Die Bank und ihre Mitarbeiter und Mitarbeiterinnen verpflichten sich, »die höchsten Compliance-Standards einzuhalten«. Damit legt die Credit Suisse die Latte hoch – daran muss sie sich messen lassen.

Compliance bedeutet übersetzt so etwas wie »Erfüllung von Anforderungen«. Mediziner sprechen gern von Compliance, wenn Patienten ihren Empfehlungen folgen, etwa wenn sie sich nicht dagegen sträuben, bestimmte Tabletten zu nehmen oder Verhaltensweisen zu ändern. Im Falle von Banken und Finanzdienstleistern geht es bei Compliance hauptsächlich darum, ob Recht und Gesetz eingehalten werden. Das ist jedoch nicht alles. Es gehe eben »nicht nur um die Befolgung von aktuell geltenden

Gesetzen, sondern auch um die bewusste und gewollte Einhaltung von Regeln im weitesten Sinne«, heißt es in dem Compliance-Standardwerk »Die Spielregeln des Private Banking in der Schweiz«. Es geht also auch um Dinge, die ethisch falsch sind und dem Ruf des Unternehmens schaden könnten.

In der Theorie heißt das also, dass Banken die schwarzen Schafe unter den Kunden aussortieren müssen – oder diese am besten gar nicht erst annehmen. Aber in der Praxis wird es offenbar kompliziert, denn wenn viele Millionen Franken winken, sieht das schwarze Schaf vielleicht nur noch dunkelgrau aus. Und es stellt sich die Frage: Wie dunkelgrau darf es denn sein, um noch akzeptabel zu sein?

Wir müssen noch etwas weiter ausholen: Heutzutage unterhält jedes Unternehmen, das etwas auf sich hält, eine Compliance-Abteilung. Bei der Credit Suisse heißt sie »Risk, Legal & Compliance« und hat, so hören wir, mehr als 1000 Mitarbeiter – wie viele es genau sind, verrät die Bank nicht.

Die Regeln, an die sich die Banker zu halten haben, sind hingegen öffentlich nachzulesen – im Schweizer Strafgesetzbuch, der Geldwäschereiverordnung der Finanzmarktaufsicht, dem Bankengesetz, den Grundsätzen der sogenannten Wolfsberg-Gruppe (einer 1999 gegründeten Vereinigung von 13 internationalen Großbanken), den Standesregeln der Schweizer Bankiersvereinigung oder eben im Verhaltenskodex der Bank selbst.

Unter dem Punkt »Accountability«, also »Verantwortung«, heißt es dort, dass die Credit Suisse es als ihre Pflicht sehe, »Menschenrechte zu fördern«. Außerdem stünden ökologische Überlegungen »im Mittelpunkt unseres Handelns als Bank«. Das klingt gut – aber nach allem, was wir in den vergangenen Monaten herausgefunden haben, auch reichlich absurd. Denn schon längst haben wir etliche Kunden in den Daten gefunden, die für vieles bekannt sind, aber nicht dafür, ökologisch zu handeln, die Menschenrechte zu achten oder gar zu fördern.

Und das Entscheidende: Bei vielen dieser Kunden war all das schon bekannt, *bevor* sie Kunden der Bank wurden. Wie bei Khaled Nezzar beispielsweise – dem Foltergeneral aus Algerien.

Aber man muss nicht so weit in die Vergangenheit gehen. Im August 2015 etwa eröffnete laut unserer Daten die Firma Dalnave Navigation Inc. ein Konto bei der Credit Suisse. Dalnave Navigation ist im westafrikanischen Küstenstaat Liberia registriert. Weltweit fahren Tausende Tanker und fast 20 Prozent aller Containerschiffe unter liberianischer Flagge – einer »Billigflagge«, wie Kritiker sie nennen. Verantwortungslose Reeder schätzen vor allem die nicht vorhandenen Arbeitsschutzgesetze und fehlende Mindestlohnregelungen in Liberia. Für das Land, das unter den Folgen des Bürgerkriegs, Massenarmut, Arbeitslosigkeit und Korruption leidet, sind die Schiffsregistrierungsgebühren eine verlässliche Einkommensquelle. Für jedes Unternehmen, das sich auf die Fahnen schreibt, sich »für die Verbesserung der Lebensumstände benachteiligter Menschen« einzusetzen, wie es im Credit-Suisse-Report »Unternehmerische Verantwortung Bericht 2013« heißt (in dem allein 24 Mal der interne Verhaltenskodex zitiert wird), sollte die liberianische Beflaggung allerdings ein erstes Warnsignal sein. Dalnave Navigation jedenfalls bekannte sich im Jahr 2009 in den USA schuldig, ölhaltiges Wasser von einem Schiff illegal ins Meer geleitet zu haben. Besatzungsmitglieder gestanden sogar, eigens Rohre installiert zu haben, um ein System zur Verschmutzungskontrolle zu umgehen und verschmutzte Abwässer direkt in die See pumpen zu können. Dafür musste Dalnave Navigation eine Million Dollar Strafe bezahlen sowie weitere 350.000 Dollar an eine staatliche Organisation zum Schutz der Meere überweisen. Zwei Jahre zuvor war bereits ein Schiff, das Dalnave betrieben hatte, vor einer norwegischen Insel auf Grund gelaufen und zerbrochen. Öl und Diesel traten aus, die Reste des Schiffes lagen jahrelang vor der Insel, bis ein Rechtsstreit um die Beseitigung geklärt war. Und dennoch war Dalnave Navigation der Credit Suisse als Kunde recht, noch 2015.

Der Begriff »Umwelt« kommt in jenem Credit-Suisse-Report über unternehmerische Verantwortung übrigens 111 Mal vor, auf 66 Seiten.

Der Verhaltenskodex der Credit Suisse war 2003 vermutlich noch nicht erlassen worden, als die Bank die Töchter von Omar Soleiman, dem damals schon berüchtigten ägyptischen Geheimdienstchef, als Kontoinhaber akzeptierte und jahrelang deren Gelder in Empfang nahm – obwohl Menschenrechtsaktivisten den Vater längst mit grausamen Foltermethoden und Entführungen in Verbindung brachten. Aber der Verhaltenskodex trat in Kraft, als die Soleimans Kontoinhaber waren – da hätte man ihn auf bestehende Kunden anwenden müssen. Und auch vor 2003 gab es schon einen längst bestehenden Code of Conduct, der hier gleich Thema sein wird, den die Credit Suisse zwar nicht speziell für ihr Haus entworfen hatte, aber doch mittrug. Generell kann man auch fragen: Braucht man überhaupt einen Verhaltenskodex, um die Familie eines Folterers als Kunden abzulehnen?

Natürlich, es gab am Schweizer Finanzplatz andere Zeiten, aber die sollten lange vor 2003 vorbei gewesen sein. »Anything goes«, alles ist erlaubt, so beschreibt die Compliance-Expertin Monika Roth in den »Spielregeln des Private Banking in der Schweiz« die Fünfziger-, Sechziger- und Siebzigerjahre, als noch so ziemlich jeder Kunde akzeptiert wurde. Hauptsache das Geld stimmte.

Dann kam das Jahr 1977 und der Fall Chiasso erschütterte die Schweizer Bankenwelt. Er hatte seinen Ursprung ausgerechnet bei der Credit-Suisse-Vorgängerin Schweizerische Kreditanstalt (SKA). Die SKA-Filiale in Chiasso im Tessin, an der Grenze zu Italien, hatte über Jahre hinweg Geld – von mehreren Milliarden Franken war die Rede – von Steuerhinterziehern aus Italien in eine Briefkastenfirma im Fürstentum Liechtenstein geschleust und in fragwürdigen Investments angelegt. Der Schaden für die Bank belief sich am Ende auf 1,2 Milliarden Franken – so viel hatte bis dahin noch nie eine Schweizer Bank verloren. »Er sollte als Zäsur auf dem Finanzplatz in Erinnerung bleiben«, schrieb die *Luzerner Zeitung.* »Wenn es selbst ersten Adressen nicht mehr gelingt, die Geschäfte so zu kontrollieren, daß [sic] Chiasso-Fälle nicht vorkommen, wie muß [sic] es dann bei den anderen 560 Banken und Finanzgesellschaften in der Schweiz aussehen?«, fragte der *Tages-Anzeiger.*

Noch im selben Jahr entwarfen die Schweizer Nationalbank und die Bankiersvereinigung – als Reaktion auf das Versagen der Credit Suisse im Fall Chiasso – eine »Vereinbarung über die Sorgfaltspflicht bei der Entgegennahme von Geldern und die Handhabung des Bankgeheimnisses«, kurz: VSB. Das war der eben erwähnte erste »code of conduct« der Schweiz, den auch die Credit Suisse mittrug. Die Banken gaben sich damals eigene Regeln zum Umgang mit dubiosen Kunden, eben um einen zweiten Chiasso-Skandal zu verhindern. Eine bessere Identifikation von Kunden sollte Geldwäsche und Terrorfinanzierung verhindern. Die Vereinbarungen wurden seither im Schnitt alle fünf Jahre überarbeitet, Mitte Januar 2022 liegt die VSB in der 20. Fassung vor.

In Artikel 4 der derzeit gültigen Vereinbarung heißt es: »Die Bank ist verpflichtet, bei Aufnahme einer Geschäftsbeziehung den Vertragspartner zu identifizieren.« Diese Regel, dass die Bank also genau wissen muss, wer der Kunde ist, ist heute als KYC-Regel (Kurz für »Know your customer« – »Kenne deine Kunden«) eine der obersten Regeln im internationalen Bankgeschäft. Seit 1998 ist sie in der Schweiz Gesetz.

Mit »Kenne deine Kunden« ist nicht nur gemeint, dass die Bank den Namen des vermeintlichen Kontoinhabers in einem Formular eingetragen hat. Sondern dass sie weiß, wer das wirklich ist. Übertragen auf die in diesem Kapitel vorgestellten Fälle hieße das also: ein algerischer Kriegsverbrecher, die Familie eines ägyptischen Generals, der foltern ließ, und eine zweifelhafte liberianische Firma, die zwei Umweltskandale ausgelöst hat.

Wenn die Bank also wusste, wer da alles ein Konto eröffnet hat (und wir haben noch mehr ähnliche Fälle in den Daten), waren ihr die Vorsätze, ethisch zu handeln, offenbar nicht wichtig genug. Wenn sie es nicht wusste, hat sie ihre Sorgfaltspflicht verletzt. Beides lässt die Bank nicht gut aussehen. Zumal »mangelnde Sorgfalt bei Finanzgeschäften« in der Schweiz seit 1990 strafbar ist – mit Strafandrohung von bis zu einem Jahr Haft.

Während wir uns in die Feinheiten der Schweizer Bankenregeln einarbeiten, stoßen unsere pakistanischen Kollegen von *The News* auf einen weiteren Fall, der darauf hindeutet, dass es die Credit Suisse mit »Kenne deine Kunden« nicht so genau nahm. Es geht um einen Pakistaner namens Muhammad Javed, der laut den internen Credit-Suisse-Aufzeichnungen im November 1977 geboren ist und dort auch lebt. Er eröffnete 2003 und 2005 jeweils ein Konto. Insgesamt lagen darauf bis zu 80 Millionen Schweizer Franken.

Unsere pakistanischen Kollegen finden heraus, dass es in der nationalen Datenbank Pakistans, in der alle Bürger und Bürgerinnen registriert sind, nur einen Muhammad Javed gibt, der im November 1977 geboren ist. Er lebt in Lahore.

Aber: Laut einer pakistanischen Behördendatenbank, in der sämtliche Ausreisen erfasst werden, hat Muhammad Javed das Land nie verlassen. Nun könnte es theoretisch sein, dass er aus Pakistan sein Konto in der Schweiz eröffnet hat. Allerdings ist Muhammad Javed ein armer Mann, wie unsere Kollegen herausfinden. Sie spüren ihn in Lahore auf, wo er billige T-Shirts am Straßenrand verkauft – von einem Schweizer Konto will er nichts wissen, auch habe er Pakistan nie verlassen und überhaupt habe er kein Geld zum Sparen. Er sei froh, über die Runden zu kommen.

Wen auch immer die Credit Suisse glaubt zu kennen, dieser Muhammad Javed ist es wohl nicht. Darauf angesprochen, äußerte sich die Bank auch zu diesem Fall nicht.

Wir stoßen auf immer mehr Kunden, die uns daran zweifeln lassen, dass die Credit Suisse wirklich die »höchsten Compliance-Standards« anlegte. In dem Forum, in dem wir mit unseren Partnern vom *OCCRP* und den anderen Partnermedien unsere Funde teilen, gibt es mittlerweile einen eigenen Unterpunkt namens »problematic customers«, Problemkunden, er umfasst bereits mehr als hundert Namen.

Einer von ihnen ist Antonio V.

Der Italiener wurde im März 2013 zusammen mit zwei Dutzend mutmaßlichen Mitgliedern der kalabrischen Mafia ›Ndrangheta‹ festgenommen. Die Ermittler hatten der Mission den Namen »Operation Metropolis« gegeben, die Staatsanwaltschaft sprach von der »wichtigsten Ermittlung zu Geldwäsche in Italien in den vergangenen zehn Jahren«. Fünf Jahre lang waren die Fahnder den Geldströmen von Mafiaclans und Terrorhelfern gefolgt und nun schlugen sie zu, um Vermögen im Wert von 450 Millionen Euro zu beschlagnahmen. Vermögen, das die Mafiosi mit Drogen- und Waffenhandel erwirtschaftet und nun laut Angaben von Ermittlern in Immobilien, vor allem Ferienanlagen, investiert hatten. Zwei Männer standen besonders im Fokus der Ermittler: der bereits erwähnte Antonio V. und ein mutmaßlicher irischer Terrorist, der in den Siebzigern einen Bombenanschlag auf ein Hotel in Belfast verübt hat, 15 Jahre hinter Gittern verbrachte und heute auf der Flucht sein soll. Laut dem Chefermittler der Operation war er inzwischen der Mann für die IRA, »der die Erlöse aus den terroristischen Aktivitäten recycelt und die finanziellen Ressourcen der Bewegung reinvestiert«. Er betrieb eine Firma gemeinsam mit dem mutmaßlichen Mafioso Antonio V. Und damit wären wir wieder bei der Credit Suisse.

Denn V. konnte laut den Suisse-Secrets-Daten vor seiner Verhaftung gleich drei Konten in der Schweiz eröffnen. Zwei davon existierten noch Jahre nach seiner Verhaftung bei der Operation Metropolis. Sie waren den Ermittlern laut unseren Recherchen offenbar nicht bekannt. Ein an der Operation beteiligter Ermittler sagte, es habe »eine Spur« zur Credit Suisse gegeben, aber »aufgrund der mangelnden Zusammenarbeit mit den Schweizer Behörden« konnten sie es nie wirklich beweisen. V. wurde 2016 von allen Vorwürfen freigesprochen, eine Verurteilung zu vier Jahren Haft wegen Steuervergehen wurde in zweiter Instanz aufgehoben, weil die Vergehen bereits verjährt waren.

Für die italienische Finanzpolizei zeigte der Fall eine neue Form des Mafia-Unternehmertums und eine »neue Art von ›Mafia‹, bei der nicht geschossen oder getötet wird, sondern bei der die Zugehörigkeit nur von einem Nährboden ausgeht: Geld«.

Mit freundlicher Unterstützung von Banken wie der Credit Suisse.

Ein anderer Kunde, der uns aufhorchen lässt, ist der schwedische Staatsbürger Bo Stefan S., der laut unseren Daten im April 2008 ein Konto eröffnet hat. Zwölf Monate später nahm die philippinische Polizei S. und einen weiteren Schweden fest. Die Ermittler stürmten auf Mindanao, der zweitgrößten Insel der Philippinen, ein Geschäftsgebäude und stieß auf 17 nackte Frauen, die vor Computern mit Webcams saßen und deren Job es war, sich für eine Gebühr für Kunden in Übersee auszuziehen. S. und sein Kompagnon wurden kurz darauf wegen Menschenhandels angeklagt. Der englischsprachige *Inquirer Mindanao* berichtete darüber am 27. April 2009, im Mai 2010 berichtete die schwedische Tageszeitung *Aftonbladet* über den Fall, später griffen ihn auch etliche andere Zeitungen auf.

Es sind Artikel, auf die eigentlich die Compliance-Abteilung jeder Bank hätte stoßen können – oder besser gesagt: müssen. Denn es gehört zum Einmaleins der »Kenne-deinen-Kunden«-

Politik, die Namen der Kunden regelmäßig mit einschlägigen Sanktionslisten abzugleichen, ihre Namen zu googeln und in Datenbanken wie World-Check oder Factiva zu suchen, die Informationen über so ziemlich jede Person auf dieser Welt zusammentragen. Wir haben das im 12. Kapitel schon einmal erwähnt, da ging es darum, dass die Credit Suisse Eduard Seidel als Kunden weiter akzeptierte, obwohl er in solchen Datenbanken als Schmiergeldverteiler für Siemens geführt wurde und wird.

Ob diese Prüfung hier in diesem Fall, bei Bo Stefan S., unterblieben ist, will die Credit Suisse uns nicht sagen. In unseren Daten aber sehen wir, dass S. zunächst sein Konto behalten durfte. Tatsächlich könnte es theoretisch sein, dass es auf Anordnung der Behörden eingefroren wurde – und die Bank es deshalb nicht schließen durfte. Selbst als Bo Stefan S. in Untersuchungshaft saß, ging noch Geld auf dem Konto ein. Woher es stammt, sehen wir nicht.

Im Mai 2011 wurde S. schließlich zu einer lebenslangen Haftstrafe verurteilt. »Die Missachtung philippinischer Frauen und die Verstöße gegen unsere Gesetze verdienen die schärfste Verurteilung durch dieses Gericht«, hieß es im Urteil. Diesmal berichteten auch die Nachrichtenagenturen *Reuters* und *Agence France Press* – ihre Berichte wurden international aufgegriffen, selbst von der *Times of Malta*. Laut der Suisse-Secrets-Daten blieb S. weiterhin Kunde. Erst Ende 2013, und damit mehr als vier Jahre nach seiner Festnahme, wurde sein Schweizer Konto geschlossen. Die Hintergründe sind unklar. (Der inhaftierte S. war bis Redaktionsschluss dieses Buches für eine Anfrage nicht zu erreichen.)

»Von einer Bank erwarte ich, dass sie ihre Kunden regelmäßig bei Google eingibt, da muss geschaut werden, was über sie zu finden ist«, sagt Monika Roth. »Und wenn die Bank einen Verdacht hat, muss sie diesen der Meldestelle für Geldwäscherei sofort melden, sonst macht sie sich strafbar.« Die Rechtsanwältin ist die Autorin der bereits mehrfach zitierten »Spielregeln des Private Banking in der Schweiz«. Sie unterrichtet als Professo-

rin an der Uni Luzern – und gilt in der Schweiz gemeinhin als
»Compliance-Päpstin«.

Wir beschließen, sie anzurufen, um ihre Einschätzung zu diesen Fällen zu hören. Die Sache ist nur die: Wir können ihr natürlich nicht verraten, dass wir ein Leak von Tausenden Konten in den Händen haben und dass diese Konten bei der Credit Suisse geführt worden waren. Also sprechen wir mit ihr nur sehr abstrakt über unsere Fälle. Um unsere Quelle zu schützen und das Projekt nicht zu gefährden, lassen wir auch offen, ob es sich um echte oder fiktive Fälle handelt.

Wir fragen sie, ob zum Beispiel Geheimdienstchefs Konten bei Schweizer Banken eröffnen könnten?

»Ich würde keinen Geheimdienstchef aus Russland nehmen, ich würde auch keinen nehmen aus südamerikanischen Staaten, aber ich würde vielleicht einen Geheimdienstchef aus Deutschland nehmen, der ein Ferienhaus hier in der Schweiz hat.« Und aus dem Nahen Osten? »Keinesfalls.«

Ein eindeutiges Votum. Und weiter: Wie sähe es mit einem Geheimdienstler aus, gegen den Foltervorwürfe erhoben wurden – würde sie diesen oder seine Kinder als Bankkunden akzeptieren? »Nein.«

Noch mal eindeutig. Nächster Fall: Einen mutmaßlichen Kriegsverbrecher (so wie Khaled Nezzar)? »Nein.«

Okay. Ein Beispiel noch: Einen nach Korruptionsvorwürfen des Amtes enthobenen Premier eines nahöstlichen Landes (so wie Samir Rifai aus dem Libanon)? »Nein.«

Und eine Frage vielleicht zu dem Siemens-Manager, der in den Schmiergeldskandal des deutschen Großkonzerns verwickelt war und noch Jahre später etliche Millionen auf dem Konto hatte? »Das Konto würde ich auflösen – einfach aus Reputationsgründen.«

In den meisten Ländern dieser Welt gibt es mittlerweile eine Vorschrift, dass Banken verdächtige Kunden oder Transaktionen den Behörden melden müssen. In Deutschland müssen sich Banker an die beim Zoll angesiedelte Financial Intelligence Unit (FIU) wenden, in der Schweiz an die Meldestelle für Geldwäscherei (MROS), die dem Bundesamt für Polizei untersteht. Der Haken: Banken machen sich bei ihren Kunden nicht unbedingt beliebt, wenn sie genau hinschauen und viele Meldungen abgeben. So haben Schweizer Banken 2020 lediglich 4773 Verdachtsfälle gemeldet. Zum Vergleich: In Deutschland wurden aus dem Finanzsektor im gleichen Zeitraum 140.325 Meldungen abgegeben. Und deutsche Banken sind – trotz aller Skandale, die es auch in der Bundesrepublik gab – bei Geldwäschern und Kleptokraten bei Weitem nicht so beliebt wie schweizerische Geldhäuser.

Viele der Kunden, die wir bislang in den Credit-Suisse-Daten gefunden haben, fallen in die Kategorie politisch exponierte Persönlichkeiten (PEP). Sie gelten als besonders heikel. Monika Roth thematisiert sie regelmäßig in ihren Büchern. »Es ist nicht verboten, mit ihnen Geschäfte zu machen«, sagt sie, bezogen auf die aktuelle Rechtslage, »aber die Geschäftsleitung muss in diese Entscheidung einbezogen werden.« Außerdem mache es einen Unterschied, ob es sich um Angela Merkel handle oder einen Autokraten aus Nahost. »Bei Frau Merkel würde ich das Korruptionsrisiko als sehr gering, wenn überhaupt vorhanden, erachten.« Im Gegensatz dazu gebe es Länder und Regionen, in denen viel Korruption und wenig Meinungsfreiheit existiere, da müsse man häufiger und genauer hinschauen als bei Angela Merkel – und im Zweifel auch einfach einen Kunden ablehnen, »allein schon, weil der Aufwand der Überwachung der Kunden viel zu groß ist«.

Angela Merkel taucht in unseren Daten nicht auf, Gleiches gilt für Olaf Scholz, und auch kein anderer früherer deutscher Bundeskanzler oder -präsident. Dafür sind wir auf viele Staats- und Regierungschefs aus der Kategorie »Länder mit viel Korruption, wenig Meinungsfreiheit« gestoßen – eine Personengruppe, die

Banken nur mit äußerst spitzen Fingern anfassen sollten und deren Konten in ihren Heimatländern allein schon von hohem öffentlichem Interesse sind: So haben wir neben dem jordanischen König Abdullah II. bin al-Hussein, dem amtierenden armenischen Präsidenten Armen Sarkissjan, dem früheren jordanischen Premier Samir Rifai und dem algerischen Expräsidenten Abdulaziz Bouteflika auch einen irakischen Exvizepräsidenten gefunden – sowie einen madegassischen Expremier, den georgischen Expremier und einen pakistanischen Expremier. Und einen früheren syrischen Vizepräsidenten sowie den jemenitischen Exvizepräsidenten.

Neben dem Korruptionsindex von Transparency International und den einschlägigen Rankings zur Meinungsfreiheit eines Landes ist für Monika Roth ein weiteres wichtiges Kriterium, ob der Politiker aus einem armen, politisch oder wirtschaftlich instabilen Staat kommt, von der Weltbank »Low Income Country under Stress« (Licus) genannt. Auch aus diesen Ländern finden wir etliche hochrangige Politiker.

Aus Côte d'Ivoire, das auch zu den Licus-Ländern gezählt wird, haben wir Hamed Bakayoko gefunden, der erst Verteidigungsminister und dann Premierminister des Landes war. Bakayoko starb im März 2021.

Auch Nigeria steht auf der Liste und doch hat etwa der Spitzenpolitiker Philip Asiodu, ehemaliger Ölminister des Landes, dort 1998 ein Konto eröffnen können – und es behalten dürfen, obwohl er im Jahr darauf Chefwirtschaftsberater des Präsidenten wurde. Auch er ließ unsere Fragen unbeantwortet.

Zu politisch exponierten Personen gehören ohnehin längst nicht nur Politiker und Beamten selbst, sondern auch ihre Ehepartner, Expartner, Cousins und Cousinen, Tanten und Onkel, Kinder und Enkelkinder. Oder auch Freunde. Bestes Beispiel, direkt aus unseren Daten: »Mama« Ngina Kenyatta. Sie ist nicht nur die Ehefrau des früheren kenianischen Präsidenten Jomo Kenyatta, sondern auch die Mutter von Uhuru Kenyatta – dem derzeitigen Präsidenten des Landes, der seit 2013 amtiert. Sie hatte vier Konten, mit etlichen Millionen darauf, die zwischen 1982 und 2011 aktiv waren. Auch in den Pandora Papers war sie uns als Begünstigte einer 30 Millionen Dollar schweren Stiftung in Panama begegnet. Dass die Familie über ein großes Vermögen verfügt, ist bekannt. Bekannt sind aber auch die Vorwürfe, dass Jomo Kenyatta seine Macht als Präsident nutzte, um sich persönlich zu bereichern. Wie bei allen PEPs ist hier zu fragen, woher das Geld stammt. Ob es etwas mit der Tätigkeit des Familienmitglieds zu tun hat oder vollkommen unabhängig verdient wurde. Wenn Letzteres von den Kunden behauptet wird, sollte sich die Bank das gut belegen lassen. Aus dieser Kategorie der »nahen Verwandten« sehen wir in den Daten zahlreiche Credit-Suisse-Kunden, dazu gehören die bereits erwähnten Söhne Mubaraks, die Söhne und die Ehefrau von Teodoro Obiang, des Diktators von Äquatorialguinea, und die Tochter eines ehemaligen georgischen Staatschefs.

Einen Kunden, den die Credit Suisse im Gegensatz zu all den Autokraten, mutmaßlichen Mafiosi, Foltergenerälen und Geheimdienstchefs und ihren Freunden und Verwandten dagegen offenbar lieber heute als morgen loswerden wollte, ist der chinesische Dissident und Künstler Ai Weiwei. Im September 2021, als wir gerade mitten in den Recherchen stecken, veröffentlicht er auf einem Blog einen Beitrag mit dem Titel »Die Credit Suisse lässt die Meinungsfreiheit links liegen«. Darin beschreibt Ai Weiwei, wie die Credit Suisse das Konto der von ihm gegründeten Fart Foundation, einer Stiftung für freie Meinungsäußerung und Kunst, geschlossen hat: »Sie tat dies, wie sie schrieb, in Übereinstimmung mit einer neuen Politik, alle Konten von Personen zu schließen, die einen Strafregistereintrag haben.« Die Bank habe ihm telefonisch mitgeteilt, dass das Konto so schnell wie möglich geschlossen werde. Ai Weiwei schreibt weiter: »Die Schweiz hat auf der Weltbühne lange Zeit Privilegien genossen, die sich aus ihrem Ruf der Neutralität ergaben. In der Praxis jedoch haben die Banken die »Neutralität« als Etikett benutzt, um sich auf die Seite der Mächtigen zu stellen und unanständige Vorteile zu erlangen.« Es sei kein Geheimnis, dass hochrangige chinesische Politiker geheime Konten bei der Credit Suisse haben.

Tatsächlich haben wir bereits 2014 in einer gemeinsamen Recherche mit dem *International Consortium of Investigative Journalists* (ICIJ) herausgefunden, dass der Sohn des damaligen chinesischen Premiers Wen Jiabao mit Hilfe der Credit Suisse eine Briefkastenfirma mit Sitz auf den Britischen Jungferninseln gegründet hat.

Was am Fall Ai Weiwei auffällt: Hier handelt Credit Suisse so, wie man es von einer gewissenhaften Bank erwarten würde, die auf tatsächliche Straftäter stößt – was sie allerdings bei zahlreichen Kunden, die wir gefunden haben, eben nicht getan hat: Sie löst sein Konto auf, ohne Diskussionen. Nur handelt es sich bei Ai Weiwei um einen Künstler und Dissidenten, der sich regelmäßig mit einem der mächtigsten autoritären Staaten der Welt anlegt. Nicht um einen Autokraten, der Geld in die sichere Schweiz schafft.

Und zu allem Überfluss gibt es große Zweifel an der Argumentation, mit der die Bank dem Künstler zunächst mitteilte, das Konto seiner Stiftung zu schließen. Denn in den Allgemeinen Geschäftsbedingungen steht bis heute nichts von dieser Regelung. Vielmehr steht darin, dass die Bank die »Bankbeziehung jederzeit per sofort oder auf einen späteren Termin kündigen« kann. Von Strafregistereinträgen ist dort gar nicht die Rede. Ein Eigentor, das die Bank Tage später selbst einräumte. Die neue Verteidigung lautete: Ai Weiwei habe notwendige Unterlagen nicht geliefert. Von einem Strafregistereintrag war plötzlich keine Rede mehr.

15

Pressefreiheit in Gefahr

Mittlerweile recherchieren wir seit vielen Monaten zu den Geheimnissen der Credit Suisse; inzwischen sind wir weit mehr als hundert Journalistinnen und Journalisten. Gemeinsam wollen wir einen Missstand globalen Ausmaßes enthüllen – einen Missstand, der offenkundig von überragendem öffentlichem Interesse ist. Deswegen hat niemand von uns Bedenken, mit den geleakten Daten zu arbeiten – auch wenn diese von unserer Quelle möglicherweise illegal erlangt worden sind – und sie zum Teil zu veröffentlichen.

Nun ist es so: Es geht um eine Schweizer Bank. Es geht um das Schweizer Bankgeheimnis. Da scheint es logisch, eine Zeitung aus der Schweiz einzubinden.

Selbst bei den Panama Papers haben wir Kolleginnen und Kollegen der panamaischen Tageszeitung *La Prensa* an Bord geholt, obwohl wir anfangs nicht sicher waren, ob wir ihnen trauen konnten. Wir kannten sie nicht persönlich und Panama ist kein sehr großes Land – in der Hauptstadt Panama-Stadt kennen sich die Menschen in Politik, Finanzbranche und Medien untereinander gut. Ihre Kinder spielen gemeinsam in Softball-Teams, sie besuchen dieselben Theater, essen in denselben Restaurants.

Aber wir sind das Risiko eingegangen, weil wir das Gefühl hatten, dass ein lokaler Partner der Recherche guttun würde. Es war klar: Wenn nur internationale Teams, die Panama bestenfalls als Touristen oder Besucher kennen, über das Land schreiben würden, wäre die Gefahr hoch, Details zu übersehen, Hintergründe zu ignorieren und Vorgänge falsch einzuordnen. Mit einem panamaischen Partner hätten wir jemanden, der uns davor bewahren konnte. Und tatsächlich war das Team um die stellvertretende *La-Prensa*-Chefredakteurin Rita Vásquez eine enorme Hilfe für uns alle, das große *ICIJ*-Team der 400 Kolleginnen und Kollegen aus der ganzen Welt. Und nicht unwichtig: Der panamaische Partner sorgte dafür, dass die Recherche nicht wie ein kolonialistischer Überfall wirkte.

Auch für unsere Credit-Suisse-Recherche wären lokale Journalisten und Journalistinnen außerordentlich wichtig. Unser logischer Partner in der Schweiz wäre dabei der Tamedia-Verlag, der sich seit Kurzem TX Group nennt. Zu Tamedia gehören unter anderem die Zeitungen *Tages-Anzeiger, Sonntagszeitung, Basler Zeitung, Berner Zeitung, Le Matin Dimanche* und *Tribune de Genève*. Die *Süddeutsche Zeitung* und Tamedia haben einen ständigen Austausch von Texten vereinbart, unsere Recherchen erscheinen in ihren Blättern und ihre bei uns; einige Auslandskorrespondenten arbeiten für beide Häuser. In unsere Kolleginnen und Kollegen bei Tamedia hätten wir absolutes Vertrauen; wir kennen ihre Fähigkeiten und ihre Aufrichtigkeit – insbesondere, wenn es um das Rechercheteam um Oliver Zihlmann geht, der wie zwei von uns auch *ICIJ*-Mitglied ist. Mit Oliver arbeiten wir nicht nur seit Jahren zusammen, wir sind auch befreundet.

Zum ersten Mal haben wir 2013 mit den Schweizer Kollegen recherchiert, als wir bei unserem ersten *ICIJ*-Projekt »Offshore-Leaks« einen Blick in die geheime Welt der Steueroasen geworfen haben. Als Schweizer verstanden sie vielleicht besonders gut, wie schnell in einem Land, in dem die Finanzindustrie enorm wichtig ist, weil sie fast zehn Prozent der Wirtschaftsleistung erbringt und rund sechs Prozent der Arbeitnehmer einen Job sichert, die Reihen geschlossen werden – und Kritik deswegen oft ungehört abperlt.

Seither haben wir in etlichen Projekten kooperiert, von den Luxemburg-Leaks bis zu den Pandora Papers, und Dutzende Artikel haben wir sogar gemeinsam recherchiert und geschrieben. Bei den Panama Papers haben wir über Monate gemeinsam versucht, die Ursprünge des so mysteriösen wie monströsen Reichtums eines Mannes namens Sergei Roldugin zu verstehen, der einer von Wladimir Putins besten Freunden war, wenn nicht sogar sein bester. Allerdings war Roldugin kein Geschäftsmann, was die in Briefkastenfirmen versteckten Hunderte von Millionen Euro möglicherweise hätten erklären können, sondern: ein Cellist.

Roldugin hatte im Mai 2014 im Namen einer seiner Offshore-Firmen ein Konto bei der Schweizer Gazprombank in Zürich eröffnet. Dafür musste er, der Taufpate von Wladimir Putins Tochter, einen Anti-Geldwäsche-Fragebogen ausfüllen (wie seit vielen Jahren jeder Neukunde einer Schweizer Bank) und darin erklärte er, keinerlei Beziehung zu einer politisch exponierten Persönlichkeit (PEP) zu haben. Die Gazprombank ließ die Antwort offenbar durchgehen, jedenfalls übermittelte ein Zürcher Anwalt von Roldugin den Bogen so nach Panama – obwohl Putin so etwas ist wie der godfather aller PEPs. Nach unseren Enthüllungen im April 2016 leitete die Schweizer Finanzmarktaufsicht eine Untersuchung ein, die schließlich 2018 zu dem Schluss kam, dass die Gazprombank »schwer gegen die Sorgfaltspflichten des Geldwäschereigesetzes verstoßen hatte«.

Natürlich haben wir Oliver Zihlmann und sein Team auch diesmal wieder eingeladen, in unser Projekt einzusteigen. Aber Tamedia entschied nach einer Bedenkzeit, dass sie dieses Mal nicht dabei sein können – aus rechtlichen Gründen.

Hintergrund dieser Entscheidung ist das Schweizer Bankengesetz. Und je länger wir uns damit befassen, umso erstaunter sind
wir, wie wenig Aufmerksamkeit der Artikel 47 dieses Gesetzes
bis jetzt bekommen hat. Nicht nur international, sondern auch
in der Schweiz. Denn hier werden journalistische Recherchen in
einem Maße eingeschränkt, wie wir es in westlichen Ländern bisher
nur selten gesehen haben und wie wir es ganz sicher nicht mitten
in Europa erwartet hätten.

Verkürzt wiedergegeben, bedeutet jener Artikel 47 für Journalistinnen und Journalisten, dass ihnen für Recherchen Gefängnis
droht, selbst wenn diese in höchstem öffentlichem Interesse geschehen.

Zwar gibt es drastische Einschränkungen der Pressefreiheit auch
in anderen Ländern: in den USA beispielsweise beim Thema Geheimdienste und Militär, wo Journalisten Beugehaft droht, wenn
sie ihre Quellen nicht preisgeben. In Israel müssen Berichte zu diesen Themen vor der Veröffentlichung sogar einer Zensurbehörde
vorgelegt werden. In der Schweiz aber sollen Veröffentlichungen
im Bereich der Finanzkriminalität, die auf Insiderinformationen
beruhen, zu potenziellen Straftaten gemacht werden – und das
trotz der langen Skandalgeschichte einiger Banken.

Ein Blick zurück: Als das Gesetz zum Bankgeheimnis 1934
verabschiedet wurde, standen auf Zuwiderhandlung bis zu sechs
Monate Haft; der Text bezog sich klar auf Bankangestellte. Erst
1970 wurde es verschärft: Der neue Artikel 47 besagte, dass Verstöße bis zu drei Jahre Haft bedeuten könnten. Die Presse war davon jedoch noch nicht direkt beeinträchtigt.

Das änderte sich erst allmählich nach 2008, als der erwähnte
damalige Credit-Suisse-Mitarbeiter Sina L. und sein Helfer Wolfgang U. sensible und vor allem belastende Bankdaten über Hunderte deutsche Kunden an deutsche Ermittler übergaben. Und
später deutsche Behörden Kontounterlagen der Privatbank Julius Bär und der UBS kauften.

In der Folge wurde gegen Hunderte Kunden von Schweizer Banken ermittelt, die Credit Suisse musste in Deutschland 150 Millionen Euro Bußgeld zahlen, die UBS in den USA gar 780 Millionen Dollar und auch in diesem Fall waren die Fahnder an interne Daten der Bank gelangt. Schließlich kamen auch noch der Genfer Filiale der englischen HSBC-Bank Kundendaten abhanden: der in Kapitel 3 erwähnte Whistleblower Hervé Falciani übergab sie den französischen Behörden, später auch an französische Journalisten der Zeitung *Le Monde*. Wie verschlungen die Wege auch gewesen sein mögen, nicht viel später hatte auch das *ICIJ* die HSBC-Daten und damit auch Hunderte Journalisten rund um die Welt – darunter auch wir von der *Süddeutschen Zeitung*. Anfang 2015 veröffentlichten wir unsere gemeinsamen Recherchen unter dem Hashtag »SwissLeaks« und auch wenn die HSBC keine originär Schweizer Bank war, und erst recht nicht eine der beiden prägenden Großbanken, so war das Echo dieser Veröffentlichung doch sehr unangenehm für den Finanzplatz. Mal wieder war die Schweiz in aller Munde. Der ehemalige Chef der HSBC Stephen Green musste von seinem Posten im Beirat des britischen Bankenverbandes zurücktreten und die HSBC entging in Frankreich nur durch Zahlung von 300 Millionen Euro einer Anklage.

Auch das Tamedia-Team um Oliver Zihlmann war bei SwissLeaks mit dabei. Die Berichte über mögliche Geldwäsche bei der Genfer Bank führten zu einer Hausdurchsuchung bei der HSBC durch die Staatsanwaltschaft. Kurz darauf sollte sich die Gesetzeslage in der Schweiz ändern.

Zu dieser Zeit, also 2015, war durch Zufall gerade die parlamentarische Initiative »Den Verkauf von Bankkundendaten hart bestrafen« auf den letzten Metern der Gesetzwerdung. Der Antrag war von der FDP eingebracht worden; er sah vor, dass Artikel 47 des Bankengesetzes empfindlich verschärft werden sollte. Fortan sollte jede Person, die von einem Insider ein Bankgeheimnis – und dazu zählt schon, dass Person A bei Bank B ein Konto hat – anderen Personen »offenbart oder für sich oder einen anderen ausnützt«, mit einer Geldstrafe oder bis zu drei Jahre Haft bestraft werden. Wer sich auch noch »einen Vermögensvorteil« verschafft – hier war vor allem der Verkauf der sogenannten Steuer-CDs mitgedacht –, dem drohen sogar bis zu fünf Jahre Haft. Und fünf Jahre Haft, das bedeutete, dass es sich nicht mehr nur um ein Vergehen handelte, sondern um Verbrechen.

Die Verschärfung bedeutet in der Praxis, dass sich zukünftig nicht nur vor allem Bankmitarbeiter strafbar machen, die das Bankgeheimnis brechen, sondern nahezu jede Person. Also auch Journalisten. Und da Zeitungen in der Regel verkauft und nicht verschenkt werden, ist nicht auszuschließen, dass sogar das Höchststrafmaß angelegt wird – nämlich dann, wenn die Einnahmen aus Abos und Kioskverkäufen als »Vermögensvorteil« gewertet werden. Das würde auch gelten, wenn jemand aufdecken könnte, dass Angela Merkel auf einem Schweizer Konto ungeheure Summen hortete, die Wladimir Putin ihr mit herzlichen Grüßen überwiesen hätte. Das ist natürlich frei erfunden – macht aber klar, worum es geht. Im Alltag punktieren etliche Schweizer Medien dieses Verbot hin und wieder, aber immer mit größter Vorsicht und in dem Wissen, auf einem schmalen Seil zu balancieren.

Dass diese Regelung im Grunde journalistische Recherchen gefährdet, schien nur wenige zu stören. Das mag daran liegen, dass im Gesetzgebungsverfahren eher die andere Seite gehört wurde: die Schweizerische Bankiervereinigung wurde um ihre Meinung gefragt, ebenso die Vereinigung Schweizerischer Privatbanken und auch der Verband Schweizerischer Vermögensverwalter. Ein Journalistenverband hingegen nicht, auch Reporter ohne Grenzen nicht.

Lediglich der Kaufmännische Verband – die größte schweizerische Berufsorganisation für Büro- und Verkaufsangestellte – schien das Problem überhaupt ausgemacht zu haben und meldete sich kritisch zu Wort: Das Bankkundengeheimnis sei bereits strafrechtlich geschützt. Es nun auch noch auf Dritte auszuweiten, die nicht bei Banken arbeiten, sei problematisch, und zwar »namentlich auch deshalb, weil es hier in der Regel um Gelder mit einem illegalen Hintergrund geht«. Der Kaufmännische Verband hat nicht nur diese Schwachstelle erkannt, sondern auch welche Folgen das haben kann; in der Stellungnahme findet sich diese Warnung: »Die vorgeschlagene Regelung könnte zur Folge haben, dass z. B. Journalistinnen/Journalisten oder Whistleblower strafrechtlich verfolgt werden können, wenn sie auf illegale Gelder hinweisen.« Dieser Hinweis ist aber nur am Rande in einem Parlamentsdokument erwähnt.

Der Kaufmännische Verband sah also, was von den befragten Experten offenbar niemand aussprach, nämlich dass einer der Grundpfeiler freiheitlich-demokratischer Rechtsstaaten in Gefahr war: die Pressefreiheit. Auch die sozialdemokratische Abgeordnete Ada Marra warnte, Journalisten und Journalistinnen würden »nicht mehr in der Lage sein (…), ihrer investigativen Arbeit nachzugehen«. Ihr schmetterte der liberale Abgeordnete Andrea Caroni entgegen: »Es gehört nicht zur Aufgabe von Journalisten, geheime, intime, persönliche Daten, die gestohlen wurden, in den Medien auszubreiten.«

Wer sich mit der Gesetzgebung in der Schweiz beschäftigt, sollte eine der »bizarrsten Eigentümlichkeiten des politischen Systems der Schweiz« kennen, wie der Bankenkritiker Jean Ziegler es in seinem Buch »Wie herrlich, Schweizer zu sein« nennt, nämlich dass es keine Unvereinbarkeit von Abgeordnetenmandat und paralleler Tätigkeit für Banken gibt. Tatsächlich standen mehr als ein Dutzend jener Abgeordneten, die für die Verschärfung des Gesetzes stimmten, im Sold einer Bank. Der Präsident der Parlamentskommission, die den Gesetzesvorschlag erarbeitet und Experten dazu gehört hat, sitzt im Verwaltungsrat der Credit Suisse Asset Management.

Am Ende gab es weder im Parlament noch in der Schweizer Öffentlichkeit eine größere Diskussion über die Folgen für die Presse. Das Gesetz wurde verabschiedet und trat am 1. Juli 2015 – nur wenige Wochen nach den Swiss-Leaks-Enthüllungen – in Kraft. Damit steht derjenige, der Enthüllungen zu fragwürdigen Geschäften von Schweizer Banken wagt, mit einem Fuß im Gefängnis. Journalistinnen und Journalisten müssen sich darauf verlassen, dass zumindest die Schweizer Justiz den Rechtfertigungsgrund der Wahrung berechtigter Interessen ernst nimmt. Selbst in der bankenfreundlichen Schweiz irritiere es, dass das Gesetz derart absolut formuliert ist, heißt es unter Schweizer Medienrechtlern.

Wir – beziehungsweise der Verlag Kiepenheuer & Witsch und wir – wollen uns auch für dieses Buch vor der Veröffentlichung Rat einholen, um das Risiko abschätzen zu können. Rat von Schweizer Juristen. Nur ist das schwerer, als es klingt. Der erste, den wir fragen wollten, hat offenbar schon mal Interna aus einem Verlagshaus an eine Bank durchgestochen. Wir nehmen Abstand. Der nächste informiert auf seiner Kanzleihomepage, dass die Credit Suisse zu seinen Klienten gehört. Wir nehmen Abstand. So geht es weiter. Während wir nach juristischem Rat suchen, arbeiten wir uns tiefer ein und sprechen auch Experten an, wenn auch unter Vorwänden.

Wir fragen einen der wohl renommiertesten Experten, Christoph Winzeler, Juraprofessor in Fribourg, ob es Situationen gibt, in der Recherchen und Veröffentlichungen möglich sind. »Ausnahmen für Journalistinnen und Journalisten« seien »im Gesetz nicht vorgesehen«, antwortet er uns per E-Mail.

Tatsächlich finden wir in einem Begleittext zum Bankengesetz sogar einen dezidierten Wink in Richtung Journalisten. Dort steht nämlich dieser leicht kryptische Satz: »Dem Grundrecht der Pressefreiheit wird wie im übrigen Strafrecht durch die Sondervorschriften im allgemeinen Teil des StGB zur Strafbarkeit der Medien Rechnung getragen (vgl. Art. 28 StGB).«

Damit ist klar, dass an die Wirkung auf Journalisten gedacht wurde. Nur: Artikel 28 des Strafgesetzbuches hat nichts damit zu tun, inwieweit wichtige Recherchen eingeschränkt werden dürfen oder nicht. Dort steht, dass ausschließlich der Autor strafbar ist, wenn in einem Medium eine strafbare Handlung durch Veröffentlichung begangen wird. Sollte kein Autor auszumachen sein, wandere die Verantwortung nach oben. Das bedeutet: Sollten wir unsere Namen nicht mit diesem Buch verbinden, wäre vermutlich die Verlegerin verantwortlich. Und sollten wir in unseren Artikeln auf die Autorenzeilen verzichten, stünde bei der *Süddeutschen Zeitung* automatisch die Chefredaktion im Feuer.

In Deutschland, Großbritannien und den USA wären wir trotz allem sehr entspannt – wir könnten und wir würden uns damit verteidigen, dass ein überragendes Interesse der Öffentlichkeit an unserer Berichterstattung besteht, und wären sehr optimistisch, hier Recht zu bekommen. In der Schweiz würde das schwerer werden.

Nachdem wir beispielsweise 2019 im Zuge der sogenannten Ibiza-Affäre öffentlich gemacht hatten, dass der österreichische Rechtspopulist Heinz-Christian Strache einer vermeintlichen russischen Oligarchennichte Staatsaufträge im Gegenzug für Wahlkampfhilfe versprochen hatte, zeigte uns der Politiker an. Wir hatten nämlich Wort und Bild aus einem heimlich aufgenommenen Video wiedergegeben, das Strache im Gespräch mit der vermeintlichen Russin zeigte. Zwar ist die Veröffentlichung heimlich gefertigter Tonaufnahmen in Deutschland grundsätzlich strafbar – jedoch nicht in diesem Fall, wie die Staatsanwaltschaft München bestätigte, als sie den Fall nach kurzer Zeit einstellte. Die Begründung: »im Lichte der besonderen Bedeutung der Presse- und Meinungsfreiheit für einen demokratischen Rechtsstaat« überwiege »das überragende Interesse an der Berichterstattung«, schließlich handele es sich um »Missstände von erheblichem Gewicht«. Ausgeschlossen wäre diese Art der Verteidigung – mit dem Argument des überragenden öffentlichen Interesses – auch in der Schweiz nicht.

Ein Punkt ist in diesem spezifisch schweizerischen Fall wichtig: Es spielt – anders als bei der Ibiza-Affäre – keine entscheidende Rolle, ob die Credit Suisse uns anzeigt oder nicht. Artikel 47 beschreibt ein sogenanntes »Offizialdelikt«.

Wir müssen, so schwer es zu glauben ist, damit rechnen, dass gegen unsere Quelle und uns in der Schweiz Ermittlungen eingeleitet werden. Schweizer Fahnder sind in der Vergangenheit nicht davor zurückgeschreckt, deutsche Beamte per Haftbefehl zu suchen.

Bereits mehrmals wurden Angeklagte wegen Verstößen gegen das Schweizer Bankgeheimnis verurteilt. Da die Credit Suisse ihren Hauptsitz in Zürich hat, wären diese Gerichte wohl auch in diesem Fall zuständig. Bei den genannten Fällen saßen keine Journalisten auf der Anklagebank.

Ein Verfahren läuft allerdings noch, während wir an diesen Zeilen schreiben: Das schweizerische Finanzportal *Inside Paradeplatz* hatte 2016 berichtet, wie sich unter anderem ein früherer Chef der Schweizer Raiffeisenbank heimlich an Start-up-Firmen beteiligt habe. Der Autor hatte in dem Artikel auch Details zu Transaktionen erwähnt, die über die Bank Julius Bär abgewickelt wurden – und damit womöglich gegen das Schweizer Bankgeheimnis verstoßen. Wie der Journalist gegenüber der *Neuen Zürcher Zeitung* bestätigte, wurde er bereits von der Polizei vernommen.

Inzwischen ist es Herbst geworden, November 2021, und wir beschließen, vor der Veröffentlichung noch einmal in die Schweiz zu fahren. Wir wollen mit Experten über die Credit Suisse, die

Schweizer Banken und das Bankgeheimnis sprechen und ein Gefühl dafür bekommen, wie die Menschen dort auf die Credit Suisse schauen. Allerdings brechen wir nicht ohne Sorge auf. Wir werden auf unsere Telefone und Laptops noch besser achtgeben als sonst, wir müssen unsere Zunge hüten, wenn wir mit Expertinnen und Experten sprechen. Wir dürfen nicht einmal den Eindruck erwecken, dass wir an geheime Bankdaten gelangt sind. Uns ist mulmig zumute, weil wir womöglich zum letzten Mal für längere Zeit in das Land reisen werden.

Auf den letzten Kilometern vor der Grenze nahe Lindau legen wir uns die Ausweise und für alle Fälle die Impfbescheinigungen zurecht. Wir fahren von der Autobahn zu einer Raststation, kaufen die Jahresvignette und achten darauf, sie vorschriftsmäßig an der Windschutzscheibe anzubringen. Wir wollen auf keinen Fall Aufsehen erregen. Dann steuern wir unseren Wagen durch den Pfändertunnel, fahren ein kleines Stück durch Österreich und wenig später sind wir eingereist, ohne besondere Vorfälle.

Die Schweiz ist für niemanden von uns fremd oder ein Abenteuer. Auf dieser Autobahn waren wir schon Dutzende Male, auf dem Weg zu Verwandten nahe St. Gallen, zum Skifahren in Graubünden oder um Freunde im Kanton Glarus zu besuchen. Und trotzdem fühlt es sich jetzt tatsächlich plötzlich anders an. Wir wissen, dass uns in ein paar Monaten ein erheblicher Teil dieses Landes sehr kritisch betrachten wird, dass es vermutlich Ermittlungen gegen uns geben wird. Aber noch weiß niemand etwas. Auch das ist seltsam, wir fühlen uns fast, als würden wir die Menschen hier hintergehen. Aber natürlich dürfen wir niemandem irgendetwas andeuten.

Wir haben uns einen Plan gemacht für die nächsten Tage, wir werden in Zürich sein, natürlich, in Basel, in Bern und an weiteren Orten, die wir hier aus Quellenschutzgründen nicht nennen.

In Zürich versuchen wir – unter anderem –, ein Gefühl für den Ort zu bekommen, an dem die Credit Suisse residiert. Wir laufen auf dem Paradeplatz an der Credit Suisse und der UBS vorbei, beobachten die Menschen, die in den Eingang der Banken strömen. Es ist eine geschäftige Atmosphäre, vorweihnachtlich, entspannt. Das ändert sich kurzzeitig, als wir im Lichthof des Credit-Suisse-Gebäudes in Richtung des Eingangs für Privatkunden fotografieren. Mit schnellen Schritten nähert sich ein Sicherheitsmann, und wir drehen wieder ab.

Wir versuchen, möglichst viel Expertenwissen in der Schweiz einzuholen, ohne allerdings zu viel Aufsehen zu erregen. Manchmal müssen wir daher mit leicht unscharfen Anfragen um Gespräche bitten. Deshalb sind wir froh, dass uns so viele Gesprächspartner trotzdem empfangen haben. In Luzern etwa treffen wir Lienhard Ochsner, der von 2003 bis 2017 die Staatsanwaltschaft des Bundes geleitet hat. Er galt damals als einer der entscheidenden Männer, die dafür gesorgt haben, dass Diktatoren und ihre Cliquen in der Schweiz wenigstens nicht ganz freie Hand haben beim Verstecken ihrer Gelder. In Basel treffen wir noch Mark Pieth, einen der angesehensten Korruptionsexperten überhaupt. Er beriet unter anderem die Weltfußballorganisation FIFA, wie sie nach so vielen Affären ihre Glaubwürdigkeit zurückbekommen könnte – Pieth blieb skeptisch, ob das wirklich funktionieren würde … zu Recht. Nach der Veröffentlichung der Panama Papers wurde er von Panama engagiert, um dort für mehr Transparenz zu sorgen, und warf die Brocken hin, als er merkte, dass die dortige Regierung es nicht ernst meinte.

Pieth und Ochsner machen uns mit vielen Gegebenheiten des Landes vertraut, mit rechtlichen Besonderheiten und Hürden, für die wir ansonsten noch 30 Bücher mehr hätten lesen müssen. Zugleich sind beide sehr unterhaltsame Gesprächspartner, die beide nicht dem Klischee der bankenbegeisterten Schweizer entsprechen – das wir hier auch nicht verbreiten wollen. Beiden konnten wir leider nicht sagen, warum genau wir da waren – und hoffen auf ihr Verständnis.

Schließlich treffen wir, ebenfalls in Basel, Susanne Leutenegger Oberholzer – die Grande Dame der Schweizer Sozialdemokratie. Mehr als 20 Jahre saß die frühere Wirtschaftsjournalistin, Juristin und Kantonsrichterin für die sozialdemokratische SP im Schweizer Parlament. Sie gilt als eine der schärfsten Kritikerinnen des Schweizer Bankgeheimnisses, das sie lieber als »Steuerhinterziehergeheimnis« bezeichnet. Für kriminelle Banker fordert sie schon mal ein Berufsverbot – und als 2014 die Verschärfung des Artikels 47 im Nationalrat diskutiert wurde, war sie eine der lautesten Kritikerinnen der Initiative.

Wir treffen uns in einem Café im Baseler Bahnhof; sie hat Luciano Ferrari mitgebracht, den stellvertretenden Generalsekretär der SP – oder wie es Leutenegger ausdrückt:»das Hirn der Partei«. Ferrari, ein Mittsechziger mit grau melierten Haaren, Kastenbrille und einem steten Lächeln um die Mundwinkel, arbeitete einst selbst als Journalist; zwölf Jahre hat er die Auslandsredaktion des *Tages-Anzeigers* geleitet. Als das Bankengesetz verschärft wurde, habe eine aufgeheizte Stimmung geherrscht, sagt Ferrari. Es war die Zeit der Steuer-CDs, der öffentlichen Kritik, der Anklagen. »Die Schweiz fühlte sich damals an den Pranger gestellt.« Jeder, der Zweifel am Handeln der Schweizer Banken äußerte, sei »quasi des Landesverrats verdächtigt« worden.

Susanne Leutenegger Oberholzer wirkt entsetzt, als wir ihr von den möglichen Folgen für Journalisten erzählen und von der Einschätzung der Experten, die wir dazu schon gesprochen haben. Die Warnung des Kaufmännischen Verbands sei an ihr vorbeigegangen, das habe auch sie übersehen. Das müsse nun umgehend zurückgedreht werden, auch wenn es wohl Jahre dauern würde, das Gesetz zu ändern, um zumindest Journalisten wieder besser zu schützen. Sie wolle sich sofort darum kümmern. »Das Gesetz muss unbedingt geändert werden, das ist unabdingbar für einen sauberen Finanzplatz Schweiz.«

16

Im Visier der Regierung

Als wir unser Auto durch eine kleinere Ortschaft im schweizerischen Bezirk Bülach steuern, wirkt alles so friedlich, dass wir uns nur schwer vorstellen können, gleich einen Mann zu treffen, der die Schweizer Bankenwelt jahrelang in helle Aufregung versetzt hat. Einen Mann, der immer wieder Bankinterna an Journalisten spielte und im Januar 2011 weltweit für Furore sorgte, als er im Londoner Frontline-Club eine Pressekonferenz mit Wikileaks-Gründer Julian Assange abhielt und ihm dabei zwei CDs übergab, die angeblich Kundendaten von Schweizer Banken enthielten. Rudolf Elmer ist für die einen ein Held, ein Kämpfer für Gerechtigkeit und Transparenz, für die anderen ein Verräter, ein Datendieb, ein Krimineller.

Whistleblower treten nicht nur einmal kurz ins Licht der Öffentlichkeit, wenn sie Interna teilen. Sie müssen damit rechnen, ihr bisheriges Leben aufzugeben. Oft landen sie vor Gericht und setzen sich teuren Anwälten, wütenden Klägern und mitleidlosen Richtern aus. Wenn sie Glück haben, hält die Medienkarawane durch, solange die Prozesse dauern, und gibt Rückhalt. Wenn sie Pech haben, ziehen die Journalisten vorher weiter. So oder so bleibt der Whistleblower am Ende allein und muss sein Leben weiterleben.

Wir sind gespannt darauf, wie es Rudolf Elmer geht, mehr als zehn Jahre nach seinem Auftritt mit Assange. Das Bild davon – Elmer mit Anzug und Krawatte neben dem weltberühmten (und inzwischen in Großbritannien inhaftierten) Assange – haben wir noch im Kopf, als wir das Auto vor seinem Haus in Rorbas abstellen.

Kaum sind wir ausgestiegen, begrüßt uns schon Elmers freundlicher Hund »Angel«, den er einst halb verhungert am Strand von Mauritius gefunden hat, dann tritt schon der einstige Banker aus der Haustür. Wenig später sitzen wir in seiner Küche, während er uns Kaffee zubereitet. Seine Frau begrüßt uns herzlich, bevor sie in den nächsten Videocall muss – coronabedingtes Homeoffice. Elmer lächelt ein wenig bitter. »Ich bin ja Hausmann«, sagt er, »ich hatte meinen letzten Job vor 15 Jahren.«

Elmer hat Missstände von höchstem öffentlichem Interesse aufgedeckt, die bei der Privatbank Julius Bär auf den Kaimaninseln herrschten. Er hat mutmaßlichen Steuerbetrug enthüllt und das fragwürdige Treiben Schweizer Banken ausgeleuchtet, aber Dankbarkeit konnte er dafür nicht erwarten. Jedenfalls nicht in der Schweiz.

Berühmt ist er geworden, das schon. Es gibt ein Buch über ihn, auch einen Kinofilm, er heißt »A leak in paradise«, Ein Leck im Paradies. Was auch bedeutet, dass sich immer wieder Menschen an ihn wenden, die Hilfe und Rat suchen – weil sie gerade darüber nachdenken, ob sie zum Whistleblower werden sollten. Gerade erst hatte Elmer wieder einen solchen Fall, erzählt er, »ausgebildeter Mann, Universitätsabschluss, 35 Jahre alt, gute Karriere«. Der Mann wollte etwas öffentlich machen, aber vorher Rat einholen. »Und da habe ich ihm gesagt, ›Schau, es gibt zwei Fragen. Die erste Frage ist: Hast du eine Familie? Und die zweite Frage ist: Willst du in deiner Industrie noch arbeiten?‹.« Man ahnt, wo Elmer damit hinwill. Sein Rat habe gelautet: »Wenn eine dieser Antworten Ja ist, mach es nicht. Weil du den Kürzeren ziehst für die nächsten 40 Jahre.« Und etwas drastischer formuliert: Man sterbe als Whistleblower aus dem Schweizer Bankenbereich gleich mehrfach, »den sozialen, den finanziellen und den professionellen Tod«.

Rudolf Elmer fand auch bei Banken mit sozialem Profil, ohne Fokus auf schwerreiche Privatkunden, keinen Job mehr, so sehr er es auch versuchte. Kein Schweizer Geldinstitut wollte einen Angestellten, der schon einmal Bankdaten an die Öffentlichkeit getragen hat. Elmers Bruder, der bei der Polizei arbeitet, wurde bedeutet, dass seine Position gefährdet sei. Er brach daraufhin den Kontakt ab. Und da ist mehr: »Ich war auch Pate eines Kindes eines Bankers und die Patenschaft wurde aufgelöst. Es war eine langjährige Freundschaft. Ich bin ausgestoßen worden, und das war natürlich auch der Sinn und Zweck.« So etwas zermürbt. Auch starke Menschen wie Elmer, der von sich sagt, er sei damals so weit gewesen, dass er »nicht mehr weiterleben« wollte. Aber seine Familie und »das große Glück«, dass er gute psychologische Betreuung gehabt habe, hätten ihn am Leben gehalten. Anders als Wolfgang U., der damals die Credit-Suisse-Kontodaten an die deutschen Fahnder vermittelte.

Jeder Whistleblower geht anders mit der Belastung um, die eine öffentliche Rolle mit sich bringt. Die vier großen und bekannten Namen in der Schweiz lauten Rudolf Elmer, Sina L., Bradley Birkenfeld und Hervé Falciani. Jeder Fall ist anders, aber alle vier waren erst Insider, sie haben für Banken gearbeitet, und später haben sie Teile ihres Wissens nach außen getragen. Elmer hat Machenschaften der Bank Julius Bär auf den Kaimaninseln öffentlich gemacht, L. der Credit Suisse, Birkenfeld der UBS – und Falciani gab Daten der HSBC weiter. Jedes Mal hat die Öffentlichkeit mehr über Missstände bei Schweizer Banken erfahren. Und doch wurden alle vier am Ende angeklagt.

Wenn man uns fragt, haben alle vier wichtige Beiträge geleistet. Muss man sie deswegen sympathisch finden? Muss man nicht.

Haben die vier alles richtig gemacht, nach Lehrbuch, und sind moralisch unangreifbar? Sicher nicht.

Elmer zum Beispiel verwendete den Briefkopf von Julius Bär, um einen Brief zu schreiben, der fälschlicherweise suggerierte, auch Angela Merkel habe ein Schwarzgeldkonto. Er habe damit nach eigenen Angaben testen wollen, ob Wikileaks tatsächlich alles veröffentlicht, was ihr Whistleblower zuschicken.

Der Informatiker Hervé Falciani hat, nach unseren Informationen, anfangs versucht, seine von der HSBC Genf kopierten Bankdaten zu Geld zu machen. Nachdem er und seine damalige Geliebte die Kundendaten im Libanon zum Kauf angeboten haben, gerieten sie ins Visier der Schweizer Polizei. Dann änderten die beiden die Strategie und boten die Daten dem Bundesnachrichtendienst, dem französischen und britischen Geheimdienst zum Kauf an – zunächst ohne Erfolg.

Erst später, als er nach einer abenteuerlichen Flucht vor den Schweizer Behörden in Frankreich festsaß, entschied er, seine Daten mit Behörden zu teilen – und damit dafür zu sorgen, dass Millionen von Steuergeldern zurück in zig Staatskassen flossen.

Ist er ein Geschäftemacher, weil er für seine Daten anfangs Geld wollte? Wollte er sich bereichern oder nur absichern, weil er wusste, dass seine Karriere früh enden würde? Oder ist er ein Held, weil Dutzende Steuerhinterzieher mit seiner Hilfe überführt werden konnten?

Nüchtern betrachtet haben alle vier Männer für ein wenig mehr Gerechtigkeit gesorgt und dafür, dass Millionen Euro für Schulen, Krankenhäuser oder sicherere Straßen ausgegeben werden konnten, die ansonsten unversteuert auf Schweizer Konten verblieben wären.

Rudolf Elmer hat früher übrigens für die Credit Suisse gearbeitet, er kennt die Schweizer Banken und ihre Methoden. Wir treffen ihn auch deswegen, weil wir uns Sorgen um Soporific Debtor machen, unsere Quelle. Wenn sie auffliegen sollte, würden sie vermutlich noch gravierendere Konsequenzen erwarten als Elmer. Mittlerweile drohen Whistleblowern, wie bereits hier geschildert, ja bis zu fünf Jahre Haft.

Tatsächlich wurde Elmer wegen Verletzung des Bankgeheimnisses angeklagt – und in erster Instanz schuldig gesprochen. Das Urteil wurde jedoch 2018 vom Schweizerischen Bundesgericht aufgehoben, weil er nicht bei Julius Bär in Zürich angestellt war, sondern bei einer Tochtergesellschaft auf den Kaimaninseln. Die Daten, die Elmer weitergegeben hat, waren also rein rechtlich nicht die Daten einer Schweizer Bank, sondern die einer Bank aus einem britischen Überseegebiet. Und das Schweizer Bankgeheimnis gilt nicht im Ausland.

Artikel 47 des Schweizer Bankengesetzes ist nicht nur eine Gefahr für die Pressefreiheit, sondern auch für Whistleblower, die im Interesse der Öffentlichkeit das Richtige tun wollen. Die die Öffentlichkeit vor problematischen Fehlentwicklungen warnen und verhindern wollen, dass Banker an Recht und Gesetz vorbei operieren. Oder die belegen wollen, dass Banker an Recht und Gesetz vorbei operiert *haben*.

Wir als deutsche Journalisten haben die Mittel und die Möglichkeiten, unsere Recherchen zu verteidigen – sollten wirklich Ermittlungen eingeleitet und am Ende Anklage erhoben werden. Im schlimmsten Fall würden wir schlicht nicht mehr in die Schweiz einreisen, um einer Festnahme zu entgehen. So schwer uns das auch fallen würde und so seltsam es wäre, nicht mehr in unser Nachbarland reisen, Familie und Freunde besuchen zu können.

Inzwischen haben wir mit dem Generalsekretär der schweizerischen Sektion von Reporter ohne Grenzen, Denis Masmejan, auch jemanden gefunden, der uns beruhigt, was den rechtlichen Aspekt angeht. Masmejan argumentiert, dass in der Schweiz – wie in jedem Rechtsstaat – die Gesetze in Übereinstimmung mit der Verfassung interpretiert werden müssen. Und nachdem der

Artikel 47 des Bankengesetzes klar die Pressefreiheit verletze, könne dieser Passus für Journalisten nicht angewandt werden. Der Journalist, der an der Universität Neuchâtel, im französischsprachigen Teil der Schweiz, auch Medienrecht unterrichtet, resümiert: »Wenn ein Journalist mich um Rat bitten würde und fragen, ob er solcherlei Informationen veröffentlichen kann, ich würde ›Ja‹ sagen.«

Zudem haben wir ein großes Medienhaus hinter uns und eine exzellente Rechtsabteilung. Im Zweifel werden wir weitere Anwälte um Unterstützung bitten, ebenso wie unsere internationalen Medienpartner. Der größte Schweizer Journalistenverband »Impressum« hat uns bereits versichert, Journalisten, die wegen Artikel 47 vor Gericht gestellt werden, im Zweifel »auch bis vor [das] Bundesgericht oder den Europäischen Gerichtshof für Menschenrechte in Strasbourg« zu begleiten. Das alles bietet Schutz – und Sicherheit.

Aber all das gilt nicht für unsere Quelle. Sie muss mit einer Anklage wegen Verletzung des Bankgeheimnisses rechnen, womöglich sogar mit mehr. Der HSBC-Whistleblower Falciani beispielsweise wurde im November 2015 wegen »wirtschaftlichen Nachrichtendiensts« – also Wirtschaftsspionage – in Abwesenheit zu fünf Jahren Haft verurteilt. Heute lebt der »Edward Snowden der Banken« (*New York Times*) angeblich in Spanien. Sollte er jemals wieder die Schweiz betreten, muss er mit einer Festnahme rechnen.

Und damit sind wir auch schon beim Kern unseres Problems: Wir wissen nicht, wo die Quelle unserer Credit-Suisse-Daten lebt – ob sie sich in der Schweiz aufhält und damit im Einflussbereich der Schweizer Polizei oder im Ausland, so wie Falciani, oder eben nicht. Und das bereitet uns Bauchschmerzen.

Während unseres Aufenthalts in der Schweiz erreicht uns eine Nachricht von *OCCRP*-Chef Drew Sullivan: »Etwas, was ihr wissen solltet.« Drew schreibt, unsere Kollegin Lara Dihmis, die für das *OCCRP* in Jordanien arbeitet, sei von Apple benachrichtigt worden, dass sie mit Hilfe der berüchtigten Überwachungssoftware Pegasus ausgespäht worden sei. Das *OCCRP* wolle jetzt ihr Handy von unabhängigen Experten untersuchen lassen. »Ich gehe davon aus, dass dies schlechte Nachrichten sind.«

Ausgerechnet Pegasus. In Sachen Abhörsoftware kann es nicht schlimmer kommen.

Pegasus ist eine digitale Allzweckwaffe. Erst vor einigen Monaten, im Juli 2021, haben wir im Rahmen einer internationalen Recherche – dem Pegasus-Projekt – enthüllt, wie Pegasus gegen Menschenrechtsaktivisten, Journalistinnen und Dissidenten auf der ganzen Welt eingesetzt wird. Einmal auf dem Handy installiert, hört und sieht Pegasus alles, was darauf geschieht. Die Überwacher können jede E-Mail mitlesen, jedes Telefonat mithören und jede einzelne Datei und jedes Foto, das auf dem Handy gespeichert ist, betrachten und klauen. Selbst verschlüsselte Messenger, wie wir sie nutzen, sind plötzlich nicht mehr sicher. Auch hier liest Pegasus mit. Eine Aktivistin wurde mit Pegasus abgehört, während wir für die Recherche mit ihr sprachen. Wir überprüfen seither regelmäßig unsere Smartphones auf Spuren von Pegasus und anderer Spionagesoftware. Das ist zum Glück einigermaßen einfach und bisher haben wir nie etwas gefunden.

Der Pegasus-Hersteller NSO verkauft nach eigenen Angaben nur an Staaten. Welcher Staat Lara ins Visier genommen hat, ist unklar. Es wäre naheliegend, dass es Jordanien ist. Zur Erinnerung: Das ist das Land, dessen König wir mit einem Konto in den Credit-Suisse-Daten gefunden haben.

Wir fragen uns schon länger, wer bereits von unserer Recherche weiß. Das ist nicht unerheblich, gerade jetzt, wo wir uns selbst in der Schweiz aufhalten. Sollte die Bank oder gar die Schweizer Staatsanwaltschaft schon wissen, dass wir Informationen aus dem Inneren der Credit Suisse erhalten haben und anderen Journalisten den Zugang ermöglichen, könnten wir in der Schweiz jederzeit festgenommen werden. Wir haben gute Gründe zu glauben, dass niemand sonst unser Material hat, aber einen Rest Sorge haben wir vor einer Enthüllung immer. Und es wird in Expertenkreisen auch nicht unbemerkt geblieben sein, dass viele internationale Journalisten und Journalistinnen gerade Interviews zum Bankgeheimnis, den Geschichten von Steuer-CDs und Whistleblowern führen wollen.

Unser Plan ist bisher, Ende Januar 2022 die Credit Suisse und ihre Kunden mit unseren Recherchen zu konfrontieren und ihnen die Möglichkeit zur Stellungnahme zu geben. Danach werden wir alle Reisen unserer investigativen Kolleginnen und Kollegen in die Schweiz stoppen. Bei der Credit Suisse wird voraussichtlich die Jagd nach dem Informanten beginnen: Die Bank wird vermutlich ein Team von Spezialisten zusammenstellen, um herauszufinden, wie die verräterischen Informationen in unsere Hände gelangt sind. Und wahrscheinlich mit der Staatsanwaltschaft teilen. Sie wissen schon: wegen Artikel 47.

Was uns beruhigt, ist, dass unsere Quelle bisher, jedenfalls nach allem, was wir sehen, klug und vorausschauend gehandelt hat. Sie hat von den Fehlern anderer Whistleblower gelernt und uns auf dem wohl sichersten Weg überhaupt kontaktiert: über unseren anonymen digitalen Briefkasten namens Secure Drop. Selbst wenn wir wollten: Auf technischem Wege lässt sich nicht herausfinden, wer uns die Informationen zugespielt hat. Nicht von uns und nicht von den Detektiven, die Credit Suisse möglicherweise engagieren wird. Damit hat die Bank – wie in Kapitel 2 berichtet – schließlich eine gewisse Erfahrung: um aktuelle oder frühere Mitarbeiter auszuspähen oder auch Außenstehende.

Wir kennen von der Quelle wie gesagt nur den künstlich generierten Namen, den unser System zugewiesen hat: Soporific Debtor. Wir wissen, dass er, sie oder mehrere Menschen einen wie auch immer gearteten Zugriff auf die Informationen hatten und uns jetzt diesen Einblick ermöglicht haben. Aber das war's.

Wir können nicht einmal mit hundertprozentiger Sicherheit sagen, ob die Person oder die Personen je für die Credit Suisse gearbeitet hat oder haben. Und falls ja: ob das auch heute noch so ist. Denn der Kontakt ist schon vor einiger Zeit abgebrochen. Wir wissen nicht warum. Und das macht uns Sorgen.

Die Schweiz ist, was den Schutz von Whistleblowern angeht, ein Entwicklungsland (wie übrigens auch die Bundesrepublik Deutschland). Zwar wären viele Fälle von Korruption und Geldwäsche, aber auch Sozialbetrug und Kartellbildung in unserem Nachbarland ohne mutige Tippgeber vermutlich bis heute unentdeckt geblieben. Trotzdem gibt es bis heute keinen gesetzlichen Schutz für Whistleblower: Sie können von ihrem Arbeitgeber ohne Weiteres gekündigt werden. Erst vor Kurzem machte ein Arzt Schlagzeilen, der Missstände am Universitätsspital Zürich meldete. Ihm wurde gekündigt. Danach machte das Kantonsparlament auch noch seinen Namen öffentlich.

Seit mehr als zehn Jahren verhandeln die Schweizer Parteien über ein wirksames Gesetz zum Schutz von Whistleblowern, bislang ist jedoch noch jede Initiative gescheitert, zuletzt im März 2020, als der Schweizer Nationalrat einen entsprechenden Gesetzesvorschlag ablehnte. Transparency International sprach von einem »Armutszeugnis für die Schweiz«. »Der gesetzliche Schutz von Whistleblowern ist in der Schweiz ungenügend«, schreibt uns Martin Hilti, der Geschäftsführer von Transparency International Schweiz. »Ein Whistleblower riskiert deshalb, seine Stelle zu verlieren, keine neue mehr zu finden, gesellschaftliche Ächtung und allenfalls sogar eine Strafverfolgung.«

Nach weiteren Gesprächen, die wir hier nicht beschreiben können, weil wir unseren Gesprächspartnern Vertraulichkeit zugesichert haben, verlassen wir die Schweiz an einem Abend im Spätherbst. Wir haben kein Schwarzgeld im Auto versteckt, wie es einem von uns einmal ein entfernter Verwandter gebeichtet hat, aber wir haben noch Schokolade eingekauft. Schweizer

Schokolade. Wer weiß, wann wir wiederkommen können. Es ist kalt und dunkel, als wir noch einmal zum Tanken anhalten, um einen Kaffee zu trinken.

Die Tage waren spannend und wir haben mit vielen sehr freundlichen Menschen gesprochen. Gleichzeitig sind wir baff, wie klaglos oft die Sonderrolle der Schweiz im internationalen Korruptionsgeschehen hingenommen wird. Und so verlassen wir das Land mit gemischten Gefühlen. Wir würden gern wiederkommen, allein schon, um nach der Veröffentlichung mit unseren Gesprächspartnern all die Themen nochmals diskutieren zu können – mit dem Wissen und den Recherchen, die wir bisher nicht erwähnen konnten. Wir werden sehen, ob das möglich ist.

Je näher der Veröffentlichungstermin kommt, umso mehr besorgt uns aber die Lage von Soporific Debtor. Wir wollen die Quelle warnen. Sie muss die Möglichkeit haben, Vorkehrungen zu treffen, sich also etwa mit einer auf Whistleblower spezialisierten Anwaltskanzlei in Verbindung zu setzen, die Familie vorzubereiten oder auch: das Land zu verlassen. Wir wollen nicht, dass es der Person ergeht wie Rudolf Elmer oder gar Wolfgang U. Am besten soll es ihm oder ihr ergehen wie der Quelle, die uns einst die Panama Papers zuspielte: Bis heute weiß niemand, wer das war.

Immer wieder schreiben wir Soporific Debtor über Secure Drop. Wir deuten an, dass eine Veröffentlichung bevorsteht und dass wir mit einer regelrechten Jagd auf seine Person rechnen.

Aber es kommt keine Antwort.

In unserer Verzweiflung versuchen wir es sogar über Twitter – ein untypischer Weg. Über den Account des Investigativressorts der *Süddeutschen Zeitung* verbreiten wir auf Englisch die Nachricht: »Seit einiger Zeit bieten wir anonymen Whistleblowern die Möglichkeit, die *SZ*-Investigativredaktion über @SecureDrop zu kontaktieren. Alle, die das gemacht haben, bitten wir, regelmäßig nach Antworten zu schauen.«

Der Tweet ist bewusst allgemein gehalten, damit die Credit Suisse oder die Schweizer Behörden nicht zu viel erfahren. Soporific Debtor, so hoffen wir, wird die Botschaft schon verstehen. Dafür haben wir inzwischen Gewissheit, was die Überwachung der Kollegin Lara Dihmis angeht: »Schlechte Nachrichten«, schreibt uns Drew Sullivan. Nicht nur Lara, sondern auch ihre Kollegin Rana Sabbagh wird offenbar schon seit 2019 mit Hilfe von Pegasus-Software überwacht. In seiner trockenen Art kommentiert Drew: »Wir müssen annehmen, dass die jordanische Regierung Bescheid weiß.«

Insofern: Grüße an den König.

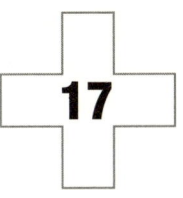

17

In Gottes Namen

Jedes Jahr, am Sonntag vor oder nach dem 29. Juni, dem Hochfest der Apostel Petrus und Paulus, leisten gläubige Katholiken auf der ganzen Welt eine Spende zugunsten des Stellvertreters Jesu Christi auf Erden. Der Pontifex Maximus, der Heilige Vater, Bischof von Rom und Papst aller Katholiken, braucht Geld. In den Messen rund um den Globus geht dann der Klingelbeutel um für eine Spende, die im Deutschen als Peterspfennig bekannt ist, im Englischen als Peter's Pence und im Italienischen als »Obolo di San Pietro«, Obolus für den heiligen Petrus.

Die Kollekte für den jeweiligen Nachfolger des heiligen Petrus, also den aktuellen Papst, und seinen Apparat wird seit dem siebten Jahrhundert gesammelt. Zumindest beschreibt es so der Vatikan auf einer eigens für die Spende eingerichteten Website. Der Peterspfennig gilt als Spende zur Hilfe für die Ärmsten, zur »Unterstützung der karitativen Aktivitäten des Papstes für die Bedürftigsten«, wie es offiziell heißt. Es ist aber nur eine von zwei Absichten hinter der jährlichen Sammelaktion. Denn in erster Linie finanzieren die Gläubigen mit ihrer Spende die Betriebskosten des Vatikans. Es geht um die »Finanzierung der zahlreichen Dienstaktivitäten der Kurie«, also jener Behörden und

Einrichtungen, die dem Papst bei der Ausübung seines Amtes zur Seite stehen und das Funktionieren des vatikanischen Staates und der katholischen Kirche organisieren.

Verantwortlich ist das direkt unter dem Papst angesiedelte Staatssekretariat. Und dessen Hausbank ist – Sie erraten es: die Credit Suisse. Das mag auf den ersten Blick verwundern, da der Vatikan eine eigene Bank besitzt: das 1942 unter Papst Pius gegründete Istituto per le Opere de Religione«, kurz IOR – das »Institut für religiöse Werke«. Meist einfach Vatikanbank genannt.

Die Vermögensverwalter des Papstes sahen zu Gründungszeiten den Besitz der Kirche in Gefahr, nachdem die italienischen Faschisten mit Nazideutschland eine Achse gebildet hatten. Die Vatikanstadt war seit 1929 ein souveräner Staat, Faschistenführer Benito Mussolini und der Staatssekretär des Papstes hatten dies in den sogenannten Lateranverträgen ausgehandelt. Aber der Kirchenstaat hatte seine eigene diplomatische Agenda und sich den Alliierten angenähert, so beschreibt es der Journalist Fidelius Schmid in dem Buch »Gottes schwarze Kasse«. Der Zweite Weltkrieg, so der Autor, bedeutete »nach dem deutschen Überfall auf die Sowjetunion eine Stärkung offen anti-katholischer, diktatorischer Regime, unabhängig davon, wie der Krieg ausgehen würde«. Die Bank war das Werkzeug, das der Vatikan brauchte, um sein Vermögen einerseits von Mussolinis Italien unabhängiger zu machen, also Vermögenswerte von italienischen Banken abzuziehen und unter eigener Kontrolle zu verwahren. Zugleich aber auch vor möglichen Sanktionen durch die Alliierten gegen italienische oder etwa deutsche Banken zu schützen.

Die Bank hat ihren Sitz bis heute in einem runden Turm an der Nordseite des apostolischen Palasts, unweit der päpstlichen Residenz; im Erdgeschoss befindet sich eine Schalterhalle. Außer einem Kruzifix an der Stirnseite des Raumes und dem edlen Marmorboden zeigen Fotos eine schmucklose Lokalität. Die Bankautomaten allerdings sollen auch Lateinisch können.

Laut dem letzten Jahresbericht aus dem Jahr 2020 verwaltet die Bank mit ihren nur knapp 100 Mitarbeitern heute ein Vermögen von fünf Milliarden, davon 3,3 Milliarden von nichtvatikanischen Kunden. Bei der Gründung der Bank machte Papst Pius zwar die Einschränkung, dass die Bank Gelder verwahren solle, die »für Werke der Religion oder christlicher Frömmigkeit bestimmt« sind. Von Anfang an hielten sich die Banker des Papstes aber nicht strikt daran. Ursprünglich waren wohl kirchliche Organisationen, Orden oder auch nichtgeistliche Mitarbeiter der Kirche als Kunden vorgesehen, aber über Jahrzehnte gab es keine unabhängige Instanz, die das kontrollierte. Und Papst Johannes Paul II. erließ ein Statut, das es auch Ausländern ermöglichte, Kunden der Bank zu werden, wenn sie nur einen Teil ihres Geldes für einen guten Zweck spendeten. Laut dem letzten Jahresbericht der Bank sind unter den Kunden vor allem Auslandsvertretungen des Heiligen Stuhls, vatikanische Diplomaten und zivile Einrichtungen wie karitative Werke, Schulen oder Krankenhäuser. Man akzeptiere keine Kunden, »die keine enge Beziehung zum Heiligen Stuhl und der katholischen Kirche« haben, dies werde streng kontrolliert. Aber jahrzehntelang existierte genau diese strenge Kontrolle nicht und so kam es nahezu ungehindert zu kriminellen Machenschaften – ein Skandal folgte auf den nächsten.

Der italienische Journalist Gianluigi Nuzzi, der seit Jahren Enthüllungen über die Finanzen des Vatikans veröffentlicht, formulierte in seinem Buch über die »Vatikan AG« den Vorwurf, dass die Vatikanbank »eine gigantische Geldwaschanlage mitten in Rom« sei, die »von der Mafia genutzt und skrupellos für politische Machenschaften eingesetzt wurde. Ein Steuerparadies, das allein der Gesetzgebung des Vatikans unterworfen war. Und das alles im Namen Gottes.« Die Vatikanbank zog regelmäßig andere Banken in ihre Skandale; einige mussten auf Geheiß der italienischen Behörden Gelder, die von der Vatikanbank kamen, sogar einfrieren, bis deren rechtmäßige Herkunft geklärt war.

Im Jahr 2013 stoppte die italienische Zentralbank dann sogar die Möglichkeit von Kartenzahlungen innerhalb des Vatikans, weil die Bank Auflagen zur Geldwäschebekämpfung nicht nachgekommen war. Hundertausende Touristen konnten plötzlich nur noch gegen Bargeld in die vatikanischen Museen, weil die Geldverwalter der Kirche ihren Aufsichtspflichten nicht nachgekommen waren.

Die Vatikanbank war lange auf größere, international aufgestellte Finanzinstitute wie die Credit Suisse angewiesen, um internationale Investitionen abzuwickeln. Eine kleine unabhängige Bank kann zum Beispiel keine Überweisungen ins Ausland tätigen, wenn sie dort keine Standorte hat. Hier kommen die großen Korrespondenzbanken ins Spiel, die Gelder für kleinere Institute weiterleiten und daran verdienen.

Die Verbindungen zwischen dem Kirchenstaat und der Credit Suisse sind älter als die Vatikanbank selbst. Als sich der italienische Staat und die Kirche 1929 offiziell trennten und die Regierung in Rom der Kurie eine millionenschwere Entschädigung für verlorenes Territorium zahlte, floss das Geld sofort auf Nummernkonten in der Schweiz. Auch Goldreserven lagerte der Vatikan bereits vor dem Zweiten Weltkrieg in den Tresoren der Credit Suisse. Nachdem die Kirche ab 1942 über ihre eigene Bank verfügte, nahm sie sich die Methoden der Schweizer Geldinstitute zum Vorbild. Die Vatikanbank operierte mit anonymen Nummernkonten und Schließfächern. In strengster Geheimhaltung waren die Kirchenfunktionäre erfahren; und diese Geheimhaltung bereitete – wie in der Schweiz – den Boden für Finanzverbrechen aller Art.

Legendär sind die Machenschaften von Erzbischof Paul Marcinkus, der von 1971 bis 1991 Direktor der Vatikanbank war. Von ihm stammt der Ausspruch: »Kann man in dieser Welt leben, ohne sich um Geld Gedanken zu machen? Man kann die Kirche nicht mit Ave Marias führen.« Um das Geld der Kirche

zu vermehren und den Steuerbehörden Italiens, wo ein Großteil der Gewinne mit dem vatikanischen Vermögen erwirtschaftet wurde, zu entziehen, machte er Geschäfte mit Halbweltgrö-
ßen und Betrügern. Als 1982 die größte Privatbank Italiens, die
»Banco Ambrosiano«, zusammenbrach, blieb die Vatikanbank
auf Schulden in dreistelliger Millionenhöhe sitzen. Der Chef der
Banco Ambrosiano, ein enger Vertrauter Marcinkus‹ – beide waren Mitglied einer einflussreichen Freimaurerloge –, wurde kurz
nach dem Zusammenbruch der Bank tot unter der »Brücke der
Schwarzen Mönche« in London hängend gefunden. Die Jacken-
taschen voller Backsteine. Am Tag, als man ihn fand, stürzte seine
Assistentin aus einem Fenster und starb. Später wurden fünf Mitglieder der sizilianischen Mafia »Cosa Nostra« wegen des Mor-
des an dem Bankchef angeklagt. Alle wurden mangels Beweisen
freigesprochen.

Die italienische Justiz erließ 1987 Haftbefehl gegen Erzbischof
Marcinkus wegen des Verdachts auf Beihilfe zum betrügerischen
Bankrott, er hatte Garantien für die strauchelnde Privatbank gegeben, als ihre Insolvenz schon unvermeidbar war. In den heiligen Mauern des Vatikans konnte er einer Verhaftung durch
die Italiener entgehen und trotz des Haftbefehls noch zwei Jahre
Chef der Vatikanbank bleiben. Später entschied ein italienisches
Gericht, dass er als vatikanischer Amtsträger Immunität genieße
und nicht verhaftet werden könne.

1989 wurde Marcinkus abgelöst, Präsident der Vatikanbank
wurde Angelo Caloia. Die Skandale gingen weiter. Caloia blieb
zwanzig Jahre im Amt, bis er über die Enthüllungen durch das
schon erwähnte Buch »Vatikan AG« des Journalisten Gianluigi
Nuzzi stürzte, das auf mehreren Tausend Dokumenten aus dem
päpstlichen Staatssekretariat basierte. Ein Kleriker hatte sie beiseitegeschafft, in die Schweiz gebracht und testamentarisch deren Veröffentlichung nach seinem Tod verfügt. Mit ihrer Hilfe
konnte Nuzzi nachzeichnen, wie das Geldinstitut als Hafen für

Schwarzgeld und Mafiavermögen gedient hatte. Caloia wurde später schwerer Verbrechen überführt: Im Januar 2021 verurteilte ihn ein vatikanisches Strafgericht wegen Geldwäsche und Unterschlagung zu mehr als acht Jahren Haft. Eines der Konten der Vatikanbank bei der Credit Suisse wurde eröffnet, als Caloia an ihrer Spitze stand. Ein anderes noch zu Zeiten Marcinkus'.

Die Sache ist nun so: Jede Bank, die mit dem Vatikan Geschäfte machte, muss diese Geschichten kennen, besonders wenn es sich – wie bei der Credit Suisse – um die Hausbank des Vatikans handelt. Die Credit Suisse hätte also sehen müssen, dass nach jedem Skandal bislang der nächste folgte, dass auf jede Reform der Finanzen des Heiligen Stuhls, auf jede Beteuerung auf Besserung die nächste Enthüllung krimineller Aktivitäten folgte. »Jedermann weiß um die Probleme und Verdachtsmomente gegen die Vatikanbank«, sagt der Korruptionsexperte Mark Pieth, »da muss jede Bank sehr genau hinschauen und kann vor einem gewissen Muster nicht die Augen schließen.« Jeder Pfennig aus dem Vatikan muss mit besonderer Vorsicht betrachtet werden, selbst jener Peterspfennig, die jährliche Spende der Gläubigen.

Oder ganz besonders der Peterspfennig? Die Kurie gibt sich große Mühe, den Peterspfennig als mildtätige Tat zu vermarkten. Joseph Ratzinger, Papst Benedikt XVI., erklärte einst, die Spende sei der »typischste Ausdruck für die Beteiligung aller Gläubigen an den Projekten des Bischofs von Rom zum Wohl der Weltkirche«. Die Kardinäle verweisen derzeit auch auf die Pandemie, um die Spendenbereitschaft zu erhöhen. So heißt es in einem aktuellen Aufruf: »In Krisenzeiten ist es umso wichtiger, ein konkretes Zeichen der Zugehörigkeit zur Kirche und der Liebe zum Papst zu setzen, als Symbol der Einheit« und weiter »Dank aller Spenden ist es möglich, Projekte zu verwirklichen, die die Anwesenheit von Papst Franziskus für die Menschen spürbar machen, die unter der Pandemie leiden. In dieser Krise ist ein Wandel notwendig. Die Kirche steht in der Welt an vorderster Front, um die Folgen des Coronavirus zu bewältigen, indem sie humanitäre Hilfe und gesundheitliche Unterstützung leistet und durch die Ortskirchen neue Wege findet, um den Trost des Wortes Gottes überall hinzubringen.«

Wenn der Papst also die 1,3 Milliarden Katholiken um Spenden bittet, sollte eigentlich eine ordentliche Summe zusammenkommen. Aber seit Jahren wird es weniger. Im Jahr 2021 erwartete der Vatikan noch 47 Millionen Euro, von denen 15 Millionen für karitative Zwecke eingeplant waren; der größte Rest sollte an die Kurie gehen, sagte der Leiter des Wirtschaftssekretariats bei einer Vorstellung des Haushaltsplanes. Im Jahr 2020 waren es 50, 2019 sogar 54 Millionen gewesen. Dass die Sammlung immer weniger einbringt, könnte an den rückläufigen Zahlen der Katholiken in Ländern mit großen Spendenaufkommen wie den USA liegen. Oder aber auch daran, dass der Vatikan in den vergangenen Jahren viel Vertrauen verspielt hat. Man denke nur an die Missbrauchsenthüllungen, den Umgang mit den Opfern oder die Aufklärungsversuche, die oft genug mehr vertuschen als aufklären sollten.

Aber auch ein massiver Finanzskandal, der seit Jahren in den heiligen Hallen der Kurie schwelt, hat dem Ruf der katholischen Kirche enormen Schaden zugefügt. Es geht um raffgierige Kardinäle, windige Finanzberater, politische Intrigen – und um die Beharrungskräfte innerhalb der jahrhundertealten Institution. Im Zentrum des Skandals steht eine gescheiterte Investition, die in großen Teilen aus den Spenden für die Armen getätigt wurde, dem Peterspfennig. Viele Millionen flossen in undurchsichtige Fonds in Malta und Luxemburg, in überteuerte Immobilien, aber auch in so abseitige Investitionen wie Filmproduktionen. Allein für den Alienfilm »Men in Black« gaben die Kardinäle offenbar 3,3 Millionen Euro aus. Bei einem Angestellten des Vatikans fand die Polizei laut Medienberichten 200.000 Euro in bar in einer Schuhschachtel, dazu Münzen und Medaillen im Wert von zwei

Millionen Euro. Längst steht der Verdacht im Raum, dass sich Funktionäre der Kirche im großen Stil bereichert haben.

Die wichtigste Figur in diesem jüngsten kirchlichen Drama ist ein Mann namens Giovanni Angelo Becciu – der »Gordon Gekko der Kurie«, wie Journalisten ihn nannten, in Anlehnung an den Schurken aus dem Hollywoodfilm »Wall Street«. Bis 2020 war Becciu Kurienkardinal, also Mitglied jenes kleinen Kreises von Funktionären, die die wichtigsten Aufgaben im Vatikan übernehmen. Er war die Nummer drei des Kirchenstaats, nur der Staatssekretär und der Papst standen über ihm. Im September 2020 bot er seinen Rücktritt an, den Papst Franziskus unmittelbar annahm. Schnell war klar, dass dieser äußerst seltene Vorgang kein freiwilliger Rücktritt war, sondern ein spektakulärer Rausschmiss. »Der Papst begeht einen Fehler«, klagte der geschasste Kardinal.

Beccius tiefer Fall endete damit nicht. Der heute 73-jährige sardische Priester mit den buschigen schwarzen Augenbrauen landete im Juli 2021 als erster Kardinal überhaupt auf der Anklagebank vor dem Gerichtshof des Vatikanstaats. Der Kirchenstaat hat eine eigene Gerichtsbarkeit, unter dessen Richtern neben reinen Juristen auch Geistliche sind, die zugleich das Kirchenrecht vertreten. Dort gilt das »kanonische Recht«, das katholische Kirchenrecht, es beinhaltet auch ein Strafgesetzbuch. Dass Becciu ein langjähriger enger Vertrauter des amtierenden Papstes ist, macht die Sache noch komplizierter.

Neben dem Exkardinal gibt es neun weitere Angeklagte; die Anklageschrift umfasst 488 Seiten und ist das Ergebnis zweijähriger Ermittlungen. Es geht um eine ganze Reihe von Verdachtsfällen: Betrug, Geldwäsche und Erpressung, im Fall Beccius vor allem um Amtsmissbrauch und Veruntreuung. Der italienische Enthüllungsjournalist Emiliano Fittipaldi spricht vom »größten Finanzskandal seit 30 Jahren«. Die Credit Suisse beziehungsweise ihre Mitarbeiter sind nicht angeklagt, die Bank taucht aber immer wieder in der Anklageschrift auf.

Im Zentrum des Skandals steht eine Luxusimmobilie in London, Sloane Avenue 60: ein altes Lager des legendären Luxuskaufhauses Harrods, in das sehr teure Wohnungen gebaut werden sollten. 2014 erwarb das Staatssekretariat des Vatikans Anteile an der Immobilie im noblen Stadtteil Chelsea für mehrere Hundert Millionen Euro. Die Zahlen variieren in den Berichten über den Vorgang, die meisten Beobachter gehen aber von 350 Millionen Euro aus. Laut Anklage soll ein Großteil davon aus den Einnahmen über den Peterspfennig stammen. Verantwortlich dafür zeichnete Becciu. Die Idee war, dass – nach dem Kauf und Umbau der Lagerhalle in ein Wohngebäude – Luxuswohnungen zu höheren Preisen verkauft werden könnten und den Investoren, also auch dem vatikanischen Staatssekretariat, ein satter Profit zufließen würde. Der Vatikan hätte diesen dringend brauchen können, denn die Kassen des Stadtstaates sind seit Jahren nicht mehr ausreichend gefüllt, seit 2019 werden Verluste ausgewiesen. Tendenz steigend. Und mit Immobilien haben die Kardinäle Erfahrung: Die Kirche besitzt über 5000 Liegenschaften, ein Großteil davon in Italien. Der Gesamtwert soll sich auf etwa 1,5 Milliarden Euro belaufen.

Aus rein finanzieller Sicht war der Deal in London also möglicherweise keine schlechte Idee. Aber selbst im Erfolgsfall hätte dieses Geschäft doch einen schalen Beigeschmack gehabt: die Spenden für die Bedürftigsten durch Wohnungen für die Reichsten zu vermehren? Auf einem der am schlimmsten überhitzten Immobilienmärkte der Welt? Man muss schon beide Augen zugedrückt haben, um die Kritik an diesem Vorgehen nicht vorauszuahnen.

Die Investition scheiterte 2018 krachend, weil sich nicht die Spendengelder vermehrten, sondern vor allem die Honorare und Gebühren für windige Projektentwickler und Berater. Zudem soll der Kaufpreis des Gebäudes viel zu hoch angesetzt gewesen sein; und eine Hypothek von sage und schreibe 75 Millionen Pfund habe man schlicht übersehen.

Zu allem Überfluss war das ganze Geschäft über eine der Steueroasen abgewickelt worden, die bekanntlich vielmehr die globale Armut fördern und nicht bekämpfen. In der europäischen Steueroase Malta nämlich, wo der »Athena Capital Global Opportunities Fund« seinen Sitz hatte. In diese Fondsgesellschaft brachte der Vatikan sein Geld ein, bevor Athena dann die Immobilie kaufte. Zusätzlich soll sich der Vatikan Geld geliehen haben, offenbar von der Credit Suisse. Die Fondsmanager kassierten hohe Gebühren und verdienten an dem Deal. Als sich nach einer Weile herausstellte, dass der Wert der Immobilie geringer war als gedacht, nutzte der Vatikan den geringeren Preis und kaufte weitere Anteile. Um die Mehrheit an dem Immobilienprojekt zu gewinnen und es doch noch zum Erfolg zu führen.

Am Kauf der Anteile verdiente – abermals über Firmenkonstrukte in Steueroasen wie Luxemburg – der Investor und ehemalige Goldman-Sachs-Banker Raffaele Mincione. 40 Millionen Euro. Die Kardinäle stellten sich aber offenbar dermaßen tollpatschig an, dass sie nach diesem Zukauf immer noch nicht über die notwendigen Stimmrechte verfügten, um wesentliche Entscheidungen über die Immobilie treffen zu können. Denn diese Stimmrechte waren mit Anteilen verbunden, die ein weiterer italienischer Investor besaß. Dieser Investor hatte Verbindungen zu Mincione und schon häufiger Probleme mit der Justiz. Er soll laut Anklage vom Vatikan in diesem Geschäft zusätzliche 15 Millionen Euro erhalten haben und ist neben Becciu Angeklagter in dem laufenden Prozess. Denn es besteht der Verdacht, dass einige der Beteiligten zusammengearbeitet haben könnten, vorsätzlich, zum Nachteil des Vatikans. Minciones Investmentfirma ließ mitteilen, dass man zunächst von der Beteiligung des Vatikans nichts gewusst habe und die Credit Suisse als Investorin in den Fonds, über den das Immobiliengeschäft lief, aufgetreten sei. Im Lauf der Zeit habe es dann Kontakt mit Vertretern des Staatssekretariats gegeben. Die Schuld für den Wertverfall des Gebäudes in London liege beim Vatikan, weil er eine Baugenehmigung habe verfallen lassen. Die gesperrten Konten seien »eine Kuriosität« von geringer Relevanz und von der Verwendung des Peterspfennigs habe man nichts gewusst.

Der Mann, der damals Kardinal Becciu überhaupt zu dem Geschäft brachte, war ein Italiener namens Enrico Crasso, auch er ist heute unter den Angeklagten. Becciu habe in Ölbohrungen im korrupten Angola investieren wollen, wo er einst als Nuntius tätig gewesen war. Crasso habe diese Investition prüfen lassen, ihm davon aber abgeraten und die Londoner Immobilie aufgetan. Heute ist Crasso privater Investor im schweizerischen Lugano. Damals war er Mitarbeiter der Credit Suisse. Einen Fragenkatalog ließ Crasso unbeantwortet und verwies auf seinen Anwalt.

Es ist keine Überraschung, dass wir Giovanni Becciu in unseren Daten finden, als Bevollmächtigten eines Kontos, das offenbar zum Staatssekretariat des Vatikans gehörte. Es bestand seit Anfang der Nullerjahre. Am meisten Geld enthielt es im Jahr 2014, zwischenzeitlich mehr als 200 Millionen Euro. Beccius Anwalt teilte mit, »seine Eminenz« könne Fragen zu dem Konto weder bestätigen noch dementieren, das verbiete das Amtsgeheimnis. Weder der Vatikan noch die Credit Suisse wollten sich dazu äußern – aber es zeigt, dass das päpstliche Staatssekretariat auch Jahre nach dem Londoner Desaster noch über Geld verfügte. Vatikankenner wie der Journalist Gianluigi Nuzzi hatten in den vergangenen Jahren immer wieder über eine drohende Zahlungsunfähigkeit spekuliert.

Gegen Giovanni Becciu wurden nicht nur wegen der Londoner Immobilie Vorwürfe erhoben, er soll laut Anklage auch eine hohe sechsstellige Summe kirchlicher Gelder veruntreut haben, um sie einem seiner leiblichen Brüder zukommen zu lassen. Und einem weiteren Bruder, der Schreiner ist, soll er Aufträge für Kirchenausstattung zugeschanzt haben, berichtete das italienische

Nachrichtenmagazin *L'Espresso*. Becciu sagte den italienischen Reportern dazu, er habe eben niemand anderes gekannt, der diese Aufträge hätte übernehmen können. Über seinen Anwalt ließ er mitteilen, dass er »niemals ein Familienmitglied oder eine andere Person durch ungerechtfertigte Spenden von Vatikanmitteln begünstigt« habe, die »Spenden wurden unter Einhaltung aller einschlägigen Regeln und Vorschriften« getätigt. Die Gelder seien auf Bitten des örtlichen Bischofs geflossen, »für die örtliche Jugend und darüber hinaus für benachteiligte Einwohner«. Zu den geförderten Aktivitäten gehörten eine Bäckerei, ein Weingut, eine Pizzeria und eine Baufirma, die vielen Menschen in einem ländlichen Gebiet Arbeit verschaffe.

Wie man es auch dreht und wendet, dass die Finanzgeschäfte mit dem Vatikan ein gewisses Risiko bergen, kann an den Schweizer Bankern nicht vorbeigegangen sein. Der Journalist und Vatikanexperte Emilio Fittipaldi sagt: »Die Credit Suisse hat schon immer mit dem Vatikan zusammengearbeitet und an den vom Staatssekretariat angelegten Geldern zweistellige Millionenbeträge an Kommissionen verdient. Für mich ist das Seltsame nicht, dass die Credit Suisse den Kunden nicht abgestoßen hat, sondern dass keiner aus dem Credit-Suisse-Clan auch nur von den vatikanischen Richtern befragt worden ist.«

Der historische Rücktritt des deutschen Papstes Joseph Ratzinger wird auch immer wieder mit der Tatsache in Verbindung gebracht, dass er die Finanzen des Vatikans nicht in Ordnung bringen konnte. Das Problem war Jahre vor der Investition in London öffentlich bekannt. Ausdruck Ratzingers Bemühungen war im Jahr 2010 die Einrichtung einer vatikanischen Behörde zur Finanzaufsicht, der AIF (Autorità di Informazione Finanziaria). Die Einheit sollte, wie es international in vielen Staaten üblich ist, als »Financial Intelligence Unit« (FIU) Finanztransaktionen überwachen und Anlaufstelle für Geldwäscheverdachtsmeldungen sein.

2012 holte man einen erfahrenen Finanzexperten in den Vatikan, er hatte zuvor die Financial Intelligence Unit, also die Behörde zur Untersuchung von Finanztransaktionen, in der Steueroase Liechtenstein geleitet, die sich ebenfalls bemüht hatte, den Ruf als Schwarzgeldparadies loszuwerden. Er trug dazu bei, dass dies in Teilen gelang.

Dann dankte Papst Benedikt 2013 plötzlich ab – und das Konklave der Kardinäle wählte den argentinischen Kapitalismuskritiker Jorge Mario Bergoglio zu seinem Nachfolger. Aus Bergoglio wurde Papst Franziskus – der »Papst der Armen«. Und der fragte gleich nach seinem Amtsantritt: »Braucht der Vatikan eine Bank?« Petrus habe schließlich auch kein Konto besessen. Kurz darauf setzte er eine Kommission ein, um genau dieser Frage nachzugehen.

Konten wurden von einer externen Beratungsfirma überprüft und eine vierstellige Zahl an Kundenbeziehungen beendet. Vor dem Hintergrund dieser Reformschritte bestätigte Franziskus schließlich, dass die Vatikanbank auch zukünftig weiterbestehen sollte.

Aber der schöne Frieden hielt nur wenige Jahre.

Im Lauf des Jahres 2019 entwickelte sich ein Kräftemessen zwischen der Aufsichtsbehörde IAF und dem Staatssekretariat. Das IAF war eigentlich nur für die Kontrolle der Vatikanbank zuständig, nicht für die Finanzen des Staatssekretariats. Dessen Angestellte hatten sich aber, laut der *Neuen Zürcher Zeitung*, an den Chef der Aufsichtsbehörde gewandt, um bei der Aufklärung des Londoner Schlamassels zu helfen.

Im Oktober 2019 durchsuchte dann plötzlich die vatikanische Justiz die Räume der Aufsichtsbehörde und des Sekretariats und suspendierte mehrere Mitarbeiter auf beiden Seiten. Es war der Auftakt der Ermittlungen, die nun in den großen Prozess gegen Becciu mündeten, auch der ehemalige Chefaufseher ist angeklagt.

Die 488 Seiten starke Anklageschrift liegt uns vor. Also durchsuchen wir die Kopie nach der Nummer des Kontos, für das Becciu eine Vollmacht hatte – und werden fündig.

Da ist beispielsweise eine Auflistung von neun Zahlungen aus den Jahren 2018 und 2019, die von jenem Konto an eine Firma in Slowenien gingen. Insgesamt 575.000 Euro, immer mit dem gleichen Zweck: »Freiwilliger Beitrag für eine humanitäre Mission«. Die Ankläger stellen dazu fest, dass nach Überprüfung der slowenischen Firma klar sei, dass sie »keine Tätigkeit ausgeübt hat, die auch nur im Entferntesten als humanitär angesehen werden« könnte. Vielmehr habe die Eigentümerin der Firma, eine 39-jährige Italienerin – die wie Becciu aus Sardinien stammt –, das ganze Geld für Einkäufe ausgegeben. In einem TV-Interview gab sie später zu, dass sie sich von dem Geldregen aus dem Vatikan vor allem Luxusartikel gekauft habe.

Italienische Zeitungen spekulieren über ein Verhältnis zwischen der Frau und Becciu, was beide bestreiten. Auch sie ist heute eine der Angeklagten. Und die vatikanische Staatsanwaltschaft argumentiert, dass die Anklage nur erhoben werden konnte, weil man nach Hinweisen der slowenischen Polizei auf die Zahlungen von jenem Credit-Suisse-Konto aufmerksam wurde. Sie sind die Beweismittel für den Vorwurf der Veruntreuung. Die slowenische Finanzaufsicht hat offenbar funktioniert. Im Gegensatz zur vatikanischen und der in der Schweiz. Die Credit Suisse hat laut Anklage Weisungen ihres vatikanischen Kunden ausgeführt, deren Konsequenzen nun vor Gericht verhandelt werden. Gemeinsam ergeben unsere Daten und die Klageschrift ein eindeutiges Bild: Die Bank hängt mittendrin in diesem Schlamassel. Die Credit Suisse musste nach der Anklage der vatikanischen Staatsanwaltschaft mehrere Konten von Beschuldigten sperren. Das Konto des Staatssekretariats, von dem Kardinal Becciu Gelder veruntreut haben soll, war trotz der Vorwürfe nicht darunter. Die vatikanische Staatsanwaltschaft hätte dann nämlich ein Konto des Vatikans sperren lassen müssen. Das ging offenbar doch zu weit.

Papst Franziskus hat inzwischen öffentlich zugegeben, dass es Korruption im Vatikan gebe. »Man hat Dinge getan, die nicht sauber zu sein scheinen«, sagte er vor Journalisten und verteidigte grundsätzlich, die Einnahmen aus dem Peterspfennig gewinnbringend anzulegen. Wenn sich das Geld vermehre, komme dies ja wieder den Armen zugute, so der Papst. Unter den Gläubigen scheint diese Argumentation nicht zu verfangen, im vergangenen Jahr gab es Aufrufe, die jährliche Kollekte zu boykottieren.

Im Vatikan entzog Franziskus im November 2020 dem Staatssekretariat nach Bekanntwerden des Skandals die Finanzhoheit, fortan kümmert sich darum die »Güterverwaltung des Apostolischen Stuhls«, APSA, kurz für Amministrazione del Patrimonio della Sede Apostolica.

Ausgerechnet. Denn die APSA steht für ein weiteres dunkles Kapitel der skandalreichen Geschichte des Vatikans. Erst vor wenigen Jahren hatte ein Priester, der jahrzehntelang für die APSA tätig war, bei der italienischen Polizei ausgepackt. Der Mann, der laut *Spiegel* wegen seiner Vorliebe für 500-Euro-Scheine den Spitznamen »Don 500« trägt, gestand, dass die APSA für Geschäfte genutzt worden sei, die »wirklich alles andere als korrekt erscheinen«. Einige Kardinäle, APSA-Manager und ihre Freunde hätten bei der APSA Nummernkonten gehabt. Denn die APSA ist die Zentralbank des Vatikans und wurde als eine Art Schattenbank genutzt. Über diese Geheimkonten habe die erlesene Kundschaft Geld aus dubiosen Quellen ganz einfach transferieren können. Ihr Name nämlich tauchte im internationalen Geldverkehr nicht auf, sondern nur der der APSA.

Auch die APSA sehen wir in den Daten, sie hatte seit Jahren mindestens zwei Konten bei der Credit Suisse. Auf Nachfrage bestätigte die Pressestelle des Heiligen Stuhls die Existenz des

Kontos, es sei 1930 nach den Lateranverträgen gegründet worden: »Das Konto dient der umsichtigen Verwaltung des Vermögens des Heiligen Stuhls« und das Geld stamme ursprünglich aus den Kompensationen des italienischen Staates, »aus den Erträgen der hoheitlichen Finanzaktivitäten und des Vermögens der APSA sowie aus Spenden verschiedener Art«. Noch im Jahr nachdem der Skandal um die Geheimkonten der APSA aufgeflogen war, lagen darauf mehr als 66 Millionen Franken.

18

Zu viele faule Äpfel

Während unserer Recherchen hören wir von einer Quelle aus den Vereinigten Staaten, dass sich der US-Senat mit der Credit Suisse beschäftigt. Schon wieder. Seit dem verheerenden Bericht 2014 sind nur wenige Jahre vergangen. Die Bank musste sich entschuldigen – und damit war die Sache erst mal erledigt.

Nun aber hat der US-Senat – besser gesagt der einflussreiche Finanzausschuss – eine neue Untersuchung gegen die Schweizer Bank eingeleitet. Auf Geheiß des Ausschussvorsitzenden, des demokratischen Senators Ron Wyden, sollen Ermittler dem Verdacht nachgehen, dass die Credit Suisse ihre Versprechen gebrochen hat.

2014 hatte der damalige Credit-Suisse-Chef Brady Dougan – der die Bank ein Jahr später verließ – unter Eid versprochen, dass künftig alle Bankkunden, die »irgendwelche US-Verbindungen« hätten, nachweisen müssen, dass sie sich im Einklang mit US-amerikanischem Steuerrecht befinden. Nur wer das mache, könne Kunde der Credit Suisse sein. Dougan wiederholte dieses Versprechen sogar noch einmal, leicht variiert: Es sei klar, dass Schweizer Banken nur Vermögen von US-Kunden verwalten könnten, die belegt hätten, sich an das US-Steuerrecht zu halten.

Und dann wiederholte er es noch ein drittes Mal, wieder leicht umformuliert: »All diese Konstrukte oder alles andere müsste vollkommen vereinbar mit allen US-Steuergesetzen sein.«

Es war ein großes Versprechen, das – durch die Variationen – scheinbar keine Hintertüren offen ließ. Aber mittlerweile bestehen erhebliche Zweifel, ob sich die Bank daran gehalten hat.

Denn ein früherer Mitarbeiter der Bank – einst arbeitete er am Israel-Desk der Credit Suisse, also in jener Abteilung, die für israelische Kunden zuständig ist – behauptet: Das Geschäft mit dubiosen US-Kunden gehe weiter. Noch im selben Jahr, in dem Brady Dougan vor dem US-Senat sein großes Versprechen abgegeben hat, meldete sich der Banker bei der Steuerabteilung des US-Justizministeriums mit einem Hinweis: Es gebe da einen US-israelischen Doppelstaatler namens Dan Horsky, einen pensionierten Wirtschaftsprofessor, der Geld vor den Steuerbehörden verstecke. 200 Millionen Dollar befänden sich auf einem Konto der Credit Suisse.

US-Ermittler gingen dem Fall nach – und wurden tatsächlich fündig. Der pensionierte Wirtschaftsprofessor bekannte sich kurze Zeit später schuldig, den amerikanischen Staat mit Hilfe der Credit Suisse betrogen zu haben. Er wurde zu sieben Monaten Haft verurteilt und musste mehr als 100 Millionen Dollar an Steuernachzahlungen und Strafe begleichen.

Damit aber nicht genug: Denn laut dem Whistleblower war Horsky kein Einzelfall.

Im Februar 2021 reichte der ehemalige Bankmitarbeiter in Virginia Klage ein. Es handelt sich um ein Verfahren nach dem sogenannten »False Claims Act«, einer amerikanischen Spezialität: Demnach kann eine Zivilperson im Namen des US-Staates Klage erheben, wenn ein Unternehmen gegenüber der US-Regierung – zum Beispiel dem Senat – falsche Angaben gemacht hat. Wird das Unternehmen tatsächlich verurteilt, stehen dem Initiator des Verfahrens bis zu 30 Prozent der Strafe zu. In diesem Fall behauptet der Kläger, dass die Strafzahlungen der Credit Suisse im Jahr 2014 nicht hoch genug ausgefallen sind, weil sie auf der Annahme beruhten, die Credit Suisse habe alle Schwarzgeldkonten amerikanischer Kunden offengelegt. Diese Annahme sei jedoch falsch. In einigen Fällen gehe das Verstecken bis heute weiter, heißt es in dem Gerichtsdokument.

Wir erfahren von Personen, die mit dem Fall vertraut sind und unter dem Siegel der Verschwiegenheit mit uns gesprochen haben, dass bereits mehrere Credit-Suisse-Banker befragt worden seien, und unter anderem das Südamerika-Desk der Credit Suisse im Fokus stehe. Der Verdacht laute: Südamerikanische Kunden mit zwei Staatsbürgerschaften oder mehr, die aber auch einen für die US-Behörden maßgeblichen US-Pass hatten, seien nicht als US-Amerikaner behandelt worden. Etliche Millionen Dollar bisher unversteuerter Anlagevermögen seien schon zum Vorschein gekommen. (Die Credit Suisse wollte sich dazu nicht äußern.) Wir hören von einer Quelle, dass Credit Suisse gegenüber US-Ermittlern von einzelnen »rogue bankern« spricht, also von ein paar »bösartigen Bankern«, die aus der Reihe getanzt seien.

Wer genau der Kläger, also der ehemalige Bankmitarbeiter, ist, der das aktuelle Verfahren angestoßen hat, ist nicht bekannt. In den Gerichtsunterlagen wird die Person »John Doe« genannt – das amerikanische Pendant zu Max Mustermann. Der Grund dafür ist wieder einmal das Schweizer Bankgeheimnis: »Den Kläger würde Strafverfolgung nach den Gesetzen des Schweizer Bankgeheimnisses und des Schweizer Strafrechts erwarten, wenn seine Identität veröffentlicht würde«, heißt es in der Klage.

In den Gerichtsunterlagen finden wir dafür den Namen seines Anwalts. Er heißt Jeffrey Neiman und hat Erfahrung im Umgang mit Schweizer Banken. Einst ist er aufseiten des US-Justizministeriums gegen die UBS vorgegangen, heute arbeitet er für eine Kanzlei in Miami. Der Fall des Credit-Suisse-Whistleblowers ist sein derzeit größter Fall.

Was uns zu der Frage bringt: Ist sein Mandant womöglich unsere Quelle – Soporific Debtor?

Wir haben leider immer noch nichts von ihr gehört. Etliche Wochen sind vergangen, seit wir unsere Nachricht auf Twitter verbreitet haben. Aber niemand hat geantwortet. Es gab zwar ein paar neugierige Nachfragen. Die aber kamen von unseren Followern – und nichts deutete darauf hin, dass einer oder eine von ihnen Soporific Debtor ist.

Wir schreiben den US-Anwalt also an, erzählen ihm von unseren Panama-Papers-Recherchen, schicken ihm einen *New-York-Times*-Artikel, in dem beschrieben wird, wie die Quelle der Panama Papers einst mit uns in Kontakt kam. Dann kommen wir zu unserem eigentlichen Anliegen: Wir würden gerne mit seinem Mandanten Kontakt aufnehmen.

Neiman antwortet prompt: »Lasst uns versuchen, diese Woche zu sprechen, damit ich verstehen kann, wie ich euch helfen kann.« Es wird ein kurzes, aber sehr hilfreiches Gespräch. Wie sich herausstellt, vertritt Neiman nämlich nicht nur einen, sondern mehrere Credit-Suisse-Whistleblower – also Personen, die Missstände aufdecken wollen, auf die sie bei der Bank gestoßen sind, vermutlich als Mitarbeiterinnen und Mitarbeiter. Das sind wichtige Nachrichten für uns, da lauert möglicherweise neuer Sprengstoff für die Bank.

Wie viele Personen Neiman gegen die Credit Suisse vertritt, will er nicht offiziell sagen. Dafür willigt er ein, seine Mandanten zu fragen, ob einer oder eine von ihnen jemals mit der *Süddeutschen Zeitung* in Kontakt war und womöglich gar Informationen geschickt hat. Oder ob sie mit uns sprechen würden.

Wir versuchen in der Zwischenzeit mehr herauszufinden und rufen Mitarbeiter von Abgeordneten an und wir sprechen mit Männern und Frauen, von denen wir wissen, dass ihnen nichts entgeht, was sich im US-Senat tut. Schnell ist klar: Die neue Klage des Credit-Suisse-Whistleblowers John Doe hat den demo-

kratischen Ausschussvorsitzenden Ron Wyden aufhorchen lassen. Wenn die Credit Suisse nämlich tatsächlich nach 2014 weiterhin US-Kunden geholfen haben sollte, Geld vor dem Fiskus
zu verstecken, hätte die Bank gegen die Vereinbarungen mit der
US-Justiz verstoßen. Dann müsste die Bank zu der bereits veran-
schlagten Milliardenzahlung möglicherweise mehrere Hundert
Millionen Dollar zusätzlich zahlen.

Wir erfahren auch von einem Schreiben des Vorsitzenden des
Finanzausschusses Ron Wyden, das direkt an den derzeitigen
Credit-Suisse-Chef Thomas Gottstein gegangen sein soll. Ende
2021 trafen Anwälte der Credit Suisse offenbar auch Ermittler des
Senats zu Gesprächen. Die Bank wollte sich dazu auf Nachfrage
nicht äußern.

Einige Wochen später sprechen wir per Videocall erneut mit
Jeffrey Neiman. Während bei uns der erste Schnee fällt, sitzt er
in Miami im Kurzarmhemd vor seiner Kamera, im Hintergrund
piepst der Geschirrspüler. Neiman erzählt, dass er in der Zwischenzeit mit seinen Mandanten gesprochen habe – und keiner
von ihnen habe uns jemals Informationen geschickt. Oder wolle
jetzt mit uns reden.

Soporific Debtor muss demnach jemand anderes sein. Oder
er oder sie will sich auch Neiman gegenüber nicht zu erkennen
geben.

Wir kommen darauf zu sprechen, dass die Bank gern behauptet, bei den aktuellen Problemen gehe es um »bösartige« Banker.
Neiman gluckst und kontert mit der Frage: »Ab wie vielen bösartigen Bankern hat man eigentlich eine bösartige Bank?«

Tatsächlich ist diese Frage wichtig. Es ist für jede Institution
schwierig zu verhindern, dass sich einzelne »bösartige« Mitarbeiter falsch verhalten, gegen Regeln verstoßen, keine Grenzen
akzeptieren. Das gilt für die Credit Suisse genauso wie für das
US-Militär oder die katholische Kirche. Und doch tragen alle
diese Institutionen Verantwortung, wenn in ihnen ein System

wachsen konnte – oder gar wachsen sollte –, das Fehlverhalten nicht bestraft. Und in manchen Fällen sogar belohnt. Die katholische Kirche versagte über Jahrzehnte darin, Priester für sexuellen Missbrauch zu bestrafen und auszuschließen, mit furchtbaren Folgen für die Opfer. In der US-Armee entwickelte sich während des Irakkrieges aus dem von ganz oben angeordneten Einsatz von Folter ein Selbstbild der Truppen, in dem Gewaltexzesse wie jene im Foltergefängnis von Abu Ghraib toleriert und im Zweifel gedeckt wurden.

Als der Missbrauchsskandal in der Kirche und der Folterskandal von Abu Ghraib öffentlich wurden, verteidigten sich beide Institutionen auf frappierend gleiche Art und Weise: Sie betonten, dass es einzelne Individuen gewesen seien, die das Vertrauen der jeweiligen Institutionen missbraucht hätten. Nach Abu Ghraib sprach US-Präsident George W. Bush von »einigen faulen Äpfeln«, die für die Verbrechen verantwortlich seien. Fast gleichlautend bezeichnete auch die New Yorker Diözese die Täter innerhalb der Kirche als »ein paar faule Äpfel«.

Insofern wäre eine Verteidigung vonseiten der Credit Suisse, wie unsere Quelle sie uns schildert – also, dass es nur ein paar »bösartige« Banker gewesen seien –, eine Fortsetzung dieser Tradition.

Die Logik dahinter ist einfach. Wenn es nur ein paar »bösartige« Einzelne sind, gibt es keinen Grund, die Institution selbst in Zweifel zu ziehen.

Die Frage wird am Ende also lauten: Wie sieht es in der Credit Suisse aus? Hat die Bank es geschafft, ein bis vor 20 Jahren noch fast normales Verhalten – Beihilfe zur Steuerhinterziehung von ausländischen Bürgern nämlich – in ihrer Institution als unerwünscht zu stigmatisieren? Und dieses Verhalten damit für alle ihre Berater klar als nicht tolerierbar zu markieren? Oder wurde im Zweifel ein Auge zugedrückt, wenn Einzelne weitermachten oder ganze Gruppen?

Unsere Daten belegen, dass die Bank nicht verhindern konnte, dass selbst noch im zweiten Jahrzehnt dieses Jahrhunderts ähnliche Dinge wie zuvor passierten.

Die neuen Fälle in den USA könnten darauf deuten, dass dieses Versagen bis in die jüngste Vergangenheit andauerte. Neiman bezweifelt uns gegenüber, dass die Credit Suisse ihr Verhalten ernsthaft und ausreichend geändert hat. Die Bank habe bisher »wirklich keine Schmerzen« für ein Verhalten spüren müssen, von dem sie selbst zugab, dass es »kriminell war«. Solange die Credit Suisse nicht »ernsthaft zur Verantwortung gezogen« würde von den Aufsichtsbehörden, werde sie so weitermachen, wie es ihr passe.

Nach all den immer noch höheren Rekordstrafen, den Hunderten von Millionen, die Credit Suisse, Deutsche Bank und andere große Player im Finanzwesen zahlen mussten: Was sind empfindliche Strafen, die ein Umdenken auch der Institute bewirken könnten?

Neiman hat darauf eine einfache Antwort. »Man wird eine Banklizenz in einem größeren Rechtssystem entziehen müssen, um diesen Banken die Botschaft zu übermitteln: Wir meinen es ernst.« Andernfalls, meint er, seien die Strafen nur Betriebskosten.

Und am meisten würde eine international tätige Bank der Verlust der US-Bankenlizenz schmerzen.

Allerdings werden Ermittler und Anwälte wie Neiman, selbst wenn sie in den USA tätig sind, durch das Schweizer Bankgeheimnis in ihrer Arbeit behindert. Wie berichtet, geht jeder Whistleblower das Risiko ein, strafrechtlich verfolgt zu werden – weswegen die meisten ihren Namen geheim halten wollen. »Dieses Gesetz dämonisiert diejenigen, die gute Informationen liefern, mit denen man Korruption aufdecken kann«, sagt Neiman, »antiquierter geht es kaum in unserer heutigen Welt.«

Natürlich hat Jeffrey Neiman als Anwalt eines Whistleblowers

Eigeninteressen. Er möchte das Beste (oder das meiste, schließlich geht es auch um Geld) für seine Mandanten herausholen und er möchte Aufmerksamkeit. Er warnt vor Repressionen gegen Whistleblower: »Diese Stimmen wurden buchstäblich zum Verstummen gebracht, ihnen die Münder mit Klebeband zugeklebt, sie unterdrückt.« Und zwar mit einer brachialen Warnung: »Wenn du deinen Mund öffnest, werfen wir dich ins Gefängnis.«

Es sei im Interesse der Bank, Whistleblower zu ermutigen, Verstöße intern zu melden – in dem Wissen, dass dieses Verhalten gestützt und gefördert würde. Derzeit sei aber das Gegenteil der Fall und solange sich das nicht ändere, würden auch die Anreize bleiben, diese problematischen Konten weiterzubedienen.

Wir sind gespannt, wie sich Jeffrey Neimans Fälle entwickeln werden, ob die Whistleblower nicht doch irgendwann entscheiden, im Licht der Öffentlichkeit ihre Vorwürfe zu wiederholen. Wir stünden bereit. Fürs Erste vereinbaren wir, in Kontakt zu bleiben, dann legen wir auf.

Eines ist uns mittlerweile klar geworden: Für die Credit Suisse könnte die Frage, ob sie nach 2014 noch steuerunehrliche US-Kunden gehabt hatte, entscheidend werden. Denn sollte die Bank tatsächlich weiterhin Amerikanern bei der Steuerhinterziehung geholfen haben und dabei nun ertappt werden, muss sie neben einer hohen Strafe tatsächlich mit dem Entzug der amerikanischen Bankenlizenz rechnen – Jeffrey Neiman ist mit seiner Einschätzung da nicht allein, wir hören das auch aus dem US-Senat.

Wir nehmen uns deshalb noch mal die Daten von Soporific Debtor vor. Tatsächlich haben wir mehr als hundert Amerikaner und Amerikanerinnen gefunden, die nach Ende 2014 noch ein Konto hatten. Das ist eine Menge – zumal wir ja von verschiedenen Quellen gehört haben, dass die Credit Suisse bei Doppelstaatlern, wie etwa dem Wirtschaftsprofessor Dan Horsky, nicht immer auch die amerikanische Staatsbürgerschaft in das System eingetragen haben soll.

Wir schauen uns also »unsere Amerikaner« genauer an. Keiner von ihnen lebt laut den Credit-Suisse-Unterlagen in den USA, stattdessen wohnen sie in China, Kenia, den Philippinen, Thailand, der Ukraine oder Ägypten. Aber: »Ob Sie ein US-Bürger sind oder ein hier ansässiger Ausländer, der außerhalb der Vereinigten Staaten lebt: Auf Ihr weltweites Einkommen ist US-Einkommensteuer fällig, egal wo Sie leben«, lesen wir auf der Homepage der US-Steuerbehörde IRS.

Demnach wären alle unsere US-Bürger in den USA steuerpflichtig. Ob sie ihr Konto offengelegt haben, sehen wir in unseren Unterlagen leider nicht. Und die IRS äußert sich grundsätzlich gegenüber Journalisten nicht zu solchen Angelegenheiten.

Wir haben viele Fragen – und würden sie gern unserer Quelle stellen. Aber leider haben wir immer noch keinen Kontakt. Und während der Tag, an dem wir die Credit Suisse mit unseren Vorwürfen konfrontieren wollen, immer näher rückt, steigt auch unsere Nervosität. Die Vorstellung, dass wir die Credit Suisse anschreiben und in der Bank dann die fieberhafte Suche nach dem Leck beginnt, während unsere Quelle noch gar nicht weiß, dass nach ihr gesucht wird, ist beunruhigend.

Daher entscheiden wir uns, es noch mal auf Twitter zu versuchen: »An die Person, die uns (über Secure Drop) Informationen von großem öffentlichem Interesse über ein europäisches Finanzinstitut übermittelt hat: Bitte überprüfen Sie Ihren Posteingang. Wir danken Ihnen. Passen Sie auf sich auf.«

Innerhalb von 24 Stunden hat der Tweet etwa 3000 Likes. Aber von Soporific Debtor fehlt weiterhin jede Spur.

19

Fehler im System

Ein wichtiger Schritt in jeder Recherche ist ein Spiel, das niemandem Spaß macht – aber sehr wichtig ist. Es heißt: »Tu so, als wärst du die Gegenseite.«

Die Anleitung lautet: Ziehe an jedem losen Faden, der irgendwo hervorlugt, und schaue, ob sich dahinter nicht etwas verbirgt, was eine Schwäche der Geschichte sein könnte. Suche nach Gegenargumenten zu deiner Recherche, nach Mängeln, nach brüchigen Erklärungen. Finde ein Gegennarrativ, das sich gut durchziehen lässt. Stelle alles infrage, jede Annahme, jeden noch so logischen Schluss, jede Quelle, jedes Dokument.

Die Logik dahinter ist: Wenn wir es nicht tun – die andere Seite wird all das tun und dann kann eine unangenehme Überraschung warten. Schlimmstenfalls sogar eine, die einen groben Fehler aufdeckt, den wir selbst hätten entdecken können oder müssen.

Ein Gegennarrativ, das wir erwarten, geht so: Diese ganze Recherche zielt auf Sensationslust und bedient alte Vorurteile gegen die Schweiz – längst ist die Credit Suisse eine andere Bank, längst sind die Schwächen behoben, längst gelten andere Regeln, das hat die Bank fest versprochen. Und das Interessante an dieser Erzählung ist, dass sie teilweise stimmt. Es ist von außen nur schwer zu bestimmen, zu welchen Teilen. Denn sicherlich ist die systematisch betriebene, aggressive Beihilfe zur Steuerhinterziehung Vergangenheit, sicherlich wird stärker nach Geldwäsche gefahndet und ganz sicher hat der Automatische Informationsaustausch die Steuerhinterziehung für Bürger bestimmter Länder – darunter Deutschland – sehr viel schwerer gemacht. Und gerade die Deutschen, die früher in Scharen mit ihrem Geld in die Schweiz fuhren, haben sich in den vergangenen Jahren in Scharen selbst angezeigt. Auf den Punkt gebracht wird man uns vorhalten: Was die Journalistinnen und Journalisten da präsentieren, ist kalter Kaffee, eine längst nicht mehr aktuelle Geschichte.

Wir werden mit unsere Recherchen dagegenhalten.

Und wir werden darauf verweisen, dass bei jedem Versprechen erst mal Vorsicht angebracht ist. Und die Erfahrung hat uns gelehrt, bei großen Versprechungen großer Banken zumindest genauso große Vorsicht walten zu lassen. Seit mindestens zehn Jahren erklärt die Credit Suisse, sie wolle keine Gelder von Kriminellen mehr haben – und doch konnte der korrupte, geständige und rechtskräftig verurteilte Siemens-Manager Eduard Seidel zig Millionen auf ein Konto einzahlen und das Konto behalten, bis in die jüngste Zeit. Die Credit Suisse wiederholt gebetsmühlenartig, wie wichtig die Umwelt doch sei – und gewährt dann einer wegen krasser Umweltverschmutzung verurteilten Firma ein Konto. Der gesellschaftlichen Verantwortung ist ein ganzes Kapitel in den Unternehmensleitlinien gewidmet und doch konnten Autokraten und ihre Familien, Geheimdienstchefs und Foltergeneräle, mutmaßliche Mafiosi und andere Kriminelle über Jahre ihre Millionen auf Credit-Suisse-Konten verstecken.

Wann immer in den vergangenen Jahren Kritik an Schweizer Banken laut wurde, war die Verteidigungslinie ähnlich: alles

Schnee von gestern, heute ist alles besser, die Schweiz fahre eine »Weißgeldstrategie«, es gebe den Automatischen Informationsaustausch. Alles gut, hier gibt es nichts zu sehen, bitte weitergehen.

Und tatsächlich war dem bisher wenig entgegenzusetzen. Alle Skandale, die öffentlich wurden, betrafen einzelne Fälle, einzelne Kontoinhaber und ihre (einzelnen) Berater. Wir aber sind die ersten Journalisten, die Informationen zu vielen Kunden der Credit Suisse in Händen halten. Es sind nicht nur Dutzende, nicht Hunderte, sondern Tausende. Und je mehr wir zu jedem Einzelnen von ihnen recherchieren, umso klarer wird, dass die Credit Suisse offenbar den Profit über die Sorgfalt gestellt hat. Anders lassen sich die vielen Fälle dubioser oder gar krimineller Kunden schlicht nicht erklären.

In den Daten stoßen wir beispielsweise auf eine Frau namens Rano Ramatova. Sie hatte von 2010 bis 2015 ein Firmenkonto bei der Credit Suisse. Die Bank vermerkte, dass Rano Ramatova usbekische Staatsbürgerin ist, auch dass sie in Usbekistan lebt. Was wir in den Daten nicht sehen: ob der Bank klar war, wer Ramatova ist, nämlich die Frau von Achilbai Ramatov, damals Chef der usbekischen Eisenbahngesellschaft.

Der staatliche Eisenbahnbau ist in vielen Ländern bekanntermaßen notorisch korruptionsanfällig – wie andere Branchen, in denen sehr hohe Staatsaufträge vergeben werden. Im Eisenbahnbau geht es oft um zwei- oder gar dreistellige Millionensummen, da reicht es Menschen, die an zentralen Stellen Entscheidungen treffen können, schon, nur ein paar Prozent »Kommission« einzufordern, um märchenhaft reich werden zu können. Fünf Prozent von 80 Millionen Euro sind vier Millionen Euro. Zweieinhalb Prozent sind zwei Millionen Euro. Sogar ein Prozent, also 800.000 Euro, würden jemanden sehr reich machen und wohl genügen, um in Usbekistan zu den reichsten Menschen des Landes zu gehören – und wäre ein kaum ins Gewicht fallender

Betrag für eine Baufirma, die dafür einen dicken Auftrag einstreicht.

Wie gesagt, die Problematik ist bekannt, weswegen Firmen, die auf Compliance und Geldwäschebekämpfung spezialisiert sind und für ihre Kunden – etwa: Banken – Risikobewertungen vornehmen, auch eine ganz bestimmte Risikogruppe ausgemacht haben:»senior executives of state owned corporations« – also leitende Angestellte von Staatsbetrieben. So ist es definiert von der wichtigen Financial Action Task Force on Money Laundering (FATF), dem international führenden Gremium zur Bekämpfung der Geldwäsche. Die Personen dieser Gruppe – leitende Angestellte von Staatsbetrieben – gelten als PEPs, als politisch exponierte Persönlichkeiten, die wir hier in diesem Buch ja schon eingeführt haben. Über den Konten aller PEPs und ihren nahen Verwandten muss in jeder Bank eine fette rote, weithin sichtbare Warnleuchte angebracht sein, bildlich gesprochen, bei ihnen muss besondere Sorgfalt verwendet werden.

Noch dazu, wenn eine solche Person nicht in Deutschland bei der Deutschen Bahn oder in der Schweiz bei den Schweizerischen Bundesbahnen arbeitet, sondern in Usbekistan, bei der usbekischen Eisenbahngesellschaft. Denn in Usbekistan ist Korruption weit verbreitet, das Land belegt auf dem Korruptionsindex von Transparency International Rang 146 von 170 – es ist demnach eines der korruptesten Länder der Welt.

All das sollte für jede Bank seit zwanzig Jahren – mindestens – Standard sein. Es ist fast die Minimalanforderung.

Und jetzt wird es richtig interessant. Wir finden nämlich heraus, dass nicht nur Rano Ramatova auf das bei der Credit Suisse laufende Firmenkonto Zugriff hat, sondern auch ein usbekischer Geschäftsmann. Dessen Firma wiederum ist einer der größten Auftragnehmer der usbekischen Eisenbahngesellschaft. Jeder Geldwäschebeauftragte einer Bank, jede Mitarbeiterin der Compliance-Abteilung muss spätestens jetzt die fette rote Warnleuchte einschalten: Die Frau von Achilbai Ramatov, jenes Mannes, der seit 2002 über Staatsaufträge im Eisenbahnsektor entscheidet, hat demnach ein gemeinsames Konto mit einem Geschäftsmann, der von der von ihrem Mann geleiteten Eisenbahngesellschaft lukrative Aufträge bekam. Auf dem Konto lagen knapp eine Million Dollar – nicht nur für usbekische Verhältnisse ein kleines Vermögen. Laut der deutschen staatlichen Gesellschaft für Außenwirtschaft betrug das Pro-Kopf-Einkommen in der Hauptstadt etwa 2000 Dollar im Jahr, auf dem Land sogar nur 500 Dollar.

Aus unseren Daten geht leider nicht hervor, woher das Geld auf Ramatovas Firmenkonto stammt. Staatliche Anti-Korruptionsermittler würden sich ein solches Konto aber sicherlich sehr genau anschauen, sie würden es auf Interessenskonflikte abklopfen, auch auf Korruption. Aber, und das ist der Knackpunkt, dafür müssten sie erst einmal von dem Konto erfahren.

Usbekistan ist allerdings eines von mehr als 90 Ländern weltweit, mit denen die Schweiz bis heute kein Abkommen zum Informationsaustausch geschlossen hat. Zwar gibt es ein solches Abkommen mit der Europäischen Union, mit den Vereinigten Arabischen Emiraten und Großbritannien, aber eben nicht mit Usbekistan.

Ein weiteres Land, das bis heute keinen Informationsaustausch mit der Schweiz hat, ist Tadschikistan. Aus dem zentralasiatischen Land stammt Kosim Kosimov, der den uns vorliegenden Dokumenten zufolge 2004 ein Konto in der Schweiz eröffnete, auf dem zeitweise rund fünf Millionen Euro lagen. Als er das Konto eröffnete, war Kosimov bereits mehrere Jahre Abgeordneter im tadschikischen Parlament, 2008 wurde er Agrarminister – und sowohl Abgeordneten als auch Ministern ist es in Tadschikistan seit 2002 verboten, Konten im Ausland zu führen. Die Credit Suisse hätte mit ihm eigentlich keine Geschäfte machen dürfen, denn die Schweizer Banken haben in ihrem

Verhaltenskodex vereinbart: »Die Bank darf keine aktive Beihilfe zum Kapitaltransfer aus Ländern leisten, deren Gesetzgebung die Anlage von Geldern im Ausland einschränkt.« Kosim Kosimov selbst hätte in Tadschikistan mit Ermittlungen rechnen müssen. Aber auch hier gilt: Dafür hätten die tadschikischen Behörden erst einmal von dem Konto erfahren müssen.

Dafür brauchte es aber erst ein Leak – ein Leak wie dieses.

Und während wir diese Zeilen schreiben, werden im Nachbarland Tadschikistans, in Kasachstan, Demonstrierende niedergeschossen. Seit einigen Tagen gibt es Proteste, ausgelöst durch erhöhte Benzinpreise, aber befeuert von der Unzufriedenheit der Menschen, in einem korrupten System zu leben. Aus friedlichen Protesten sind innerhalb kurzer Zeit blutige Straßenschlachten geworden. Nun hat der autoritär regierende Präsident Kassym-Schomart Tokajew die Armee angewiesen, ohne Vorwarnung auf Menschen zu schießen, die protestieren.

Tokajews Exfrau (die für eine Anfrage nicht zu erreichen war) wiederum taucht in unseren Daten auf. Sie hatte laut der Credit-Suisse-Daten 1998, als sie noch mit ihm liiert und dieser bereits kasachischer Außenminister war, ein Schweizer Konto eröffnet. Mit dem gemeinsamen Sohn, der damals noch im Teenageralter war, verfügte sie über anderthalb Millionen Schweizer Franken. Erst 2011 wurde das Konto geschlossen.

Kasachstan hat seit 1. Januar 2022 ein Abkommen über den Automatischen Austausch, aber das Regime von Langzeitdiktator Nasarbajew – der bis 2019 Präsident war und danach als »Führer der Nation« im Hintergrund die Fäden zog – hat über Jahrzehnte mit Hilfe internationaler Banken das Land geplündert und in eine Situation geführt, in der Menschen nur noch Gewalt für ein wirksames Mittel gegen die Herrschenden halten. Die traurige Konsequenz jahrzehntelanger Kleptokratie scheinen Gewalt und Tod zu sein.

Diktator Nasarbajew war übrigens der Mann, der 2019 überraschend zurücktrat und die Hauptstadt des Landes nach seinem Vornamen, Nur-Sultan, benennen ließ. Natürlich sicherte er sich und seiner Familie umfassende Immunität für die Zeit nach seinem Rücktritt. Die *Neue Zürcher Zeitung* schrieb im Januar 2022 über Nasarbajew, er habe »von Beginn weg kaum einen Unterschied zwischen seinem eigenen Vermögen und jenem des Staates« gemacht, »besonders seine eigene Familie profitierte vom direkten Zugriff auf die staatlichen Besitztümer«.

Seine Tochter Darigha, ebenfalls Politikerin und Managerin in Staatsunternehmen, war laut unserer Daten – Überraschung! – ebenfalls Kundin der Credit-Suisse-Gruppe, und zwar 2008 bis 2012, als längst der Verdacht im Raum stand, dass die Familie Staatsgelder veruntreut. Vor einigen Jahren wollte sie – das geht aus Gerichtsunterlagen hervor – eine Schweizer Privatbank kaufen. Sie hatte Firmenbeteiligungen verkauft und bemerkenswerte 325 Millionen Dollar auf der hohen Kante, aber der Erwerb einer eigenen Bank platzte. Ob die Präsidentenfamilie einer korrupten Autokratie vom Automatischen Austausch betroffen wäre, ist wohl eine ganz andere Frage.

Autokratien sind vermutlich nicht die idealen Teststaaten für den Automatischen Informationsaustausch, auf den Schweizer Regierung und Schweizer Banken oft verweisen und betonen, dass dieser ein wirksames System gegen Schwarzgeld sei.

Bei genauerem Hinsehen zeigt sich allerdings, dass es darin grundsätzliche Fehler gibt. Das beginnt schon damit, dass die Schweiz derartige Abkommen vor allem mit reichen und mächtigen Ländern geschlossen hat. Die ärmsten und korruptesten Länder fehlen. Dabei sind es laut Experten genau diese Länder, aus denen mittlerweile mutmaßlich das meiste Schwarzgeld in die Schweiz abfließt. Um das einmal ganz plakativ zu machen: Luxemburg, Singapur und Irland gelten (gemessen am Bruttoinlandsprodukt pro Kopf) als die reichsten Länder der Welt – alle drei haben einen Informationsaustausch mit der Schweiz.

Die drei ärmsten Länder der Welt – Burundi, Südsudan und die Zentralafrikanische Republik – hingegen nicht. Die drei laut Korruptionsindex von Transparency International am wenigsten korrupten Länder der Welt – Neuseeland, Dänemark und Finnland – haben einen Informationsaustausch, drei der korruptesten Länder der Welt wiederum – Syrien, Südsudan, Somalia – fehlen auf der Liste.

Kritiker, etwa Experten vom Netzwerk Steuergerechtigkeit, sprechen daher von einer »Zebrastrategie« der Schweiz: mit den reichen und mächtigen Ländern der Welt gibt es Weißgeldgeschäfte – aus Entwicklungsländern, die nicht am Informationsaustausch teilnehmen, fließt derweil mutmaßlich weiterhin das Schwarzgeld. Was jene Länder ohne Informationsaustausch angeht, habe sich im Vergleich zur Vergangenheit »nichts geändert«, sagt der Schweizer Historiker und Bankenexperte Sébastien Guex. »Das bedeutet, dass Schweizer Bankiers den Reichen in diesen Ländern immer noch dabei helfen, ihr Vermögen vor den Steuerbehörden in ihrem eigenen Land zu verstecken.«

Und in unseren Daten haben wir Tausende Bankkunden, die aus Ländern stammen, die bis heute keinen Informationsaustausch mit der Schweiz haben. Wenn diese Kunden ihre Schweizer Konten nicht freiwillig offenlegen, erfahren die Behörden ihrer Heimatländer nichts. Und warum sollten sie das tun? Es scheint, dass die Schweiz für die steuerunehrlichen Bürger vieler Länder wenig von ihrem Reiz verloren hat.

Die Öffentlichkeit kann die Wirksamkeit des Informationsaustausches nicht überprüfen. Die Schweizer Behörden verraten nicht einmal, wie viele Konten an welches Land gemeldet wurden. Nur eine Gesamtzahl: 2021 wurden demnach Daten zu etwa 3,3 Millionen Schweizer Konten weitergegeben. Zum Vergleich: 2014 hatte allein die Credit Suisse 2,1 Millionen Kunden. Und es gibt noch mehr als 200 weitere Schweizer Banken.

Aber selbst für Kunden aus Ländern, die mit der Schweiz Informationen austauschen, bietet das System noch Schlupflöcher. So müssen nur Schweizer Banken Daten austauschen, aber nicht automatisch alle ihre ausländischen Dependancen. Daten von Kunden einer Credit-Suisse-Filiale in einem Land ohne Informationsaustausch bleiben also weiterhin geheim – selbst wenn die Kontoinhaber etwa Deutsche sind. Vielleicht ist das einer der Gründe, warum die Credit Suisse zwar gerne von »Geschäftsaktivitäten in ca. 50 Ländern« schwärmt, aber auf Anfrage nicht verraten will, welche Länder es sind.

Vor einem weiteren Schlupfloch hat uns schon der Julius-Bär-Whistleblower Rudolf Elmer bei unserem Besuch gewarnt: »Der Austausch funktioniert nur, wenn Sie mit Ihrem eigenen Namen ein Konto in der Schweiz haben.« Denn die Schweizer Behörden tauschen die Informationen mit dem Land aus, in dem der Kontoinhaber ansässig ist. Ist der Kontoinhaber aber eine Firma, eine Stiftung oder ein Trust mit Sitz in bestimmten Steueroasen, läuft der Informationsaustausch ins Leere. Denn mit Steueroasen wie den Britischen Jungferninseln, den Bahamas oder den Kaimaninseln hat die Schweiz zwar Abkommen zum Informationsaustausch geschlossen und verkündet dies auch groß auf einer Regierungshomepage, im Kleingedruckten steht dann aber ein wichtiger Hinweis: Es handle sich um »ständige nichtreziproke Jurisdiktionen« – diese Staaten schicken zwar Informationen in die Schweiz, wollen aber selbst explizit keine Auskünfte aus der Schweiz erhalten.

Der Informationsaustausch mag auf dem Papier gut klingen, in der Praxis ist er in vielen Bereichen unwirksam, darauf wies uns unsere Quelle ganz am Anfang unserer Kommunikation hin: »Die Situation ermöglicht Korruption und bringt Entwicklungsländer um unbedingt benötigte Steuereinnahmen.« Wir würden uns gern ausführlicher mit ihr darüber unterhalten und über einiges andere. Der Veröffentlichungszeitpunkt rückt näher, es gäbe viel zu besprechen. Soporific Debtor hat uns zwar aufgefordert, die Daten zu veröffentlichen, und wir trauen ihm oder ihr zu, für seine oder ihre Sicherheit gesorgt zu haben. Aber wohler würden wir uns fühlen, wenn wir noch einmal sprechen könnten, bevor wir tatsächlich auf den »Publizieren«-Knopf drücken.

Doch so oft wir unser Secure-Drop-Postfach auch prüfen – es findet sich darin einfach kein Lebenszeichen von Soporific Debtor. Dass er oder sie aufgeflogen ist, halten wir für unwahrscheinlich, denn über die Festnahme oder Kündigung eines Banken-Whistleblowers wäre vermutlich berichtet worden. Ausschließen können wir es aber nicht.

Was uns aber etwas ablenkt: Die Kollegen vom *OCCRP* haben jemanden gefunden, der mit der Credit Suisse noch 2021 in Kontakt war, um ein Konto zu eröffnen. Und diese Person hat dem *OCCRP* den gesamten Mail-Verkehr überlassen. Die Nachrichten geben einen seltenen Einblick in die aktuellen Verkaufsargumente der Bank.

Das fängt schon mit Nummernkonten an. Die gebe es selbstverständlich noch, erklärt der Bankmitarbeiter in einer E-Mail. In einer Preistabelle werden sie mit 3000 Schweizer Franken pro Jahr veranschlagt. Aber: Die Bank lasse Nummernkonten auslaufen, von »phasing out« schreiben sie. Der durch sie gebotene Schutz habe über die Jahre stark nachgelassen. Trotzdem, so beruhigt der Mann von der Credit Suisse, der »Vice President« im Jobtitel führt, gebe es ja weiterhin das Schweizer Bankgeheimnis.

Und es geht noch weiter: Wenn Geheimhaltung wichtig sei, könne man da noch ein paar Sicherheitsvorkehrungen einbauen. Statt eines Kontoauszugs könne man etwa ein »anonymisiertes Dokument« ausstellen: Ohne Name, ohne Kontonummer, ohne Spuren zum wahren Eigentümer.

Da kann die Bank öffentlich noch so oft von Verantwortung reden und davon, dass sie keine kriminellen Gelder bei sich haben will – wenn Credit-Suisse-Mitarbeiter solche Auskünfte erteilen, die eindeutig der Verschleierung zu dubiosen Zwecken dienen, stellen sie die Ernsthaftigkeit dieser Aussagen infrage.

Ähnliches Schindluder lässt sich mit Bankschließfächern treiben, in der Schweiz »Schrankfächer« genannt, die – wie auch das Käse-Fondue und Präzisionsuhren – in »Asterix bei den Schweizern« verewigt wurden. Die Credit Suisse bietet die Fächer in Größen von einem Kubikdezimeter (was einer 1-Liter-Packung Milch entspricht) bis 15.000 Kubikdezimeter an. Das kleinste Schrankfach kostet 200 Schweizer Franken pro Jahr, aber auch da passt mit genügend großen Geldscheinen eine Million Euro rein. Wer Edelsteine einlagert, kommt schnell auf einen noch viel größeren Wert. Laut Paolo Bernasconi, einem Exstaatsanwalt im Tessin, war das eine der Taktiken von gewieften Bankern, um den Automatischen Informationsaustausch zu umgehen: »Safes wurden zur Verfügung gestellt, um Edelmetall und -steine zu verstecken, die die Kunden auf Anraten der Bankangestellten mit den unversteuerten, bei den Banken bar abgehobenen Vermögenswerten kaufen.«

Die Credit Suisse bietet in so ziemlich jeder größeren Filiale Schließfächer an. Wie viele es genau sind, ist Geheimsache. Allein der unterirdische Tresorraum der Züricher Filiale soll 3500 Schließfächer in zehn verschiedenen Größen beinhalten. Die *Neue Zürcher Zeitung* hält 2018 fest: »Das Schweizer Bankgeheimnis ist Geschichte – aber tief unten in den Kellern der Geldinstitute lebt es in den Bankschließfächern fort.« Denn Schließfächer gelten nicht als Bankkonten, sie werden von den Regularien zum Informationsaustausch nicht erfasst. Was im jeweiligen Fach liegt, weiß nur der Kunde. Zwar sind zum Öffnen Schlüssel von Bankbeamten und Kunden nötig, der Bankbeamte verlässt aber den Raum, sobald der Safe geöffnet ist. Die Credit Suisse verspricht »Diskretion durch separate Kundenkabinen«, und selbst wenn sie wollte, könnte die Bank nicht verraten, was in den Schließfächern liegt. Alle paar Wochen, so erzählt uns ein Insider, werde lediglich von außen gemessen, ob in einem der Fächer womöglich radioaktives Material liegt. Solange man keinen faulen Fisch (schon vorgekommen) oder radioaktives Material (bisher wohl nicht) einschließt, gibt es keine Gefahr, entdeckt zu werden.

Epilog

Es wird ernst. Am Ende jeder investigativen Recherche kommt der Moment der Konfrontation. Die Person oder das Unternehmen, über die wir etwas enthüllen, erfährt, was wir herausgefunden haben. Es gehört zu unserer Sorgfaltspflicht, die Protagonisten unserer Geschichten anzuhören, sie zu fragen: Trifft unser Verdacht zu? Wollt ihr etwas dazu sagen? Wenn sie uns antworten, bilden wir dies in unseren Berichten ab. Das gebietet die Fairness – und das deutsche Presserecht.

Zusammen mit dem *OCCRP* und unseren Partnern haben wir mehr als hundert Schreiben an Kunden der Bank vorbereitet. Es ist ein aufwendiges Unterfangen, weil unsere Fragen perfekt formuliert sein müssen: Stimmt alles? Versteht man unser Englisch? Fehlt etwas? Ist der Brief zu lang, zu kurz oder irgendwie missverständlich? In langen Videoschalten diskutieren wir und ändern, verwerfen, schreiben um. Dann brauchen wir auch noch funktionierende E-Mail-Adressen, an die wir die Schreiben schicken können, zur Not tun es auch Instagram-Accounts oder Facebookseiten. Erst nach vielen Stunden Arbeit – in einem Team von fünf Leuten – schicken wir die Anfragen raus.

Und unsere internationalen Partner machen das genauso.

Wer von uns eine E-Mail bekommt, mit direkten Fragen und oft schweren Vorwürfen, hat selten Lust, mit uns zu reden. Das verstehen wir. Daher rufen wir in manchen Fällen stattdessen erst einmal an, in der Hoffnung, so ins Gespräch zu kommen, bevor die Kommunikation über Presseanwälte läuft. Wenn wir jemanden ans Telefon bekommen, funktioniert das manchmal. Und wenn nicht, haben wir trotzdem ein besseres Gefühl für den Menschen hinter der Geschichte.

Für diese Variante entscheiden wir uns im Fall des Siemens-Managers Eduard Seidel. Von ihm haben wir einige Telefonnummern ausfindig machen können, eine davon war bei WhatsApp registriert und hat sich nachweislich immer wieder ins Telefonnetz in den Vereinigten Arabischen Emiraten eingeloggt. Dort, in Dubai, besaß oder besitzt oder besaß Eduard Seidel nach unseren Recherchen mehrere Wohnungen – also beschließen wir, unser Glück zu versuchen.

Es ist nicht der erste Anruf dieser Art, deswegen kennen wir die rechtlichen Rahmenbedingungen schon ganz gut. Die beiden wichtigsten Regeln sind: Wir dürfen das Telefonat nicht ohne sein Einverständnis mitschneiden und wir brauchen auf unserer Seite einen Zeugen, damit wir das Gesagte dann auch sicher verwenden können. Wir setzen uns also zu dritt zusammen in einen Raum, schalten Benedikt Strunz, einen Kollegen vom *NDR,* noch mit dazu und wählen Seidels Nummer.

Vor uns auf dem Tisch liegt ein Gesprächsleitfaden: Erst stellen wir alle vor, wir sagen, wer im Raum ist und wer zusätzlich in der Leitung. Dann fragen wir nach seinen Schweizer Konten und speziell nach jenem mit den 54 Millionen Franken. Das ist der Plan.

Jemand hebt ab, mit einem schlichten »Hallo?«, und wir sagen unseren Spruch auf, dass wir Journalisten sind, und zwar von der *Süddeutschen Zeitung,* und dass wir mit ihm über seine Schweizer Konten sprechen wollen. Eine Männerstimme antwortet: »Ich habe keine Schweizer Konten.«

Wir fragen nach: »Es geht speziell um eines, auf dem im Sommer 2006 mehr als 50 Millionen Schweizer Franken lagen.«

Der Mann wiederholt: »Ich habe keine Schweizer Konten.«

Noch einmal erklären wir, dass es um die Credit Suisse geht und um eines von mehreren Konten, das bei der Credit Suisse lag: »Darüber würden wir gerne sprechen mit Ihnen. Woher kam denn das Geld?« Aber da ist die Leitung schon tot.

Wir versuchen es noch einmal, ohne Erfolg, und sogar ein weiteres Mal, aber niemand hebt mehr ab. Eduard Seidel, der »König von Nigeria«, ist nicht mehr zu sprechen.

Wir wechseln in WhatsApp, da hatten wir Seidel ja auch gefunden. Auf diesem Kanal schreiben wir ihm eine Nachricht und sagen, dass wir mit ihm gerne über die Konten sprechen würden, die er unseren Recherchen zufolge mit seiner Frau gemeinsam seit den Achtzigern in der Schweiz hatte – und über den Bezug zu Siemens. Ob er wohl ein paar Minuten für uns übrighätte?

Wenig später sehen wir, dass die Nachricht zwei blaue Häkchen bekommen hat. Das bedeutet: Sie wurde gelesen.

Aber Eduard Seidel antwortet uns nicht. Also schwenken wir um auf unser Standardverfahren und schicken ihm und seiner Frau auf seine private E-Mail-Adresse einen Katalog mit unseren Fragen. Dann heißt es, wie in all den anderen Fällen, nur noch: warten.

Mail um Mail schicken wir ab, von früh bis spät, an einen Kunden der Credit Suisse nach dem anderen. Das führt – dank Pandemie und Heimarbeit – zu etwas absurden Momenten, wenn man etwa der Familie zuruft, es gebe gleich Abendessen, und dann vor sich hin murmelt, man müsse nur noch dem armenischen Präsidenten eine E-Mail schreiben.

Als wir alle Anfragen verschickt haben, wissen etwa einhundert Menschen, dass wir zu ihnen recherchieren. Viele von ihnen werden Menschen kontaktieren, die ihnen helfen können: Berater, Anwälte und Pressesprecher. Denn wer uns googelt, findet schnell, was wir vorher so gemacht haben. Sie werden auf die Panama Papers stoßen, auf die Paradise Papers, Swiss-Leaks, Luxemburg-Leaks, Pandora Papers oder das Pegasus-Projekt.

Wir kennen diese Phase aus anderen Projekten und wissen: Jetzt wird es spannend – und anstrengend. Eine ganze Horde hochbezahlter Anwälte und Krisenberater wird versuchen, für ihre Mandanten das Beste rauszuholen: dass wir unsere Geschichten nicht veröffentlichen. Nicht jede Reaktion wird sachlich sein, es wird Klageandrohungen geben und taktische Spielchen.

Tatsächlich dauert es nicht lang, bis es losgeht. Nach zwei Tagen antwortet uns der armenische Präsident Armen Sarkissjan von seiner privaten E-Mail-Adresse aus: eine erste E-Mail, dann wenige Minuten später eine zweite. Wir haben ihn über das Präsidialamt nach mehreren Konten gefragt, die wir in unseren Daten gefunden haben. Das sei seine Privatangelegenheit, schreibt uns Sarkissjan. Er habe die Konten geführt, bevor er Botschafter seines Landes wurde, und deshalb habe er sie nicht deklarieren müssen. Allerdings wurde er 2013 Botschafter in London – und mindestens eines seiner Konten war noch bis 2016 offen, was mit Sarkissjans Angaben nicht zusammenpasst.

Bevor wir aber antworten können, läuft über die Agenturticker eine Nachricht, die uns sofort hellwach werden lässt: Armen Sarkissjan hat seinen Rücktritt erklärt.

Wir sind perplex. Die Begründung lautet: »In dieser für unseren Staat schwierigen Zeit, in der nationale Einheit gefragt ist, sollte die Institution des Präsidenten nicht zum Gegenstand von Klatsch und Verschwörungstheorien werden.«

Jetzt sind wir verwirrt. Sarkissjan schreibt uns also zwei E-Mails (in denen er alle Vorwürfe zurückweist) – und weniger als eine Stunde später wird bekannt, dass er zurückgetreten ist? Dieser Tag – ein Sonntag – war vermutlich einer der aufreibendsten seiner Amtszeit und er hat noch die Muße, auf eine Anfrage zu antworten, die er uns gegenüber eher abtut?

Unser armenischer Kollege erzählt uns derweil von seiner aktuellen Recherche, wonach Sarkissjan heimlich Bürger des Inselstaats St. Kitts and Nevis war. Und dann teilt uns auch noch Armeniens Kommission zur Verhinderung von Korruption mit, dass sie eine Untersuchung zu Sarkissjans Finanzen eingeleitet habe.

Bevor uns wirklich klar wird, was in Armenien passiert ist, lesen wir schon die nächste interessante Neuigkeit: Die Credit Suisse gibt eine Gewinnwarnung an ihre Aktionäre heraus. In den letzten drei Monaten des Jahres 2021 hat die Bank einen außerordentlichen Verlust von bis zu 1,6 Milliarden Franken gemacht. Außerdem muss die Bank 500 Millionen Franken für Rechtsstreitigkeiten zurückstellen.

Längst ist unsere ganze internationale Gruppe von Nervosität erfasst: Wir haben alle monatelang recherchiert, haben uns in die Daten vergraben, unendliche Stunden in Videokonferenzen miteinander geredet, wir waren in der Schweiz und in anderen Ländern unterwegs, wir haben die Fakten geprüft, die Texte geplant und das Buch geschrieben. Und wir haben uns wieder und wieder mit unseren Rechtsanwältinnen und Rechtsanwälten über das Material gebeugt und alles auf die Probe gestellt. Was danach übrig bleibt, ist der Kern unserer Recherche. Um den geht es jetzt.

Einige Tage nachdem ihre Kunden Post von uns bekommen haben, ist nun die Credit Suisse selbst dran. In dem Schreiben an die Bank, das wir gemeinsam mit den Kolleginnen und Kollegen des *OCCRP* redigieren, haben wir über 200 detaillierte Fragen zusammengetragen, zu allen unseren Vorwürfen – also etwa, dass die Credit Suisse über Jahrzehnte Diktatoren, Betrügern, korrupten Beamten und anderen Kriminellen Konten gewährt hat.

Als wir die Mail am Abend des 28. Januar 2022 abschicken, ist klar: Jetzt gibt es kein Zurück mehr. Natürlich können wir uns immer noch entscheiden, nicht zu veröffentlichen – und bei ernsthaften Zweifeln halten wir uns diese Option bis zur letzten Sekunde offen. Aber ab dem Moment, in dem jemand in Zürich unsere Mail öffnet, ist es kein Geheimnis mehr, dass uns Kundendaten zugespielt wurden.

Eines aber ist auch klar: Für die Credit Suisse kommt unsere Anfrage zur Unzeit. Zwar hat ein Richter in Virginia über den Fall des von Jeff Neiman vertretenen Credit-Suisse-Whistleblowers entschieden – und die Klage abgeschmettert, aber die Begründung ist spannend. »Der Fall des Klägers droht, laufende Diskussionen mit der Credit Suisse mit Blick auf die Identifikation und Beseitigung verbleibender Schweizer Bankkonten von US-Bürgern zu behindern.« Das klingt so, als würde bereits eine Strafermittlung laufen, und das würde sich mit dem decken, was wir aus dem US-Senat gehört haben. Im Oktober 2021 hatte die US-Vize-Justizministerin Lisa Monaco gewarnt, dass die USA nun härter gegen Firmen vorgehen werden, die immer wieder mit Fehltritten auffallen. Es hörte sich an wie eine Warnung.

Mittlerweile hat uns Neiman auch ein kurzes Statement eines seiner Mandanten zukommen lassen. Dieser beschreibt, wie der Erfolg der Kundenbetreuer an der Menge des von ihnen verwalteten Geldes gemessen werde. Jeder verlorene Kunde bedeutet demnach verlorenes Geld und damit weniger Erfolg. Die Geschäftsleitung schaffe damit einen »Anreize für die Verwaltung nicht deklarierter und fragwürdiger Gelder«. Und so gebe es zwei goldene Regeln. Erstens: »Schreibe nie etwas auf, das aufzeigen könnte, dass ein Konto nicht den Vorschriften entspricht.« Und zweitens: »Stelle nie eine Frage, auf die du die Antwort nicht wissen willst.«

Mitte Januar 2022 ist derweil auch noch der Verwaltungsratspräsident der Credit Suisse António Horta-Osório zurückgetreten. Er war erst im Frühjahr 2021 gewählt worden, nun muss er seinen Posten schon wieder räumen. Der Anlass: Der portugiesisch-britische Doppelstaatler hatte sich nicht an die geltenden

Corona-Regeln gehalten und eine Quarantäne vorzeitig abgebrochen. Er habe dies »unabsichtlich« getan, erklärte Horta-Osório. Allerdings wurde wenig später bekannt, dass er sich zuvor erfolglos um eine Ausnahmegenehmigung bemüht hatte. Die Nachrichtenagentur *Reuters* enthüllte schließlich, dass Horta-Osório ein weiteres Mal Corona-Regularien missachtet hatte – ausgerechnet, um mit dem Firmenjet zum Tennisturnier in Wimbledon zu fliegen. Es ist ein denkbar schlechtes Bild für die Bank. Während ganze Gesellschaften versuchen, durch Einschränkungen der persönlichen und kollektiven Freiheit eine Seuche zu bekämpfen, schwebt der erste Mann der Credit Suisse im Firmenjet über die Probleme der Normalsterblichen hinweg. Zuvor hatte er von seinen Untergebenen noch »eine Kultur der persönlichen Verantwortung« eingefordert.

Schon wenige Minuten nach seinem Rücktritt kursiert in unserem verschlüsselten Chat, über den wir mit unseren Kollegen und Kolleginnen kommunizieren, Horta-Osórios Stellungnahme: »Ich bedaure, dass einige meiner persönlichen Handlungen zu Schwierigkeiten für die Bank geführt und meine Fähigkeit beeinträchtigt haben, diese nach innen und außen zu vertreten«, schreibt er. »Ich bin daher zur Auffassung gelangt, dass mein Rücktritt zu diesem Zeitpunkt im Interesse der Bank und ihrer Stakeholder ist.«

Und die Welle der schlechten Nachrichten für die Bank reißt nicht ab: Am Wochenende, nachdem wir der Bank unsere mehr als 200 Fragen geschickt haben, wird über eine Geschichte international berichtet: Es steht ein Prozess an, in dem die Credit Suisse erstmals selbst als Unternehmen angeklagt ist, nicht wie meistens einzelne Mitarbeiter. Es geht um Drogengeld, das mit Hilfe der Bank gewaschen wurde. 55 Millionen Franken. Mitglieder der bulgarischen Drogenmafia hatten das Geld zwischen 2004 und 2007 bei der Credit Suisse eingezahlt. 43 Millionen sollen die Mafiosi laut Anklageschrift in bar zur Bank gebracht haben, teils gebrauchte, ungebündelte Scheine, teils sogar gefälschte Noten. Eindeutige Warnzeichen. Die 84 Konten und acht Schließfächer sollen auf den Namen von Offshore-Firmen gelaufen sein, berichten unsere Schweizer Kollegen von Tamedia.

Man kommt aus dem Staunen nicht heraus, wenn man die Zitate aus der Klageschrift liest. Eine ebenfalls angeklagte Credit-Suisse-Mitarbeiterin soll zu einer Bareinzahlung der Mafiosi von 500.000 Euro notiert haben: »Der Kunde hob das Geld in Deutschland und in seinem Herkunftsland ab. Er brachte es in Cash, weil er keine Spuren hinterlassen will.« Noch so ein Warnzeichen. Aber es kommt noch besser: Der Hauptverdächtige hatte einen Helfer und auch der soll Kunde bei der Credit Suisse gewesen sein. Nach einem Streit innerhalb der Gang wurde er auf offener Straße in Sofia erschossen. Der Bandenchef blieb weiter Kunde und erhielt kurz nach dem Mord ein Darlehen über mehrere Millionen. Und selbst als die bulgarische Justiz ein Rechtshilfeersuchen an die Schweiz richtete und die Bundesanwaltschaft Informationen über Konten der Bande bei der Credit Suisse einholte, konnten die Mafiosi offenbar noch 21 Millionen aus der Schweiz verschwinden lassen.

Die Bundesanwaltschaft der Schweiz wirft der Credit Suisse grobe organisatorische Mängel bei der Geldwäschevermeidung vor. Das erinnert an eine Feststellung, die von der Schweizer Finanzmarktaufsicht (Finma) 2018 mit Bezug auf drei andere Fälle getroffen worden war: Die »Nichteinhaltung der Sorgfaltspflichten innerhalb der Bank« sei demnach »ein gesamtheitliches Problem«, welches die Bereitschaft der Bank zur Geldwäschereibekämpfung »massgeblich« betreffe. Oder an das Fazit der Finma von 2013, wonach die Bank ihre Sorgfaltspflichten in der Geldwäscherei-Abwehr im Zeitraum bis 2010 wiederholt verletzt hat.

Die Bank weist die Vorwürfe zurück und spricht von einer »vergangenheitsbezogenen Angelegenheit«. Die Ermittler sehen dies aber offenkundig dezidiert anders. 15 Jahre später bringen sie den Fall vor Gericht und fordern 42 Millionen Franken von der Bank.

Ein Grundproblem bei Fällen wie diesem hat der britische Politikwissenschaftler Jason Sharman in seinem Buch »The Despot's Guide to Wealth Management«, Geldanlegetipps für Despoten, treffend beschrieben: »Die Anreize für Schweizer Banker sind ähnlich wie die für Banker in anderen Ländern: Mehr Geschäft für die Bank bedeutet mehr Geld für den Einzelnen. Kundenbetreuer im Privatkundengeschäft erhalten Boni für zusätzliche Kunden, aber selten bis nie für die strikte Anwendung der ›Know your customer‹-Regeln.« Und so geht das Geschäft mit dem schmutzigen Geld weiter.

In diesen Tagen im Januar 2022 ruft uns plötzlich eine Schweizer Nummer an. Ein PR-Experte ist am Telefon. Er ist ein Spin-Doktor, gegen genug Geld versucht er, unliebsame Presseberichterstattung über seine Klienten abzuwenden. Mit ihm hatten wir schon einmal zu tun, denn in der Vergangenheit hat er für einen der früheren Chefs der Panama-Papers-Skandalkanzlei Mossack Fonseca gearbeitet. Diesmal meldet er sich in anderer Sache: Für Gamal Mubarak, den Sohn des früheren ägyptischen Autokraten Hosni Mubarak, sei er tätig. Ihm hätten wir eine E-Mail geschrieben. Jetzt, das wird schnell klar, will der Kommunikationsexperte uns aushorchen, woran wir da genau arbeiten. Ob das wieder eine Rechercheserie sei? Ob es nur um seinen Klienten gehe – und vor allem: Ob das alles etwa auf einem Leak beruhe? So sehr der Mann uns auch ausfragen will, am Ende ist er es, der eine wichtige Information offenbart: nämlich, dass mindestens ein Credit-Suisse-Konto von Gamal Mubarak bis heute besteht. Wir bedanken uns höflich, dann legen wir auf. (Einige Tage später meldet sich eine von den Mubarak-Brüdern beauftragte Anwaltskanzlei und weist darauf hin, dass mehrere Ermittlungen die »Rechtmäßigkeit aller Einkommensquellen« der Mubaraks bestätigt haben. »Die Ermittlungen haben auch keine nicht deklarierten Vermögenswerte oder unbekannte Vermögensquellen einem Mitglied der Familie Mubarak zuordnen können.«)

Es ist eine anstrengende Zeit. Tagsüber arbeiten wir an unseren Texten für die *Süddeutsche Zeitung,* nachts am Manuskript für dieses Buch. Und zwischendrin, oder eigentlich durchgehend, kommunizieren wir mit dem *OCCRP* und den vielen Kolleginnen und Kollegen weltweit. Wir schlafen weniger, als wir sollten. Wir essen ungesünder, als uns guttut. Wir bekommen Augenringe und unsere Nerven werden dünner.

Und langsam kommen die ersten Antworten herein. Auch Eduard Seidel kommuniziert wieder mit uns, wenn auch nur über einen deutschen Anwalt.

Dieser erklärt, Eduard Seidel verwahre sich »entschieden gegen den Vorwurf, er habe Geld von Siemens gestohlen oder Geld erhalten aufgrund korrupter oder krimineller Verhaltensweisen in Nigeria«. Seine Frau wiederum sei in die geschäftlichen Aktivitäten ihres Mannes »zu keinem Zeitpunkt involviert« gewesen, die Firma Informatics General & Electrics Ltd. (wo sie Direktorin war) habe »zu keinem Zeitpunkt eine geschäftliche Aktivität entfaltet«. Eduard Seidel nimmt in seiner Stellungnahme nicht konkret Bezug auf die ihm vorgehaltene Firma und kaum auf die Konten in der Schweiz. Dazu betont er lediglich, dass er seit 1981 nicht mehr in Deutschland wohne, weshalb ihn keine Steuerschwierigkeiten erwarten würden, »selbst wenn Ihre Unterstellungen zutreffend wären, was nicht der Fall ist«. Grundsätzlich fokussiert sich die Antwort darauf, dass die Siemens-Affäre nun schon viele Jahre her und der Fall gerichtlich erledigt sei – und Seidel sich mit Siemens geeinigt habe. Er habe seine Strafe bekommen und verbüßt. Daher, so sein Anwalt, gebe es keinen Grund, weshalb wir unsere »in weiten Teilen unzutreffenden Darstellungen« veröffentlichen sollten, zumal uns »keinerlei neue Informationen« vorlägen.

Naturgemäß sehen wir das anders und ein Schweizer Konto

mit 54 Millionen Franken, von dem nach deren Aussagen damals weder Staatsanwaltschaft noch Siemens wussten (und ebenso wenig von den weiteren Konten und den beiden Firmen), erscheint uns tatsächlich einen sehr hohen Neuigkeitswert zu haben.

Die britische Anwaltskanzlei eines Mannes aus dem Nahen Osten schreibt uns derweil, dass sie bereits Ermittlungen eingeleitet habe, um zu prüfen, wie wir an die Informationen über die Konten ihres Mandanten gelangt sind.

Indes meldet sich ein Sprecher der Credit Suisse. Er bittet angesichts der Vielzahl von Fragen um Nachsicht. Die Bank brauche mehr Zeit. Wir geben ihr mehr Zeit – auch wenn die Credit Suisse eigentlich sämtliche Informationen über eigene Kunden leicht greifbar haben sollte und angesichts ihrer rund 50.000 Mitarbeiter auch in der Lage sein sollte, die Fragen zu beantworten. Erst recht Fragen nach den Standorten ihrer Auslandsfilialen (die sie offenbar nicht beantworten möchte). Aber sei es drum.

Während wir auf die Antwort warten, meldet die Nachrichtenagentur *Bloomberg,* dass die Credit Suisse sich aus dem Vermögensverwaltungsgeschäft in etlichen afrikanischen Ländern zurückziehe. Gegenüber dem *Handelsblatt* bestätigt die Bank, sich aus neun Märkten zurückzuziehen, »vor allem in Afrika südlich der Sahara«.

Wenige Stunden später, am 4. Februar 2022, 17.36 Uhr, ist die Antwort auf unsere Fragen endlich da – und sie ist denkbar kurz, gerade einmal drei Absätze lang (siehe hierzu Seite 275). Die Credit Suisse erklärt, »die geltenden globalen und lokalen Gesetze und Bestimmungen« einzuhalten. In den vergangenen Jahren habe die Bank »eine Reihe bedeutender Massnahmen in Einklang mit Finanzreformen in der Schweiz umgesetzt«, man habe »im Bereich Compliance und zur Bekämpfung von Finanzkriminalität« investiert. Die Bank habe allerdings »eine strikte Vertraulichkeits- und Sorgfaltspflicht« und könne deswegen zu Kundinnen und Kunden nicht Stellung nehmen: »Eine detaillierte öffentliche Widerlegung der Anschuldigungen ist daher nicht möglich, wir können aber bestätigen, dass wir sie angemessen erfasst und, wenn nötig, überprüft haben.«

Ein Satz in der Stellungnahme hat es besonders in sich: »Hinter den medialen Behauptungen steckt offensichtlich eine konzertierte Aktion mit der Absicht, den Schweizer Finanzplatz, der sich seit der globalen Finanzkrise grundlegend gewandelt hat, in Verruf zu bringen.«

Einige Tage später präsentiert die Credit Suisse in einer Telefonkonferenz mit Investoren und Journalisten ihre Vierteljahreszahlen – und sie sind desaströs. So machte die Bank 2021 mehr als 1,5 Milliarden Franken Verlust. Vom »Schreckensjahr« 2021 schreibt die Neue Zürcher Zeitung. Der Finanzblog »Inside Paradeplatz« unkt gar: »Die Credit Suisse ist ein torkelnder Riese« – und fügt düster hinzu – einer, „der die Schweiz mitreißen könnte“.

Längst ist es Februar, wir schauen ein letztes Mal in unseren digitalen Secure-Drop-Briefkasten. Immer noch treibt uns die Hoffnung, dass Soporific Debtor unsere Nachrichten erhalten hat. Aber auch diesmal haben wir kein Glück, doch ihren Wunsch hat die Quelle ja schon vor Monaten formuliert: Die Welt soll von dem Treiben bei der Credit Suisse erfahren.

Und so drücken wir am Sonntag, dem 20. Februar 2022, auf »Publizieren«. Die Druckmaschinen laufen an. Um Punkt 18 Uhr sind die ersten Artikel im Internet zu lesen.

Die Suisse Secrets sind live – und die Schweizer Geheimnisse enthüllt.

Rechtliche Anmerkungen

Wir haben jene Männer und Frauen, denen wir in diesem Buch einen Vorwurf machen (oder Geschehnisse derart wiedergeben, sodass die Erzählung als Vorwurf oder Verdacht verstanden werden könnte), mehrere Wochen vor Veröffentlichung die Möglichkeit zur Stellungnahme gegeben. Sofern wir rechtzeitig bis Redaktionsschluss dieses Buches eine Antwort bekommen haben, haben wir die relevanten Aussagen im Text wiedergegeben. Wenn die Betroffenen für eine Anfrage nicht erreichbar waren, wenn wir keine Antwort bekommen haben, wenn es sich lediglich um eine Klageandrohung handelte oder wenn wir aus dem Schreiben ausdrücklich nicht zitieren dürfen, haben wir diese Antwort nicht immer ausdrücklich erwähnt.

Die Credit Suisse hat auf unsere ausführliche Anfrage am 4. Februar 2022 mit folgendem Statement geantwortet:

»Als ein führendes Finanzinstitut mit globalen Aktivitäten ist sich die Credit Suisse sehr bewusst, dass sie gegenüber ihren Kundinnen und Kunden und dem gesamten Finanzsystem in der Verantwortung steht, höchste Verhaltensstandards einzuhalten. Die Credit Suisse hält bei der Ausübung ihrer Geschäftstätigkeit die geltenden globalen und lokalen Gesetze und Bestimmungen ein. In den letzten Jahren hat die Bank eine Reihe bedeutender Massnahmen in Einklang mit Finanzreformen in der Schweiz umgesetzt, einschliesslich umfassender Investitionen speziell im Bereich Compliance und zur Bekämpfung von Finanzkriminalität. Die Credit Suisse stärkt auch weiterhin über alle Bereiche hinweg ihr Risikomanagement und ihre Kontrollsysteme.

Hinter den medialen Behauptungen steckt offensichtlich eine konzertierte Aktion mit der Absicht, den Schweizer Finanzplatz, der sich seit der globalen Finanzkrise grundlegend gewandelt hat, in Verruf zu bringen. Dabei wird insbesondere auch die Credit Suisse mit einer Flut von Unterstellungen angegriffen.

Wie alle Banken, hat die Credit Suisse eine strikte Vertraulichkeits- und Sorgfaltspflicht gegenüber ihren Kundinnen und Kunden, und wir können zu Behauptungen bezüglich Einzelpersonen, ob Kunden oder nicht, keine Stellung nehmen. Eine detaillierte öffentliche Widerlegung der Anschuldigungen ist daher nicht möglich, wir können aber bestätigen, dass wir sie angemessen erfasst und, wenn nötig, überprüft haben.«

Darüber hinaus schickte die Credit Suisse noch allgemeine Stichpunkte zu den Themen Steuerhinterziehung, Geldwäsche-Bekämpfung (AML) und Risikomanagement:

»Steuerkonformität
- Die Credit Suisse verfolgt eine strikte Null-Toleranz-Politik gegenüber Steuerhinterziehung und verpflichtet sich zur Einhaltung der weltweiten Bemühungen um Steuertransparenz, einschliesslich des Foreign Account Tax Compliance Act (FATCA) und des Common Reporting Standard (CRS).
- Interne Weisungen und Verhaltensregeln verbieten es den Mitarbeitenden der Credit Suisse strikt, Kunden oder andere Dritte bei der Steuerhinterziehung oder bei der Umgehung von Steuermelderegelungen wie FATCA und CRS zu unterstützen.

- Die Credit Suisse möchte nur mit Kunden zu tun haben, die steuerkonform sind. In den letzten zehn Jahren hat die Bank zahlreiche Programme zur Einhaltung von Steuervorschriften für Kunden in verschiedenen Ländern Europas, Asiens, des Nahen Ostens und Südamerikas eingeführt. Die Credit Suisse hat daher die Geschäftsbeziehungen mit Kunden, die nicht an unseren Kundensteuerprogrammen teilgenommen haben, eingestellt.
- Darüber hinaus hat die Bank ein robustes Rahmenwerk für die Kundenbesteuerung geschaffen, um das Risiko der Steuerhinterziehung durch Kunden zu kontrollieren. Zusätzlich zu unserem starken Engagement für die FATCA- und CRS-Berichterstattung müssen Vermögensplanungsstrukturen wie Trusts als Voraussetzung für die Kontoeröffnung eine Bescheinigung über die Einhaltung der Steuervorschriften vorlegen.

Geldwäscheprävention

- Die Credit Suisse verfügt über strenge Kontrollmechanismen zur Bekämpfung von Finanzkriminalität. Diese Kontrollen sollen verhindern, dass die Credit Suisse und ihre Kunden dem Risiko spezifischer und systematischer Geldwäscherei ausgesetzt werden.
- Wenn wir Beziehungen feststellen, die für solche Zwecke oder andere illegale Aktivitäten genutzt werden könnten, ergreifen wir sofortige und entschlossene Maßnahmen, die eine Kontaktaufnahme mit den zuständigen Behörden und eine Einschränkung der Aktivitäten bis hin zur Kündigung im Einklang mit den jeweiligen regulatorischen Anforderungen beinhalten.
- Bei Konten privater Unternehmen, bei denen der Kontoinhaber nicht der wirtschaftliche Eigentümer der Vermögenswerte ist (z. B. Strukturen), müssen vorbehaltlich der geltenden Gesetze zur Bekämpfung der Geldwäsche Nachweise über die Identität dritter wirtschaftlicher Eigentümer erbracht werden, die Anteile an einem solchen Konto halten, die über den aufsichtsrechtlichen Mindestschwellen liegen.

Risikomanagement
- Im November 2021 gab die Credit Suisse ihre Gruppenstrategie bekannt, die das Risikomanagement in den Mittelpunkt der Bank stellt.
- Im Jahr 2021 schlossen wir eine umfassende Risikoprüfung in der gesamten Bank ab, wobei wir die Risikobereitschaft sowohl auf Gruppen- als auch auf Divisionsebene neu abstimmten und die Führung und Aufsicht des Risikomanagements auf Vorstandsebene stärkten.
- Die folgenden Initiativen wurden bereits abgeschlossen oder sind im Gange:
- Grundlegende Überprüfung der Risiken, bei der untersucht wird, wie die Risiken in der gesamten Unternehmsgruppe bewertet, gesteuert und kontrolliert werden.
- Klare Definition von Rollen, Verantwortlichkeiten und Zuständigkeiten in allen Divisionen, da die Credit Suisse die Anfang des Jahres eingeleiteten Sanierungsmassnahmen weiter umsetzt (2021).
- Entwicklung von Instrumenten und Prozessen zur Verbesserung der Verantwortlichkeit und Eigenverantwortung der Geschäftsbereiche als erste Verteidigungslinie für Risiken und Kontrollen.
- Überarbeitung des Vergütungsprozesses und der Vergütungsstruktur unter Einbeziehung von risikosensitiven Leistungen und nicht-finanziellen Zielen in die verbesserten Leistungs-Scorecards.
- Förderung einer Kultur, die die Bedeutung der persönlichen Rechenschaftspflicht und Verantwortung stärkt.
- Als Teil der Ergebnisse der strategischen Überprüfung wird sich die Bank weiterhin auf die Risikokultur konzentrieren und das Risikomanagement in den Mittelpunkt ihres Handelns stellen, wobei sie in Daten, Infrastruktur, Berichterstattungsmöglichkeiten und Compliance investiert.«

Dank

Dieses Buch wäre nicht möglich gewesen ohne die Hilfe und Unterstützung vieler Menschen. Zuallererst möchten wir uns bei unserer Quelle bedanken, die vermutlich ihre Zukunft riskiert hat, indem er oder sie uns Informationen zu Tausenden Credit-Suisse-Konten zugespielt hat. Ohne diesen mutigen Menschen wären die Suisse-Secrets-Recherchen nicht möglich gewesen. Wir können dafür nicht genug danken.

Wir möchten der *Süddeutschen Zeitung* danken, die seit vielen Jahren unsere Recherchen – von den Panama Papers über die Paradise Papers bis hin zur Ibiza-Affäre – unterstützt und gefördert hat. Ohne eine so großartige Redaktion wie die unsere wären diese Recherchen nicht möglich. Unser Dank gilt der Chefredaktion um Wolfgang Krach und Judith Wittwer, die uns von Beginn an zur Seite stand, unseren großartigen Kolleginnen und Kollegen Thomas Balbierer, Sophia Baumann, Nina Bovensiepen, Jörg Buschmann, Felix Ebert, Max Ferstl, Elisabeth Gamperl, Emilia Garbsch, Thomas Gröbner, Sandra Hartung, Chris Helten, Felix Hunger, Wolfgang Jaschensky, Florian Kaindl, Markus Kehrle, Johannes Korsche, Daniel Leder, Vinzent-Vitus Leitgeb, Carolin Lenk, Astrid Müller, Sören Müller-Hansen, Stefanie Preuin,

Ulrich Schäfer, Jörg Schmitt, Britta Schönhütl, Sara Scholz, Laura Terberl, Christian Tönsmann, Sarah Unterhitzenberger, Susann Wenk – sowie dem fantastischen Ralf »the hurricane« Wiegand, der mal wieder auf sehr viel Schlaf verzichtet hat, um an den Zeitungstexten zu den Suisse Secrets zu feilen.

Ein besonderer Dank gilt unserem juristischen Team um Stefanie Nabrotzki und Joris Großgerge für den juristischen Beistand, die Geduld und unzählige wichtige Hinweise.

Ganz besonders möchten wir uns bei jenem jungen und talentierten Programmierer bedanken, der uns geholfen hat, die Daten aufzuarbeiten. Um ihn vor negativen Konsequenzen zu schützen, sind wir mit ihm übereingekommen, seinen Namen nicht öffentlich zu machen. Umso mehr gilt ihm unser Dank. We owe you!

Wir möchten auch dem großen internationalen Team danken, das aus dieser Recherche so viel mehr herausgeholt hat, als wir es je allein gekonnt hätten. Ein ganz besonderer Dank gilt dem *Organized Crime and Corruption Reporting Project (OCCRP)* für das Vertrauen und die unermüdliche Unterstützung. Insbesondere dem Projektleiter Antonio Baquero (mit dir zu arbeiten war nicht nur fachlich, sondern ganz allgemein ein Riesenspaß, auch wenn wir dir irgendwann zeigen müssen, dass man auf Signal nicht für jeden Satz eine neue Nachricht schicken muss), Paul Radu (wie du bei dem unglaublichen Druck so ruhig bleiben kannst …) und Drew Sullivan (der du wie kein anderer ein Team aus aller Welt zusammenhältst, inspirierst und antreibst). Insbesondere noch, stellvertretend für all die anderen, seien Tom Stocks, Jan Strozyk und Friedrich »Pudo« Lindenberg genannt – danke für eure Geduld!

Wie schon bei den Panama Papers, den Paradise Papers und unzähligen anderen Projekten haben wir auch bei den Suisse Secrets zusammen mit dem *Norddeutschen Rundfunk* und dem *Westdeutschen Rundfunk* recherchiert. Danke Christine Adelhardt, Massimo Bognanni, Lena Gürtler, Lisa Hagen, Johannes

Jolmes, Volkmar Kabisch, Antonius Kempmann, Elena Kuch, Benedikt Strunz, Julia Wacket, Monika Wagener und Stephan Wels für die – wie immer – fantastische Zusammenarbeit.

Wir danken unseren Recherchepartnern *The Guardian* in Großbritannien, *Le Monde* in Frankreich, *Armando.info* und *Efecto Cocuyo* in Venezuela, *Infobae* und *La Nación* in Argentinien, *Infolibre* in Spanien, *Investico* in den Niederlanden, *Irpimedia* und *La Stampa* in Italien, *Profil* in Österreich, *Slidstvo_info* aus der Ukraine, *Expresso* in Portual, *Le Soir* in Belgien, *Trece Costa Rica Noticias* und *Interferencia de Radioemisoras UCR* in Costa Rica, *Confluence Media* in Indien, *Kloop* in Kirgisistan, *Vlast* in Kasachstan, *Turkmen News* in Turkmenistan, *Diario Rombe* in Äquatorialguinea, *NewsHawks* in Simbabwe, *Premium Times* in Nigeria, *L'Événement* im Niger, *The News* und *Fact Focus* in Pakistan, *Africa Uncensored* in Kenia, *Dépêches du Mali*, *Impact.sn* aus dem Senegal, *MANS* in Montenegro, *Twala.info* in Algerien, *Alqatiba.com* in Tunesien, *The Namibian*, dem *Miami Herald* und der *New York Times*, dem Nachrichtenportal *Reporter* in Luxemburg, *Shomrim* in Israel, *Sveriges Television* in Schweden, *Piaui* in Brasilien, *Hetq* in Armenien, dem *Investigative Reporting Lab IRL* in Nordmazedonien, *KRIK* in Serbien, *Prachatai* in Thailand und *Verdade* in Mosambik. Insgesamt waren an den Suisse-Secrets-Recherchen mehr als 150 Journalistinnen und Journalisten aus aller Welt beteiligt – ihre Arbeit floss auch in dieses Buch mit ein: Natalia Abril Bonilla, Mercedes Agüero R., Sami Ahmed, Idris Akinbajo, Moussa Aksar, Hugo Alconada Mon, Cecilia Anesia, Olgah Atellah, Juliet Atellah, Anna Babinets, Edik Baghdasaryan, Lorenzo Bagnoli, Eric Barrett, Benjamin Barthe, Jérémie Baruch, Rahma Behi, Birgit Brauer, Aderito Caldeira, Luc Caregari, Lindita Cela, Denica Chadikovska, Umar Cheema, Martin Chulov, Romina Colman, Xavier Counasse, Sandra Crucianelli, Saska Cvetkovska, Shirsho Dasgupta, Antonio Delgado, David Dembele, Roberto Deniz, Aleksandra Denkovska, Lara Dhimis,

Momar Dieng, Stevan Dojčinović, Jesse Drucker, Joachim Dyf-
vermark, Alex Dziadosz, Amra Džonlić Zlatarević, Mohamed
Ebrahem, David Enrich, Jared Ferrie, Brian Fitzpatrick, Casey
Frank, Eduardo Goulart, Kevin Hall, Lyas Hallas, Luke Harding,
David Ilieski, Shinovene Immanuel, Peter Jones, Josy Joseph,
Maja Jovanovska, Rattanaporn Khamenkit, Erin Klazar, Yanina
Korniienko, Valentina Lares, Paul Lewis, Ilya Lozovsky, Kalyeena
Makortoff, Patricia Marcano, Joël Matriche, Walid Mejri, Stefan
Melichar, Anne Michel, Hulda Miranda, Delfín Mocache Mas-
soko, Eli Moskowitz, Dumisani Muleya, John-Allan Namu, Ivana
Nasteska, William Neal, Mark Nightingale, Michael Nikbakhsh,
Ahmad Noorani, Marr Nyang, James O'Brien, Dapo Olorunyom,
Stelios Orphanides, Miranda Patrucic, Dragana Pećo, David
Pegg, Micael Pereira, Joseph Poliszuk, Manuel Rico, Iván Ruiz,
Rana Sabbagh, Thomas Saintourens, Sana Sbouai, Ewald Schar-
fenberg, Laurent Schmit, Khadija Sharife, Karina Shedrofsky,
Trifun Sitnikovski, Graham Stack, Bojan Stojanovski, Yiamyut
Sutthichaya, Joan Tilouine, Beauregard Tromp, Alina Tsogoeva,
Jurre van Bergen, Romy van der Burgh, Maxime Vaudano, Aris
Velizelos, Faustine Vincent, Sharad Vyas, Julia Wallace, Jay Wea-
ver, Laura Weffer, Ben Wieder, Johan Wikén, Jonny Wrate, James
G. Wright, Martin Young, Kira Zalan und Madjid Zerrouky.

Wir möchten an dieser Stelle auch unsere Schweizer Kollegen
vom *Tamedia*-Recherche-Desk herzlich grüßen. Wir wissen, wie
gern ihr an den *Suisse Secrets* mitgewirkt hättet und dass es aufgrund der Rechtslage nicht möglich war. Umso mehr freuen wir
uns auf neue gemeinsame Projekte in der Zukunft!

Dieses Buch basiert auf einer Vielzahl von Quellen, auf Dut-
zenden Gesprächen mit Experten, Politikerinnen, Bankern und
Journalisten. Stellvertretend seien an dieser Stelle Mark Pieth, der
US-Anwalt Jeffrey Neiman, die Whistleblower Rudolf Elmer und
Bradley Birkenfeld, der ehemalige Bundesanwalt Lienhard Ochs-
ner, die frühere Nationalrätin Susanne Leutenegger Oberholzer

und ihr Kollege Luciano Ferrari, Compliance-Expertin Monika Roth für die vielen Männer und Frauen erwähnt, die vertraulich mit uns gesprochen haben und denen wir daher Anonymität zugesichert haben.

In dieses Buch flossen auch Informationen etlicher Buchautoren ein – ihnen allen sei an dieser Stelle gedankt: Der Historiker Jonathan Steinberg hat mit »Why Steinberg?« ein detailreiches Porträt eines Landes voller Widersprüche geschrieben. Nicholas Shaxson widmet der Steueroase Schweiz in seinem Standardwerk »Schatzinseln« ein ganzes Kapitel: »Der profitable Mantel der Neutralität«. Zu empfehlen sind auch die Bücher von Stefan Tobler »Der Kampf um das Schweizer Bankgeheimnis« und Robert U. Vogler »Swiss Banking Secrecy: Origins, Significance, Myth«. Über die Rolle der Schweiz im Zweiten Weltkrieg und Umgang mit Vermögen von Juden schreibt Tom Bower: »Das Gold der Juden: Die Schweiz und die verschwundenen Nazi-Milliarden«. Empfehlenswert ist auch das Buch »Scandales chez Credit Suisse« von Yves Genier. Den Umgang der Schweiz mit Potentatengeldern hat Balz Bruppacher in »Die Schatzkammer der Diktatoren« eindrücklich beleuchtet. Und zum deutsch-schweizerischen Steuerstreit liegt das Buch »Steuern – der große Bluff« von Norbert Walter-Borjans vor.

Dem Verlag Kiepenheuer & Witsch danken wir, dass er dieses juristisch heikle Buch herausbringt. Danke für das Vertrauen! Wie schon bei Panama Papers und der Ibizaaffäre hat der großartige Rechtsanwalt Sven Krüger dieses Projekt juristisch begleitet und eine Menge Geduld gezeigt. Noch größerer Dank gilt selbstverständlich unserem Lektor, der sich unzählige Tage und Nächte für dieses Buch um die Ohren geschlagen hat. In den Ferien. Schon wieder. Und immer mit bester Laune – Tausend Dank, lieber Lektor! Auch für die Päckchen mit Kaffee und Schokolade.

Unseren Familien danken wir für die Geduld und das Verständnis – auch dafür lieben wir euch.

Bastian Obermayer / Frederik Obermaier

Panama Papers

Die Geschichte einer weltweiten Enthüllung

Wie wir die versteckten Milliarden von Premierministern, Diktatoren, FIFA-Funktionären, Konzernlenkern und Superreichen fanden – und die geheimen Gelder von Putins innerstem Zirkel

Kiepenheuer
& Witsch

Alles beginnt in München. Zwei junge Reporter erhalten die Daten hunderttausender Briefkastenfirmen. Darin finden sie die vermögendsten, mächtigsten und reichsten Menschen der Welt. Die beiden Journalisten folgen den Spuren – mithilfe von 400 Reportern aus 80 Ländern – und stoßen auf die versteckten Milliarden von Präsidenten, Verbrechern und ganz normalen Superreichen.

Kiepenheuer
& Witsch

Leseproben und mehr unter www.kiwi-verlag.de

Als im Frühsommer 2019 ein Video veröffentlicht wird, das die geheimen Pläne führender österreichischer Rechtspopulisten entlarvt, stürzt die Regierung in Wien. Was sind die Hintergründe der größten politischen Krise der Nachkriegszeit?